国家社科基金
GUOJIA SHEKE JIJIN HOUQI ZIZHU XIANGMU
后期资助项目

南粤古驿道文化遗产保护 与活化利用研究

张河清　著

SPM
南方传媒 | 广东人民出版社
·广州·

图书在版编目（CIP）数据

南粤古驿道文化遗产保护与活化利用研究 / 张河清
著. -- 广州：广东人民出版社，2025.3. -- ISBN 978-
7-218-18459-3

Ⅰ. K878.44

中国国家版本馆 CIP 数据核字第 2025DQ1982 号

NANYUE GUYIDAO WENHUA YICHAN BAOHU YU HUOHUA LIYONG YANJIU

南粤古驿道文化遗产保护与活化利用研究

张河清　著

出 版 人：肖风华

策划编辑：梁　茵
责任编辑：廖志芬
装帧设计：奔流文化
责任技编：吴彦斌

出版发行：广东人民出版社
地　　址：广州市越秀区大沙头四马路 10 号（邮政编码：510199）
电　　话：（020）85716809（总编室）
传　　真：（020）83289585
网　　址：http://www.gdpph.com
印　　刷：广州小明数码印刷有限公司
开　　本：787 毫米 × 1092 毫米　1/16
印　　张：14.75　字　　数：262 千
版　　次：2025 年 3 月第 1 版
印　　次：2025 年 3 月第 1 次印刷
定　　价：68.00 元

如发现印装质量问题，影响阅读，请与出版社（020-85716849）联系调换。
售书热线：020-87716172

国家社科基金后期资助项目
出版说明

后期资助项目是国家社科基金设立的一类重要项目，旨在鼓励广大社科研究者潜心治学，支持基础研究多出优秀成果。它是经过严格评审，从接近完成的科研成果中遴选立项的。为扩大后期资助项目的影响，更好地推动学术发展，促进成果转化，全国哲学社会科学工作办公室按照"统一设计、统一标识、统一版式、形成系列"的总体要求，组织出版国家社科基金后期资助项目成果。

全国哲学社会科学工作办公室

　　本著作是国家社科基金后期资助一般项目：南粤古驿道文化遗产保护与活化利用研究（批准号：19FSHB007）的结题成果。

内容提要

南粤古驿道是广东历史发展的重要缩影，是广东千年文明史的活化石，是集中展示岭南文化的重要载体，也是中国国家历史记忆的重要组成部分。研究南粤古驿道保护与活化利用，可为南粤古驿道遗产廊道的开发、文化景观资源利用、区域经济效益的发挥提供理论依据；对发挥南粤古驿道文化遗产廊道的多元要素集聚效应，推动古驿道沿线区域经济和文化、生态建设具有重要的现实意义。

本研究立足建设中华民族现代文明，推进中国特色社会主义文化建设的时代背景，从推动中华优秀传统文化创造性转化、创新性发展出发，研究南粤古驿道文化遗产保护与活化利用问题。主要内容如下：

本研究应用田野调查法、内容分析法、文献资料研究法、话语分析法和案例分析法等研究方法，综合应用遗产廊道理论、产业融合理论、协同效应理论、内生发展理论、制度嵌入性理论和地方营造理论等理论，在全面梳理国内外相关研究文献基础上，对南粤古驿道文化遗产保护与活化利用的时代背景、政策背景、历史源流与空间演变进行了全方位解读。

本研究从国内外遗产保护与利用的前沿理论与实践出发，论述了南粤古驿道文化遗产廊道构建的总体思路、目标与原则；提出谋划并推进南粤古驿道申遗、明确了数字赋能南粤古驿道文化遗产保护的主要内容和主要路径；构建了南粤古驿道遗产价值共建共享机制、厘清了南粤古驿道线性遗产的文化治理体系、治理效能、治理模式及南粤古驿道空间生产与文化治理的互动关系。

本研究以南粤古驿道典型案例地的田野调研数据和在地实践为依托，从"古驿道+"的理念阐释及在地实践、文旅融合的理念阐释及推广实效等角度，提炼了南粤古驿道文化遗产活化利用的主要实践路径。为南粤古驿道遗产廊道的保护开发、沿线文化景观资源利用、促进乡村振兴等提供了实践指南。

本研究立足南粤古驿道文化遗产的当代价值和时代内涵，从线性文化遗产的辐射带动、有为政府的权威话语推动、多元产业融合带动内生发展、多元主体的协同治理及疏堵结合的柔性治理等方面总结了南粤古驿道活化利用的主要模式。为发挥南粤古驿道文化遗产廊道的多元要素集聚效应，推动古驿道沿线各区域社会、经济、文化和生态建设提供了理论支撑和应用借鉴。

目　录

第一章 绪 论

第一节 研究背景

一、时代背景

（一）建设中华民族现代文明的时代主旋律

2023年6月，习近平总书记在文化传承发展座谈会上指出：坚持把马克思主义基本原理同中国具体实际相结合、同中华优秀传统文化相结合。这两个"'结合'筑牢了道路根基，让中国特色社会主义道路有了更加宏阔深远的历史纵深，拓展了中国特色社会主义道路的文化根基。中国式现代化赋予中华文明以现代力量，中华文明赋予中国式现代化以深厚底蕴。"[①]正如习近平总书记深刻总结的，中国走上这条道路，跟中国文化密不可分。我们走的中国特色社会主义道路，它内在的基因密码就在这里，有中华优秀传统文化这个基因。所以我们现在就是要理直气壮、很自豪地去做这件事，去挖掘、去结合中华优秀传统文化，真正实现马克思主义中国化时代化。推进中国式现代化是一项系统工程，我们要笃信并坚持马克思主义与中国实际情况相结合、把马克思主义思想精髓同中华优秀传统文化相结合，面对新挑战、研究新问题，用党的创新理论及时科学解答时代新课题。

（二）习近平文化思想是新时代的文化使命

2023年全国宣传思想文化工作会议传达了习近平总书记的重要指示精神，提出"七个着力"、明确"一个重大作用"，更加丰富和发展了马克思主义文化理论，构成了习近平新时代中国特色社会主义思想的新篇章，形成了习近平文化思想。建设中国特色社会主义文化强国、复兴中华民族、加强党对宣传思想工作的全面领导以及建设中华民族现代文明，是新时代赋予我们的新的文化使命。

习近平总书记对宣传思想文化工作的重要指示，提出"七个着力"

---

① 中华文明赋予中国式现代化以深厚底蕴——两个"结合"的历史逻辑［N］. 人民日报，2023-07-20.

的要求，重点强调要"着力赓续中华文脉、推动中华优秀传统文化创造性转化和创新性发展"。习近平文化思想内涵丰富、视野宏大，"明体达用、体用贯通"，蕴含着伟大的真理力量。文化兴则国家兴，文化强则民族强。一个民族的复兴，需要强大的物质力量，更需要强大的精神力量。要把习近平文化思想贯彻落实到宣传文化思想战线的具体实践工作中去，为推动文化繁荣、建设文化强国、建设中华民族现代文明提供强大的精神支撑。

（三）南粤古驿道文化遗产是不断铸就中华文化新辉煌的重要载体

在新征程上铸就社会主义文化新辉煌，是一项系统工程，要按照党的二十大的决策部署，要繁荣发展文化事业和文化产业，加大文物和文化遗产保护力度；要用中国理论解读中国实践、用中国学派弘扬中国气派。坚守中华文化立场，是不断铸就中华文化新辉煌的内在要求，坚定文化自信，是不断铸就中华文化新辉煌的必然选择，守正创新是推动中华文化创造性转化、创新性发展，不断铸就中华文化新辉煌的必由之路。南粤古驿道保护利用是广东省贯彻落实习近平生态文明思想、传承传统优秀文化、彰显地方特色、延续历史文脉、构建文化自信和文化认同的一项重要工作。

二、政策背景

（一）南粤古驿道保护利用工作是落实国家战略的重要抓手

南粤古驿道是广东历史发展的重要缩影，南粤古驿道作为中原联系岭南的重要纽带，是广东千年文明史的活化石，是经济交流和文化传播的重要通道，是集中展示岭南文化的重要载体，也是中国国家历史记忆的重要组成部分。2016年以来，广东省大力推进古驿道的保护修复和活化利用工作并取得了突出的成效，连续多年来广东省政府工作报告中提出要进一步做好南粤古驿道的活化利用工作。近年来，国家和广东省出台了一系列方针和政策，如：2018年一号文件《中共中央办公厅、国务院关于实施乡村振兴战略的意见》、2019年中共中央办公厅、国务院办公厅印发《长城、大运河、长征国家文化公园建设方案》、2020年农业农村部印发《全国乡村产业发展规划（2020—2025年）》、2021年广东省林业局网站发布《南粤古驿道生态修复综合治理项目建设方案》、2021年自然资源部、国家文物局印发《关于在国土空间规划编制和实施中加强历史文化遗产保护管理的指导意见》、2021年广东省自然资源厅印发《广东省国土空间规划（2020—2035年）》，等等。这些都为南粤古驿道文化遗产保护利用提供了行动指南。

（二）南粤古驿道及中央红色交通线（粤东段）等文化遗产保护成为新时期发展的工作重点之一

《中华人民共和国国民经济和社会发展第十四个五年规划和2035年远景目标纲要》（2021年）提出了传承弘扬中华优秀传统文化：“深入实施中华优秀传统文化传承发展工程，强化重要文化和自然遗产、非物质文化遗产系统性保护，推动中华优秀传统文化创造性转化、创新性发展”；“坚持以文塑旅、以旅彰文，打造独具魅力的中华文化旅游体验。推进红色旅游、文化遗产旅游、旅游演艺等创新发展，提升度假休闲、乡村旅游等服务品质，完善邮轮游艇、低空旅游等发展政策”；丰富乡村经济业态：“提高农产品加工业和农业生产性服务业发展水平，壮大休闲农业、乡村旅游、民宿经济等特色产业”。《广东省国民经济和社会发展第十四个五年规划和2035年远景目标纲要》（广东省人民政府，2021年）也提出了以下重要工作：（1）推动北部生态发展区绿色发展。积极开发红色文化、南粤古驿道、少数民族特色村寨等精品线路。（2）保护传承岭南文化。加强考古工作，加大对古驿道、古村落、古港、海防遗址等的保护力度。（3）文化旅游提升工程。推动红色文化游、大湾区文化遗产游、历史文化游、乡村游、南粤古驿道等升级提质。（4）推进文化旅游深入融合发展，打造一批精品景区、度假区及国家级旅游休闲城市、历史文化街区、世界级主题乐园，建设一批文化和旅游融合发展示范区、“旅游+互联网”创新创业园区，培育一批文化旅游综合体。（5）传承发展红色文化，加强红色革命遗址保护利用，推进南昌起义部队南下广东、东纵抗战、中央红色秘密交通线等革命遗址整体规划、连片保护和陈列展示。

（三）南粤古驿道作为历史文化遗产空间被纳入国土空间规划“一张图”

《关于在国土空间规划编制和实施中加强历史文化遗产保护管理的指导意见》（自然资源部、国家文物局，2021年），提出：（1）将历史文化遗产空间信息纳入国土空间基础信息平台，进一步做好文物资源专题调查和专项调查；按国土空间基础信息平台数据标准，建立历史文化遗产资源数据库；将文物资源的空间信息纳入同级平台；建立数据共享与动态维护机制。（2）对历史文化遗产及其整体环境实施严格保护和管控，在市、县、乡镇国土空间总体规划中统筹划定历史文化保护线，明确区域整体保护和活化利用的空间管控要求，历史文化保护线及空间形态控制指标和要求是国土空间规划的强制性内容，作为实施用途管制和规划许可的重要依据。（3）加强历史文化保护类规划的编制和审批管理。启动与同级国土空间规划同步启动，落实深化国土空间规划要求；编制涉及自然环境、历史风貌等空间管控纳入同级国土空间规划；国土空间规划批复后，深化细化保护规划内容再报批。（4）促进历史文化遗产活化利用，在不对生态功能造成破坏的前提下，允许在生态保护红线内、自然保护地核心保护区外，开展经依法批准的考古调查、勘探、发掘和文物保护活动，以及适度的参观旅游和相关必要的公共设施建设，促进文化和自然遗产的合理利用。

（四）南粤古驿道文化遗产是培育乡村发展新模式的重要资源

《全国乡村产业发展规划（2020—2025年）》（农业农村部，2020年）提出：（1）乡村是旅游发展的基础，不断为旅游业提供新动力，实现业态融合与价值裂变。以旅游推动南粤古驿道发展，以古驿道串联沿线乡村，以乡村反哺旅游，实现以"道"兴村，"村""道"共生，实现旅游业发展与乡村振兴良性循环和可持续发展。（2）优化乡村休闲旅游业。聚焦重点区域。依据自然风貌、人文环境、乡土文化等资源禀赋，建设特色鲜明、功能完备、内涵丰富的乡村休闲旅游重点区。（3）乡村振兴与乡村旅游相互赋能。横跨二三产业的旅游业兼顾生产生活、开发保护与传承创新，是乡村发展的不二选择，其发展有利于农业强、农村美、农民富，文化兴、机制活。

三、实践探索

（一）南粤古驿道支撑广东构建诗意栖居的魅力岭南体系

《广东省国土空间规划（2020—2035年）》（2021年）提出：（1）构建"一链两屏多廊道"生态安全格局。打造以碧道和主要山脉为主体，绿道、古驿道为补充的廊道网络系统，实现生态空间的连通；形成蓝绿交相呼应的生态廊道，创新线性自然文化空间建设范式。（2）凸显岭南流域特色。串联碧道、古驿道、绿道、健康步道形成自然文化遗产游径网络。串联国家公园、自然保护区等重要生态功能区，连接城乡郊野空间和城市内部公园系统，衔接粤港澳大湾区文化遗产游径，打造永不落幕的自然历史博物馆。（3）保护传承历史文化。加强近代红色文化、工业文化、侨乡文化等遗产保护和利用。高标准建设长征国家文化公园（广东段），推进中央秘密交通线、红军长征沿线等地红色文化线路的保护利用。

（二）南粤古驿道串联南粤山川，为生态修复的价值实现提供了可能

《全国重要生态系统保护和修复重大工程总体规划（2021—2035

年）》（国家发展改革委、自然资源部，2020年）提出：（1）突出对国家重大战略的生态支撑。（2）南方丘陵山地带，以增强森林生态系统质量和稳定性为导向，保护濒危物种及其栖息地，连通生态廊道，完善生物多样性保护网络。（3）强调了构建重要原生生态系统整体保护网络，整合优化各类自然保护地。

《南粤古驿道生态修复综合治理项目建设方案》（广东省林业局，2021年）提出：（1）促进南粤古驿道沿线社会、经济、文化协调发展，保护古村落、古遗迹，让周边老百姓分享活化利用成果。（2）以恢复和优化生物多样性为重点，以山地造林、石漠化治理、退化林修复、森林抚育等为抓手，不断丰富古驿道沿线林分结构，打造生物栖息地。

（三）广东已打造多条以南粤古驿道为代表的生态廊道

1. 江门和汕尾古驿道

江门和汕尾古驿道濒临海岸，分别背靠莲花山脉和天露山，它们既是连接海陆的交通要道，又是通山达海的生命栖息迁徙之道，有着良好的生态本底，承担了生态廊道的作用。

2. 惠州罗浮山、梅州阴那山古道

惠州罗浮山古道、梅州阴那山古道保护修复选线时注重其内部古驿道的清理，并与周围乡村联通，畅通生物流动空间，实现了自然山林与田野乡村的有机联通。修复后的古驿道还给人们提供了接近自然的生态路径，增加了游客游览古驿道的乐趣，两者的有机结合，拉近了人与自然、历史的距离，实现了生态价值。西京古道、广韶古道（从化段）历史文化积淀厚重、沿线历史文化村落密布、古驿道保护和活化利用已经取得了较好的成效，为乡村振兴、文化振兴提供了较多成功案例。

（四）更加注重历史文化资源的原真性系统保护、创新性价值实现、标杆性品牌打造

1. 注重历史文化原真性梳理、系统性保护

（1）原真性梳理：史料梳理+线路普查，开展大量史料梳理；完成全省南粤古驿道线路普查；发掘出233段古驿道本体；挖掘出906处古驿道遗存。（2）系统性保护：工作机制+指引标准，建立省市联动、多部门协同工作机制；制定了近10个指引标准；串联历史遗存与周边村庄、自然资源。（3）实施成效：已完成保护修复272个重要历史遗存；已完成保护修复588个重要节点；打造了1340多公里重点线路网络；打造了4市5处华南教育历史研学基地。

2. 实现历史文化创新性转化、创新性发展

（1）创造性转化：省级赛事+文旅融合。依托南粤古驿道沿线优秀历史文化、红色文化等资源，持续组织省级赛事；赛事坚持一年一主题、一站一特色的理念；积极带动文化与旅游的融合发展。（2）创新性发展：农副产品+乡村引流。设计特色农副产品外包装；打造特色建筑景观节点；助力带动古驿道沿线周边村庄人气。（3）实施成效：已开展70场南粤古驿道定向越野大赛；已开展30多场文化创意大赛；已开展系列少儿绘画大赛。

3. 打造广东历史文化品牌和符号

（1）《南粤古驿道》纪录片。2018年，中央电视台专门组织拍摄了3集《南粤古驿道》纪录片并在科教频道播出。（2）大型新闻摄影采访活动。2019年近百家国家级权威媒体和地方知名媒体前来南粤古驿道开展现场采风创作，组织开展了"聚焦'南粤古驿道·海上新丝路'大型新闻摄影采访活动"。（3）荣获国家级称号和奖项。推动西京古道荣获全国文物保护单位、梅关古道荣获中国人居环境范例奖。

（五）由单线式保护转向线性文化遗产网络与绿色空间网络耦合的区域性保护

在南粤古驿道保护利用工作中，文化遗产的系统性观念意识越来越强。通过修复跨区域、大尺度的古驿道，将沿线古建筑、古村、古镇、古街等传统孤立的遗产点串联起来，整合形成线性文化遗产空间。线性文化遗产通过与绿道网、自行车和步道网及游憩系统及周边乡村地区的结合，成为文化传承、生态保护、休闲游憩、科普教育、美丽乡村建设等重要载体。

（六）由单一文化遗产保护转向历史、自然、社会交融的系统性治理

（1）创造国内文化遗产保护新模式，形成活化利用的典范。通过修复跨区域、大尺度的古驿道，将沿线遗产点串点成线，由线成面。（2）在保护古道本体基础上，协同开展古道沿线村居环境提升，助力乡村振兴，让偏远地区的乡村富起来。（3）推动生态修复，整合优化沿线山水林田湖草资源，对沿线古树群、古树名木开展保护修复工作。（4）引发理论研究新热潮。高等院校和科研机构申报研究中心，对新领域进行研究探索，补齐学术空白。（5）形成"规划师、建筑师、工程师"等志愿服务新机制义务现场指导古驿道修复，高效实干、全民参与。

（七）由政府绝对主导转向政府引导、专家指导下居民自发保护

1. 政府引导，吸引更多社会力量参与古驿道活化利用

在政府引导和监管的前提下，引入市场运营主体，构建市场化运营机

制、平台、产品和服务，在保护、传承、活化、利用理念指引下，寻求文化价值和市场价值平衡点，为南粤古驿道更具综合性的价值实现提供更多元化、更可持续的发展动力。

2. 以"三师"志愿者为代表的专家指导，有力支撑古驿道保护修复

南粤古驿道活化利用工作中，广泛的志愿者参与平台和体系的构建，以规划师、建筑师、工程师为代表的"三师"志愿者协会的建立和创意运营，推动了大量专业规划师、建筑师和工程师深入广大农村、走遍南粤古驿道，直接为南粤古驿道活化利用工作提供了包括规划设计在内的大量专业支持。经过几年发展，"三"已发展成为"多"，还有不少设计师、教师、历史学者、运动员、艺术家、学生等纷纷加入。

3. 调动居民广泛参与，提升线性文化遗产保护利用工作的内生动力

例如：连州东陂镇西塘、塘头坪村，当地村民充分配合并积极主动参与到研学基地的建设之中，在工程实施阶段，当地政府将西塘村、塘头坪村整治后的效果图全部张贴出来，村民看到后，议论纷纷，并主动与村、镇沟通，献计献策，提出了很多有益的意见建议。

第二节　南粤古驿道的历史源流与空间演变

一、南粤古驿道的历史源流

纵观南粤古驿道发展过程，古驿道最早起源于秦汉时期，经历朝历代的不断努力和持续发展，直至形成四通八达的成熟网络系统则是明清时期。秦汉时期的古驿道主要集中在粤西北地区，秦始皇开凿灵渠前后，公元前214年所开通的潇贺古道、漓江—西江古驿道，越五岭[①]攻打岭南所开辟的秦汉古道、宜乐古道、茶亭古道等。以汉代海丝始发港徐闻港、古广信地区（封开、梧州）为核心的西江古驿道、高雷古驿道。东汉时期修建的西京古道等，是广东较早开辟的古驿道代表。三国两晋时期，新增粤北南雄乌迳古道和梅州蕉岭松溪古道，加强了岭南地区广东、江西、福建三省之间的联系。到了唐朝主要开通了梅关古道和潮惠上路[②]两条古驿道，加强粤北地区与中原及粤东、福建之间的联系。其中梅关古道是张九

---

① 五岭指的是大禹岭、骑田岭、都庞岭、萌渚岭、越城岭。
② 上路走水路，下路以陆行为主。

龄上书唐玄宗，由其负责修筑和扩展的，直到现在依然保存完好；潮惠上路则是通过东江接龙川，再水陆转运，接梅江、韩江到达潮州，这一古驿道加强了广州与粤东、闽赣之间的联系。元代，开通由肇庆转阳江到达雷州、海南、广西廉州的肇高雷廉（琼）路，主要是中央为了加强与粤西南的联系。开通韩江—汀江古道，加强潮州北部与福建汀州、江西兴隆等地的联系。明清时期新增南江口到信宜、高州的驿道。至此，广东省古驿道网络形成系统。

本研究所指的南粤古驿道是指1913年以前广东境内用于传递文书、运输物资、人员往来的通道，包括水路和陆路，官道和民间古道，是经济交流和文化传播的重要通道。目前可考的南粤古驿道大约有171条，串联起1000多个人文和自然节点，这些见证了南粤历史变迁的古驿道，大多数由于荒芜没落，如今逐渐淡出人们的视野。按照广东省委、省政府指导思想：试点先行，形成示范。本课题选取南粤古驿道的一些代表性示范段作为研究对象。

二、南粤古驿道的分类和特点

（一）南粤古驿道的分类

1. 山地型古驿道

山地型古驿道以南雄梅关古道、饶平西片古道、珠海岐澳古道和乳源西京古道为代表。山地型古驿道根据地势起伏，分为平缓型和盘山型。平缓型驿道修建在地势较平缓的地段，部分路段修建在山谷之间；盘山型驿道修建在地势较陡峭的地段，路面材质多为片石、条石台阶。在广东山地和丘陵地带分布较多。

2. 平原型古驿道

平原型古驿道主要修建于地势平坦的平原和河谷平缓地带地区，可以发挥串联村庄和集市的作用，修筑和建设相对比较容易，在广东境内平原地带较为普遍。

3. 滨水型古驿道

滨水型古驿道以从化钱岗古道等为代表。滨水型驿道一般修建于滨临河水或者溪水的山谷地段，在南粤大地也是较为常见的类型。

4. 村镇型古驿道

村镇型古驿道以樟林古港驿道和江门市台山梅家大院—海口埠古驿道为代表。村镇型驿道大多为连接乡村的主要街道，路面较为宽敞，实际使用频率较高，有些古驿道在保存较好的历史文化村落还具有较强的使用价值。

5. 水道型古驿道

水道型古驿道以郁南南江古水道等为代表。水道型古驿道大致可分为主干水道和分支水道。主干水道为跨省际层面的水上交通节点的水运通道，主要串联珠江水系与北江水系；分支水道为串联南粤大地城镇和村庄交通节点的水运通道。

（二）南粤古驿道的特点

1. 南粤古驿道遗存少、散、远

南粤古驿道系统历经2000多年的修筑和发展，虽然至明清时期已经形成较为完善的陆路和水路的沟通体系，但随着岁月的变迁，现代交通路网的建设和不断发展，原有的古驿道体系事实上已经被不断地切割、损毁或废弃，目前的基本格局就是：除了少数保存较好的几条示范线路外，总体上以支离破碎的零星方式呈现，存在较为明显的少、散、远的特点，需要我们从历史文献和实地考察的比较分析中寻找相关线索。

2. 南粤古驿道的多指向

美国著名汉学家施坚雅在分析19世纪中国城市化的特征中指出："由于使用人力和畜力，因而运输费用昂贵，加上路途遥远，所以一个地区和另一地区的中心城市之间的事务联系被减少到最低限度。"正因为成本这一原因，资源在一定程度上是向地区中心集中，包括驿道。除了传统集中于州府并向帝都聚焦外，南粤偏于一隅，且由于对外海上贸易，驿道多与海上贸易港口码头连接。在驿道与海防防御系统结合中，出现了寨、所等场所。在"一口通商"历史时期，南粤担负着财税与防卫的双重职能，这样就决定了驿道内外多指向的特征。通过历史地图的标注可以了解驿道的基本走向，从1895年广州城历史地图显示广州城周边道路入城的方向是在东门和两处北门，府治是驿道聚汇的方向，体现了南粤古驿道的多指向特征。

3. 南粤古驿道与海上丝绸之路密切相连

广东总体地理区位上濒临南海，南粤古驿道的重要特点之一就是与出海口连接。岭南大地水网纵横，河流溪水众多，水上运输相对发达，因此广东的古代交通大多以水路为主要交通方式，陆路相对滞后。从唐开始南粤驿道以广州为中心，而以北向驿道为主；明朝主要驿道有7条，最多时有驿站109处。根据运输工具不同分为"马驿"和"水驿"，如英德有"浈阳水驿"和"清溪马驿"。岭南为西江、北江和东江流域盆地，利用自然河流水路运输发挥重要作用，水驿是驿道制度中重要的区域特征，潮阳现在仍保存着唐代已经开通的"后溪古渡口"。广东传统出海口的古码头包含了大量历史文化价值，广东丰富的海外交流历史奠定了良好的文化遗产利用基础。广州黄埔古港、汕头西堤码头和台山海口埠码头均是广东通往海外的记忆遗址。在外销贸易开始下滑的时期,出外谋生的广东人形成了特殊的华侨文化,他们从古驿道出发,转抵出海口。从海外寄回血汗钱使家族能够在战乱和饥荒中生存下来,"银信"和"侨批"就是民间的史书。昔日的出洋地可以变为今人的纪念地,与古驿道、古水道连接形成有历史记忆价值的"侨批之旅"徒步径。

4. 南粤古驿道见证祖国统一

从南粤古驿道历史演变中可以发现古驿道自古以来在维护中国历史版图完整性上具有重要意义,"车同轨"主要是体现在驿道上的,是国家统一的重要见证;古驿道的产生有利于各民族的相互融合,也密切了各区域的经济文化的交流,为岭南文化包容开放特点的形成奠定了空间基础和人文底蕴。

加强南粤古驿道相关制度研究,重视驿道相关文献、游记、碑记的整理,在适当的地方建立能生动展示地方文化、历史渊源的驿道博物馆,彰显中华人民共和国统一的信念,具有当世意义。习近平总书记提出:"中国梦是民族的梦,也是每个中国人的梦。""实现中华民族伟大复兴,就是中华民族近代以来最伟大的梦想。"又强调:"实现中华民族伟大复兴的中国梦,就是要实现国家富强、民族振兴、人民幸福。"①

5. 南粤古驿道体现广东重商文化

广东的重商文化在南粤古驿道的发展历程中也得到较为全面的体现。目前保存下来的穿越村镇的许多古驿道就是传统的商业街,杨宽先生分析宋代商业社会的氛围后指出:"这种沿河近桥的街市,北宋已经形成,到南宋有了进一步发展。"广东沿驿道、水道发展"铺街"的商业化和城市化相结合的空间历史轨迹明显,许多古镇仍保存了这种"铺街"的模式。粤商等地域性商帮的产生跟南粤古驿道的修筑和持续发挥作用有着千丝万缕的关系。粤商凭借靠近海洋的优势,伴随着与出海口相连的古驿道走向世界,海商成为粤商人的最主要代表。

---

① 习近平. 实现中华民族伟大复兴的中国梦——在第十二届全国人民代表大会第一次会议上的讲话 [N]. 人民日报,2013-03-18.

第三节 研究意义

一、理论价值

（一）丰富和完善线性文化遗产的理论体系、方法体系和应用范式

本课题研究南粤古驿道线性文化遗产保护利用问题，有关探索性成果将有助于形成中国特色的文化遗产保护利用理论和话语体系。文化遗产保护利用研究，需要在消化国内外多学科理论基础和经验的基础上，不断探索和总结出适合中国国情的大型线性文化遗产保护与活化利用的理论体系和方法应用。

（二）丰富历史交通要道型遗产廊道理论研究

关于南粤古驿道的学术研究尚处于开拓性探索阶段，理论基础相对薄弱。深入分析南粤古驿道及其沿线文化遗产的资源特色与价值，根据南粤古驿道及其沿线文化遗产的空间分布特征，从遗产廊道的视角来研究南粤古驿道，可以对古驿道的构成要素、功能结构以及文化特性的认知更加全面，使其具有的各种价值得到深入诠释，从而使南粤古驿道整体价值得到提升，也为南粤古驿道的保护利用提供坚实的理论基础。

（三）丰富遗产廊道旅游整体利用理论

以线性遗产的"遗产廊道"视角探索南粤古驿道文化遗产保护利用问题，可以改变过去对南粤古驿道"点"的研究，突破现有的对南粤古驿道进行"见洞补洞"式的保护修复方式，由点到面，突出线性和廊道特点，由静态转变为动态，体现联系和发展的观点，开拓了新的研究领域。研究建立集文化和生态保护、休闲游憩、旅游开发等多功能于一体的廊道区域与开放空间系统，丰富遗产廊道多元融合整体利益，为其他类似线性文化遗产提供新的研究思路与方法借鉴。

二、实践意义

从线性文化遗产"遗产廊道"的视角研究南粤古驿道，在实践上可为南粤古驿道遗产廊道的开发（尤其是文旅融合价值的挖掘）、沿线文化景观资源利用、区域经济效益的发挥提供理论依据，为促进南粤古驿道沿线区域经济协调发展提供借鉴。以"遗产廊道"为切入点，有利于梳理南粤古驿道遗产线路本体及周边地区的文化景观，并加以保护、规划和利用；对广东省开展"南粤古驿道活化利用"及"南粤古驿道旅游价值研究"，

协调区域组织，发挥南粤古驿道文化遗产廊道的多元要素集聚效应，打造广东文化遗产廊道品牌，推动古驿道沿线各区域经济和文化、生态建设具有重要的现实意义。

（一）为古驿道保护修复提供契机

通过技术和管理措施真实、完整地保存、修缮、恢复南粤古驿道及其环境和其他相关要素，恢复其历史信息及其价值。本研究从遗产廊道视角，将廊道区域内的文化遗产资源和关联景观及设施串联起来，整体构建南粤古驿道文化遗产廊道，不仅整体地保护了一系列文化遗产，而且凸显了文化遗产的经济价值、社会价值和生态价值。文化遗产地景观所具有的丰富的文化资源、多样的交通方式及便捷安全的基础设施为游客提供了更为丰富和多元化的旅游体验。

（二）为古驿道活化利用开辟路径

城市化快速发展的背景下，如何将南粤古驿道在新时期的功能进行转换和活化利用，重新找回南粤古驿道在乡村振兴、新型城镇化建设中的空间发展战略定位是需要重点考虑的关键所在。南粤古驿道在新时期承载着文化、生态、经济的功能，对于其所在区域的经济、文化发展都具有推动作用。深入挖掘南粤古驿道线性文化遗产的多元文化价值，探索科学合理的文化遗产活化利用方式，是发挥南粤古驿道时代新价值的应有之义。

（三）为古驿道沿线乡村振兴提供动力

由于现代交通网络与古代交通网络的错位，造成历史上曾经是主要交通要道的一些村镇经济动力衰退。但在这些地区正是由于城市化的低速发展，回避了人为的破坏性建设，历史上的人工建造景观（如古驿道、驿站、关楼、古村落等）反而幸免，得以保留下来。现代交通条件较差且城市化程度较低的一些地区，恰恰是古驿道保存较好地区。利用南粤古驿道系统的连续性，结合古驿道修复在农村人居环境整治中找到创新点，实施跨市县"新农村连片示范工程"，可为衰落的古村落注入新的发展动力。以古驿道为抓手，与古驿道相关的人文、自然资源较为丰富集中的村落（历史文化名村、传统村落、古村落）结合资源进行观光游、休闲游、农业体验游等产业开发，结合历史遗迹的保护与文化内涵的挖掘，优化服务设施。推动农村环境整治和传统古村落的活化，充分挖掘古驿道文化价值，把古驿道变成一种具备多用途、多元素的现代文化通道，与乡村旅游、体育运动、研学旅游等结合，提高南粤古驿道沿线农民收入，带动农村发展，为传统衰落村庄注入新的发展动力。

（四）为岭南优秀传统文化传承提供舞台

在南粤古驿道保护的基础上更应重视其发展规划，除重视历史价值的评估以及文化遗产的保护外，更要提高南粤古驿道所在地区的文化实力，促进地区经济健康发展。系统挖掘和整理基于古驿道本底的岭南文化内涵，让陈列在南粤大地上的古驿道文化遗产活起来，不断提升古驿道文化遗产在"一带一路"的影响力，提升岭南文化"软实力"是弘扬和传承岭南优秀传统文化的归宿和重要着力点。

三、社会价值

（一）可为文化遗产创造性转化和创新性发展提供新模式

随着文化遗产面临着生态失衡、环境污染等客观实际，大量文化遗产处于濒临灭绝的危机，亟需全世界范围内加强文化遗产保护与传承。以人工智能和大数据为导向的高科技信息技术发展，为文化遗产保护与传承带来新的契机，本研究充分利用数字互联、大数据、虚拟现实、融媒体等智慧化手段开展对文化遗产保护与创造性转化的研究，可以为文化遗产保护传承提供新的模式。

（二）可为基于数字化技术赋能文化遗产保护利用提供新路径

利用最新的数字图像技术、虚拟现实技术、互联网等技术的综合运用，社会大众可以不受时空的限制，全方位参观和感受文化遗产，为文化遗产活化利用提供了比传统技术更具优势的保护与传承路径。

（三）南粤古驿道文化遗产开发利用，有利于促进古驿道沿线遗产地社会经济发展

党的十八大以来，党中央高度重视文化遗产保护和可持续利用工作并形成了一系列关于文化遗产保护发展的政策和法规，这些都为我国文化遗产保护传承和开发利用提供了坚强保障。我国丰富的文化遗产资源都是非常重要的民生资源，具有发展文化旅游等综合经济价值和广阔的市场前景，将文化遗产和旅游文创等有机结合起来，把文化遗产资源优势转化为遗产地经济社会发展优势，充分实现文化遗产在促进遗产地经济社会发展的独特价值。

第四节 研究方法

一、田野调查法

田野调查法是社会科学研究的主要方法之一，主要通过问卷调查、深度访谈等方式来获取第一手数据资料，以保证研究结论的客观性和有效性。

问卷调查。向研究南粤古驿道的专家学者、古道沿线村落居民、旅游者发放调查问卷，收集他们对于南粤古驿道文化遗产保护与活化利用看法的原始数据。在问卷的设计过程中，选择古道沿线社区居民和旅游者进行预调查，并通过深度访谈对专家学者提出的难以测量的评价指标进行调整和改进。

深度访谈。本研究访谈分两个层面：第一，关键人物深度访谈。关键人物对南粤古驿道文化遗产有着较为全面的了解。访谈对象主要是南粤古驿道文史研究者、南粤古驿道沿线的政府工作人员等，重点了解南粤古驿道线路走向，明确南粤古驿道现存示范段历史背景、保存情况、文化与生态资源条件。第二，对南粤古驿道沿线村落居民的非正式访谈。主要通过加入村民的非正式集聚活动，充分抓住机会融入居民内部，了解古道沿线居民对于开发南粤古驿道文化遗产的真实想法。

二、内容分析法

内容分析法主要是在社会科学研究领域对历史文献内容的量化分析方法。二次大战后，新闻传播学、政治学、图书馆学、社会学等领域的专家学者与军事情报机构一起，对内容分析方法进行了多学科研究，使其应用范围大为拓展。[①]利用内容分析法结合各种参考文献和"大数据"，来分析"南粤古驿道"在新时代背景下的符号价值和受众的熟知度、感知度和喜爱度，为"南粤古驿道"开发利用提供丰富而又具有较高辨识度的数据支撑。

三、文献资料研究法

南粤古驿道文化遗产的研究，离不开对历史、考古、地方志等文献资料的研读，充分了解"南粤古驿道"发展历史，有利于新常态背景下对其

---

① 邱均平，邹菲. 关于内容分析法的研究 [J]. 中国图书馆学报，2004（2）：14-19.

的开发与利用。搜集国内外与"南粤古驿道"及遗产廊道相关研究成果。通过对文本资料的整理，梳理出相关的内容，进行分析研究。

四、话语分析法

话语分析（discourse analysis）在于帮助研究者了解话语背后的权力和意识形态的运作关系以及揭示话语对社会关系、身份认同、思想舆论的建构性作用。本研究借助NVivo12Plus软件工具、微词云平台对收集到的南粤古驿道相关文献、学术专著、地方志、政策文本、规划文本、新闻资讯、纪录片、微视频、游客短评及游记、旅游景点介绍文本等资料展开话语分析，揭示西方权威遗产话语和中国传统话语影响下南粤古驿道的价值生成背后反映的文化价值观；分析不同话语主体在南粤古驿道遗产实践过程中的参与程度与发挥的作用，探索以中国文化价值观、本土的声音和话语方式陈述、建构中国遗产的方式，在理论的基础上融入实际的案例分析，让论据更加具有说服力。

五、案例分析法

本研究以我国大型线性文化遗产南粤古驿道的重点示范段为特定研究对象进行典型案例的实证研究，着重分析其在西方权威遗产话语和中国传统话语中遗产价值生成背后反映的文化价值观，以及阐释与展示古驿道文化符号的叙事方式，并揭示遗产话语视角下南粤古驿道遗产价值共建共享机制的形成路径，以期为大型线性文化遗产的活化利用提供理论参考。

第二章 理论基础与国内外研究概况

第一节 理论基础

一、概念界定

（一）绿道

绿色通道译自英文单词"green way"和"green belt"两个词汇，"green"指有植被的地方，更深一层是指存在自然或半自然植被的区域；"way"是通道的意思，意味着移动、从这里到那里，从这一点到那一点，是人类、动物、植物、水等的通道。①绿色通道是具备较强自然特征的线型空间的连接体系，沿着诸如河滨、溪谷、山脊线等自然走廊，或是沿着诸如用作游憩活动的废弃铁路线、沟渠、风景道路等人工走廊所建立的线型开敞空间，包括所有可供行人和骑车者进入的自然景观线路和人工景观线路，具有重要的生态价值和休闲、美学、文化、通勤等多种功能。

（二）风景道

风景道是一种路旁或视域之内，拥有审美风景的、自然的、文化的、历史的、考古的和增进游憩价值的景观道路。它是随着汽车发展和汽车服务的兴起如汽车旅馆、服务站等，以及美国人和欧洲人户外游憩兴趣的增加而发展起来的。②1991年美国制定了《国家风景道法案》，对风景道进行了有序管理和规范化发展。美国已建设了80多条国家风景小道（national scenic byway）和泛美风景道（an American roda）形成了由国家、州和地方级组成的风景道体系。

（三）文化线路

文化线路理论最早出现在欧洲。1994年马德里会议报告提出："遗产线路是一个内涵十分丰富的概念，它提供了一个特许的工作框架，在其中

---

① Turner T. Greenways, blueways, skyways and other ways to a better London ［J］. *Landscape & Urban Planning*, 1995, 33（1–3）: 269–282.
② 余青，樊欣，刘志敏，胡晓冉，任静，杜鑫坤. 国外风景道的理论与实践［J］. 旅游学刊，2006（5）: 91–95.

兼容了相互理解、多种对待历史的方法和一种和平文化。它是基于时间和空间上的人口迁移、冲突和对话、文化交换和相互移植而形成的。"马德里会议讨论了文化线路作为文化遗产的判别标准如下："空间上交流是否广泛；是否对社区文化产生影响；是否包含跨文化因素；是否对文化、经贸、宗教等交流起到作用。"

"文化线路"是世界遗产的新类型，在2008年第十六届国际古迹遗址理事会（ICOMOS）大会上通过的《文化线路宪章》对此类型遗产有明确的定义，形成了目前对文化线路最新的定义。同时，在世界遗产委员会（UNESCO WHC）2013版《实施〈世界遗产公约〉操作指南》（以下简称"《操作指南》"）和欧洲文化线路委员会（EIOCR）的相关文件中，也有对应的描述。文化线路具有如下含义：文化线路是人类有目的创造的具有历史功能的人类交流或迁徙的路线；文化线路在时间和空间上都是大跨度且多样的；文化线路的构成元素包括物质遗产、非物质遗产和自然地理环境等；文化线路具有动态性。[①]

（四）线性文化遗产

目前国际上关于线性文化遗产的概念还无明确的统一定义，国内研究中的主流看法为《大型线性文化遗产保护初论：突破与压力》中单霁翔给出的定义："线性文化遗产是由文化线路衍生并拓展而来，主要是指在拥有特殊文化资源集合的线形或带状区域内的物质和非物质的文化遗产族群。往往出于人类的特定目的而形成一条重要的纽带，将一些原本不关联的城镇或村庄串联起来，构成链状的文化遗存状态，真实再现了历史上人类活动的移动，物质和非物质文化的交流互动，并赋予作为重要文化遗产载体的人文意义和文化内涵。"[②]线性文化遗产具有以下特征：（1）线状或带状的文化遗产区域。涵盖的范围更大，包括的遗产种类更为多样，反映的人类活动形式更为丰富多彩。（2）尺度较大，可以指跨越众多城镇的一条水系的整个流域，如中国大运河；也可以指贯穿很多国家的某条贸易之路，如陆上丝绸之路。（3）承载城镇和乡村中物质与非物质文化遗产的承连与变化，相互影响与交流。（4）线性文化遗产不仅有丰富的历史文化内涵，而且涉及巨大的经济价值和复杂的自然生态系统。

---

① 国际古迹遗址理事会文化线路科学委员会制定. 国际古迹遗址理事会（ICOMOS）文化线路宪章［J］. 中国名城，2009（5）：51-56.
② 单霁翔. 大型线性文化遗产保护初论：突破与压力［J］. 南方文物，2006（3）：2-5.

二、遗产廊道理论

（一）遗产廊道的来源及辨析

19世纪中叶以来，历史文化遗产的保护逐渐成为全世界的焦点问题。随着对历史环境的关注，保护范围和保护内容不断扩大和深化。由单个文物的保护到历史地段的保护，再至历史文化名城的整体保护。早在1933年国际现代建筑协会（C.I.A.M）在雅典开会所通过的《雅典宪章》就提出"要着重保护它风景如画的特征"。1964年的《威尼斯宪章》更进一步提出了要保护"城市的或乡村的环境"。1976年联合国教科文组织大会在肯尼亚内罗毕通过了《关于历史地区的保护及其当代作用的建议》（以下简称"《内罗毕建议》"，*Recommendation Concerning the Safeguarding and Contemporary Role of Historic Areas*），文件在之前建筑遗产单体保护的基础上首次明确增加了对"历史地段建筑群保护"的概念，指出"历史地段是指在某一地区（城市或村镇）历史文化上占有重要地位，代表这一地区历史发展脉络和集中反映地区特色的建筑群。其中或许每一座建筑都够不上文物保护的级别，但从整体来看，却具有非常完整而浓郁的传统风貌，是这一地区历史活的见证。它包括史前遗址、历史城镇、老城区、老村落等"。《华盛顿宪章》成为继《威尼斯宪章》之后最重要的一份国际性的关于保护历史建筑和历史性城市的国际性法规文件。《内罗毕建议》《华盛顿宪章》等重要文件的制定，表明了文化遗产的保护范围实际上已经扩大到整个历史城镇和区域。

1968年美国召开了"世界遗产保护"白宫会议，这是官方公开发表的关于文化和自然遗产保护最早的文件之一。1972年联合国教科文组织制定了《保护世界文化和自然遗产公约》，正式把自然遗产和文化遗产一起共同作为具有普遍价值的遗产加以保护。自然和文化遗产的融合是这一权威公约的突出特点。公约中有一条"人与自然的共同结晶"，后来作为"文化景观"单独列入遗产地范畴。

在1984年的世界遗产会议上，许多专家认为，当今世界上，纯粹的自然地已经十分稀少，更多的是在人影响之下的自然地，即人与自然共存的区域，这些区域中有相当一部分具有重要价值。在这一背景下，许多西方国家都开展了区域化的遗产保护。以法国为例，在1983年法国就制定了《建筑和城市遗产保护法》，对包括建筑和城市在内的文化遗产加以保护。1993年又在该法基础上进一步完善并制定了《建筑、城市和风景遗产保护法》，提出了建筑、城市和风景遗产保护区的概念，对包括建筑群、自然风景、田园风光在内的区域加以保护。

遗产廊道是美国在保护本国历史文化时采用的一种范围较大的保护措施。查理斯·利特尔（Charles Little）在《美国的绿色通道》（*Green way for American*）中指出绿色通道包括五种基本类型：城市河边绿色通道、以道路为特征的游憩绿色通道、生态上重要的廊道绿色通道、风景或历史线路绿色通道、综合的绿色通道系统或网络，绿色通道定义中的第四种主要就是遗产廊道。

（二）遗产廊道的内涵

在美国遗产廊道实践项目运作的基础上，查理斯·福林科（Charles A. Flink，1993）提出了"遗产廊道"的概念，即"拥有特殊文化资源集合的线性景观。通常带有明显的经济中心、蓬勃发展的旅游、老建筑的适应性再利用、娱乐及环境改善"[1]。该定义在理论上对遗产廊道的内涵和外延作了阐述和界定，遗产廊道是一种在遗产保护区域化进程中采取的方法。该方法在保护中强调遗产的文化意义和自然价值，强调文化遗产保护和自然保护并举，是一种追求遗产保护、区域振兴、居民休闲、文化旅游和教育多赢的多目标保护规划方法。作为绿色廊道和遗产区域的综合，遗产廊道的形成为线性遗产的保护提供了新的思路。遗产廊道作为绿色廊道和遗产区域的综合，是一种新的遗产保护形式。[2]

由绿色廊道、遗产区域、遗产廊道、文化线路等概念的比较（见表2-1），可以看出遗产廊道的特点。

表2-1 遗产廊道、遗产区域、绿色廊道和文化线路对比分析[3]

	绿色廊道	遗产区域	遗产廊道	文化线路
理论来源地	美国	美国	美国	欧洲
性质	廊道	遗产	廊道	遗产
形态	线性	区域	线性	线性
民族性	通常不具民族性	具有较强民族性	具有民族性	具有较强民族性

---

[1] Charles A. Flink, Robert M. Seans, Loring Lab. Schwarz. *Greenways: A Guide to Planning, Design and Development*［M］. Washington: Island Press, 1993: 167.

[2] 王志芳，孙鹏. 遗产廊道——一种较新的遗产保护方法［J］. 中国园林，2001（5）：86-89.

[3] 引自王燕燕. 南京明城墙遗产廊道保护与构建研究［D］. 南京林业大学，2015.

（续表）

	绿色廊道	遗产区域	遗产廊道	文化线路
尺度	大尺度	大尺度	可大可小	大尺度
任务	自然生态系统保护与开发	遗产保护与开发	遗产保护，自然生态系统保护开发及经济价值	遗产保护与开发
学科背景	景观生态学	历史学、社会学	景观生态学、城市规划、景观设计学	历史学、社会学
典型代表	波士顿公园系统	美国克斯国际遗产区域	伊利诺伊和密歇根运河	圣地亚哥·德·卡姆波斯特拉朝圣路

（三）遗产廊道选择标准

遗产廊道的概念和特点决定了在选择遗产廊道及其保护对象时，首先，应在线性景观中进行选择，有呈线性的遗产主体才能构成遗产廊道。其次，应遵循以下4个标准。[①]

第一，历史重要性。遗产廊道的历史重要性指的是廊道内应具有塑造地方、市县或国家历史的事件和要素。第二，建筑或工程上的重要性。建筑或工程上的重要性指的是廊道内的建筑具有形式、结构、演化上的独特性，或是特殊的工程运用措施。第三，自然对文化资源的重要性。廊道内的自然要素应是人类居住地形成的基础，同时也影响整个廊道。评价廊道内的自然重要性要了解以下几点：当地自然景观在生态、地理或水文学上的重要性；所研究的区域是否具有完全、基本未被破坏的自然历史；场地是否由于人类活动和开发而受到改变；哪些自然要素是景观的主体，决定着区域的独特性。第四，经济的重要性。遗产廊道的经济重要性指的是保护廊道是否能增加地方的税收、旅游业和经济发展等。通过遗产廊道的建设，实现对文化与自然的保护的同时，要考虑帮助当地经济发展，如带动地方旅游业。

三、产业融合理论

产业融合的相关研究最早是英国学者威廉·德汉在1713年在探讨光线

---

① Charles A. Flink, Robert M. Seans, Loring Lab. Schwarz. *Greenways: A Guide to Planning, Design and Development* [M]. Washington: Island Press, 1993: 167.

的汇聚与发散中首次提出，随后延展到大气科学、生物学等众多领域。随着工业革命的爆发，产业融合的相关概念首先出现在科技领域。1963年，罗森伯格（Rosenberg）对"技术融合"进行定义：相似的技术应用到不同的产业场景时，将会产生一个独立且专业的机械工具产业，这一产生过程即为技术融合。[①]1977年，Baran和Farber在其研究中提出了通信系统与计算的融合。1978年，美国学者尼葛罗庞帝（Negrouponte）提出用三个圆圈分别表示出版印刷业、计算机业和电影业的技术边界，其中三个圆圈重叠交叉的地方代表其成长最快和创新最多的领域，以此展示了三大板块预见性合并，并从技术角度对三者之间直接的产业融合进行了诠释。此后，学术界便开始对产业融合予以高度关注并对其进行一系列相关研究和探索。[②]

随着信息时代的来临，产业融合的发展过程也从原本的传统行业逐渐扩展到更多的非传统行业，其发展速度不断加快，面积也不断地扩大，从制造业到现代服务业、金融业等领域。在第三次科学技术革命中取得了显著成果，与此同时也成为了经济学研究领域的一个重要课题。不同产业以及相邻产业之间不断融合，加上技术创新的助力，产业融合的领域从最初的渗透到其他产业，造成产业边界的模糊，再到不同业务、企业、产品的整合，最后到市场融合，其研究的内容逐渐宽泛、边界逐步被打破、深度也日益加深。总体而言，在新兴产业发展方面，产业融合起到了促进作用，一方面这有利于构建产业间新型的竞争合作关系，另一方面也为提升经济总体发展水平作出了巨大贡献。随着产业融合的不断发展，科学技术水平、管理水平、企业资源整合、企业业务拓展，以及宏观经济市场的发展等领域也逐步走上了融合发展的道路。[③]

在产业融合类型划分方面，汉纳格和林斯滕提出，"产业融合包括互补性融合以及替代性融合"。[④]植草益从不同的角度对产业融合进行了不同形式的分类。[⑤]厉无畏等人根据产业融合之间的交互关系将产业

① 曹燕菲. 现代农业产业园产业融合研究［D］. 云南师范大学，2021.
② 周振华. 信息化与产业融合［M］. 上海：上海人民出版社. 2003：98-102.
③ 薛金霞，曹冲. 国内外关于产业融合理论的研究综述［J］. 新西部，2019（30）：73-74+90.
④ Gerum E., Stiglitzs N.. Industry Convergence and the transformation of the Mobile Communication System of Innovation ［R］. Phillips University Marburg, Department of Business Administration and Economics, 2004.
⑤ 植草益. 信息通讯业的产业融合［J］. 中国工业经济，2001（2）：24-27.

融合按照类型划分为渗透、延伸和重组三种形式。[①]之后胡汉辉等人认为除了产业渗透、延伸以及重组外，还有交叉融合；[②]胡永佳则认为，"产业融合包含的三种基本类型分别为纵向融合、横向融合以及双向混合融合"[③]。王丹认为"产业融合的三种形式是互补型融合、替代型融合以及改造型融合"。[④]李芸、陈俊红等人认为产业融合的基本方式主要有四种即渗透型融合、延伸型融合、替代型融合以及重组型融合。[⑤]我国学者对产业融合过程当中的协同创新问题进行探讨。罗栋、程承坪在对产业融合过程中的协同创新问题进行研究时，将旅游与演艺产业融合作为研究对象，提出了产业融合过程中应重点关注产品、市场和业态方面的创新，而非技术创新，并从微观尺度、中观尺度，以及宏观尺度分别给出针对旅游与演艺产业融合发展中的协同创新问题的相关对策。[⑥]苏卉对产业融合背景下文化与科技的协同创新进行了研究，并联系了战略、资源、组织、政策等协同理论深入分析了科技与文化协同创新的动力机制、运行机制和运行平台，并就促进协同作用的发挥提出了相关的建议与对策。[⑦]

产业融合理论对南粤古驿道的活化利用提供了指导。如何推进南粤古驿道与旅游、体育、文化、教育、农业等关联产业融合，发挥多方资源的叠加效应，不断催生"古驿道+文化""古驿道+体育""古驿道+旅游""古驿道+赛事"和"古驿道+特色农业"等新模式新业态，培育"南粤古驿道"综合品牌效益，依托古驿道建设特色文化廊道、特色旅游产业带、科普长廊与户外体育运动产业带等，成为文旅融合发展的典范。

四、协同效应理论

协同效应理论研究与实践应用始于"战略管理鼻祖"的美国学者伊

---

① 厉无畏，王慧敏. 产业发展的趋势研判与理性思考 [J]. 中国工业经济，2002（4）：5-11.
② 胡汉辉，邢华. 产业融合理论以及我国发展信息产业的启示 [J]. 中国工业经济，2003（2）：16-21.
③ 胡永佳. 产业融合的经济学分析 [D]. 中共中央党校，2007.
④ 王丹. 产业融合背景下的企业并购研究 [D]. 上海社会科学院，2008：4-5.
⑤ 李芸，陈俊红，陈慈. 农业产业融合评价指标体系研究及对北京市的应用 [J]. 科技管理研究，2017（4）：55-63.
⑥ 罗栋，程承坪. 旅游产业融合过程中的协同创新研究——以旅游与演艺产业融合为例 [J]. 湘潭大学学报（哲学社会科学版），2015（1）：70-73.
⑦ 苏卉. 产业融合背景下文化与科技的协同创新研究 [J]. 资源开发与市场，2015（1）：78-81+111.

戈尔·安索夫（Igor Ansoff）于1965年首次提出"协同效应"相关概念，他对"协同效应"的理解是"公司在合并之后的业绩大于合并前"。伊戈尔·安索夫在1960年出版了《战略管理》，并在1965年出版了《公司战略》，其中在《公司战略》他指出了产品的成长方向、产品的竞争优势、产品之间的协同作用和产品市场范围是四大构成企业经营战略的必要因素①。日本战略专家伊丹敬之（Itami Hiroyuki）在伊戈尔·安索夫的定义基础上，于1987年在其著作《启动隐形资产》中从企业内部和外部两方面对"协同效应"的概念进行了进一步的细化和补充，其中他补充到在研究协同效应时应认识到企业自身的无形资产和有形资产所起的不同作用，也要认识到企业内外部环境相互之间的协同互补作用。②马克·L. 赛罗沃（Mark L. Sirower）于2000年在其著作《协同效应的陷阱：公司并购中如何避免功亏一篑》一书中指出"协同效应"是企业在并购之后其实际利润收益大于并购之前各个企业的预期收益总和，这与伊戈尔·安索夫关于协同效应的表述具有一致性。同时马克·L. 赛罗沃还指出将协同效应定量化的数学公式表达模式，即未来的每股收益=目前的每股收益+协同效应+（目前的每股收益×预期增长）。③乔尔·斯蒂巴尔（Joel Stiebale）等于2011年在研究了欧洲企业并购成功的案例之后，得出能够协同互补的不同企业或相似企业在合并之后的确能够实现经济规模和收益的增加，这也进一步印证了协同效应发挥的积极作用。④安德烈亚斯·施特罗布（Andreas Stroblr），妮可·鲁道夫（Nicole Rudolf）等人于2016年通过对欧洲地区的101家并购或收购企业样本进行研究之后，得出并购或者收购之后的企业存在协同效应的结论。⑤Yong-Woon Jang于2018年通过对中国的核心企业进行研究之后提出，随着中国经济的发展，寻求企业并购的企业将会越来越多，同时政府也出台了一系列的政策来支持企业并购，众多企业希望通过并购以获得更多技术上的支持和互补和更多的融资。协同效应发挥着促进市场竞争力和扩大市场规模的作用，能够对小到一个企业、大到一个

① Igor Ansoff. *Corporate Strategy: An Analytic Approach to Business Policy for Growth and Expansion* ［M］. New York: McGraw-Hill Companies, 1965.

② Itami Hiroyuki, *Thomas W Roehl. Mobilizing invisible assets* ［M］. Cambridge: Harvard University, 1987.

③ Mark L. Sirower: *The Synergy Trap: How Companies Lose the Acquisition Game* ［M］. Simon & Schuster Australia, 2000.

④ Joel Stiebale, Michaela Trax. The Effects of Cross-border M&As on The Acquirers' domestic Performance: Firm-level Evidence ［J］. *Canadian Journal of Economics*, 2011（44）: 957.

⑤ Andreas Strobl, et al. *Examining Links between Pre and Post M&A Value Creation Mechanisms-Exploitation, Exploration and Ambidexterity in Central European* SMEs. 2016.

区域的品牌形象推广、核心技术引进、市场活力激发、项目管理规划与开发起到促进作用。[①]

许明波基于财务协同效应，认为协同效应有：预期效应、合理避税效应和价值低估效应三种呈现方式。[②]熊志刚于2004年研究了战略联盟的企业文化效应，他从企业之间的战略合作关系入手，对企业之间战略联盟起着积极作用的企业文化进行了分析研究，最终指出了处于战略联盟内的企业之间的文化冲突可以协同，并从协同学的角度提出了协同企业文化的模型方程。[③]刘小芳等人在2012年的研究中提出企业的可持续发展和收益增长得益于合并后的协同效应，正因为协同效应可以促进企业收益的增加以及管理的优化等，企业之间的并购近年来才得以如此活跃。[④]郑茗心等人在2016年的研究则更加深入，他们指出价值链的协同效应、函数超加性的协同效应以及企业群之间的协同效应三者共同为协同效应的理论奠定了基础。[⑤]孙利利在2018年提出协同效应是根据一定范围内个体之间彼此相互互补、融合协作并对周围环境产生作用，以此来实现总价值的增长，即企业合并之后的总收益大于合并前各分散企业的价值总和。[⑥]蒋晨在2019年对协同效应是否在企业并购中发挥作用以及如何发挥作用等展开研究，并提出对三层次模型提供可执行策略。[⑦]张璐于2020年在对互联网公司并购的研究中也应用了协同效应的理论，选取了腾讯并购Supercell的典型案例对互联网企业跨国合并时财务评价和非财务评价两种方法协同进行了研究，从而为同行业的合并提供了借鉴。[⑧]

南粤古驿道大型线性文化遗产，蕴含着不同历史时期的物质和非物质文化遗产，承载着深厚的岭南文化底蕴，具有较好的协同发展条件与基础。在协同效应理论指导下，南粤古驿道保护利用工作极大地改善了沿线农村基础设施，提升了人居环境，同时以古驿道为载体，创新开展"文旅体"融合工作，持之以恒地举办相关赛事，为乡村带来人流、观念、商机，加快城市资源要素向乡村下沉，推动消费从珠三角向粤东西北转移，为乡村振兴

① Yong-Woon Jang. Research on pricing strategy of overseas strategic acquisition of Chinese central enterprises [J]. *Journal of the korean Society of Supply Chain Management*, 2018（2）：17-27.
② 许明波. 试论企业兼并的财务协同效应 [J]. 四川会计，1997（7）：10-11.
③ 熊志刚. 战略联盟的企业文化效应 [D]. 武汉理工大学，2004.
④ 郑婷，刘小芳. 基于协同效应的企业并购增值评估 [J]. 商业会计，2012（5）：81-82.
⑤ 赵俊凯，刘青，郑茗心. 企业并购协同效应与因素的研究 [J]. 生产力研究，2016（1）：134-137.
⑥ 孙利利. 再论上市公司并购协同效应 [J]. 全国流通经济，2019（8）：60-61.
⑦ 蒋晨. 基于协同效应的企业海外并购研究 [D]. 北京交通大学，2019.
⑧ 张璐. 互联网企业跨国并购协同效应研究 [D]. 南京航空航天大学，2020.

带来巨大引擎，为沿线村民带来发展信心。有效带动了当地民宿经济、农产品销售、特色餐饮、传统手工艺、观光农业的发展，吸引了一批在外务工人员回乡创业，激活了区域协调发展新动力，提高了协同效应。

五、内生发展理论

内生发展，又称作内源式发展、内生式发展、内发发展等，内生发展的观点认为事物的内在因素是维持其发展的根本动力。

20世纪60年代末，日本学者鹤见和子在对现代化演化进行研究的过程中，提出内生发展在提倡保护生态环境、注重文化发展的同时，还要求构建优良的社会秩序，从而进一步追求区域范围内的可持续性发展。[1]瑞典 Dag Hammarskjüld财团在1975年联合国报告《我们现在怎么办》中首次提出内生发展的概念。之后，又在1977出版的著作《另一种发展：路径与策略》中，就单向度这一现代化的发展模式提出了五个主要观点，分别为：（1）就发展目标而言，不仅要求在物质财富方面无限度地增加，同时要满足精神层面的人性需求；（2）就发展方式而言，各经济社会单位基于自身状况采取多种发展方式，尊重发展方式的多样性；（3）倡导可持续发展以及对环境友好的发展；（4）加大自主发展力度，让自主发展成为主要发展模式；（5）发展与经济社会变革息息相关，发展离不开经济社会变革。[2]

20世纪80年代开始，内生发展进入了跨多学科领域的发展阶段，日本西川润（Nishikawa Jun）对区域内生发展进行研究并提出人的全面发展以及共同参与的理念。他强调既要注重不同产业之间的互补竞合关系，又要关注人与自然环境之间的共生协调关系。[3]欧洲学者范·德·普洛格（Van Der Ploeg J. D., Long A.）在对区域和乡村发展问题进行研究的过程中，也对内生发展的理念进行不断的丰富。他认为内生发展是一个地方性的社会过程，通过对不同的利益主体集合建立合适的组织结构，从而达到地方性规划和资源配置的最优利用。[4]20世纪90年代以后，内生发展进入了高速发展的阶段，同一时期更多领域的从业人员将其应用到实践当中。2000年，联合国和平文化国际会议上发表的《马德里宣言》也提出鼓励内

① 鹤见和子. 内生发展论的展开［M］. 东京：筑摩书房，1996：4-18.
② 陈卫平. 内发性发展理论述评［J］. 山东师范大学学报（人文社会科学版），1993（6）：29-34.
③ 西川润. 内生发展的理论与政策［J］. 林燕平，译. 宁夏社会科学，2004（9）：23-28.
④ Van Der Ploeg J. D., Long A. *Born from within: practice and perspectives of endogenous rural development*［M］. Assen, the Netherlands: Uitgeverij Van Gorcum, 1994: 1-6.

生发展的计划，这在研究和实践方面都推动了内生发展的全球的传播。①

在我国内生发展模式在不同领域的研究呈现出多样化，总的来说大致包含理论探索和实践两个阶段。在理论探索阶段，陆学艺在内发的村庄研究中提出，农村基层的外生权力（来自地方政府和中央政府）和内生权力（来自村落内部）得到了有机的结合，但内生的发展模式在基层更应成为主流。②学者胡霞也指出，在中国西部大开发的过程中，对不同的村落制定对应的方案以及实施相应的举措，从而建立内生发展为主的模式是很值得推崇的。③与此同时，内生发展这一模式并不普适，即不一定适用于所有的村落发展，其应用还受到当地的地理位置、自然条件、管理水平等的制约。前期对于内生发展理论的研究主要集中在理论方面，直到学者张环宙等在对浙江浦江仙华山村进行研究时，将这一理论付诸实践，才真正进入实践阶段，这也体现了内生发展在乡村旅游中起到的积极作用。④之后在台湾村落社区的营造与永续发展及其启示中，陈振华等人也从多元主体的发展框架、社区营造等多个方面解析了建设村落时内生发展所起的重要作用。⑤目前内生发展在国内各个领域也取得了极大的进步，同时也发挥了其所具有的优势，对周边产业的发展和运作起到了促进作用。

在内生发展理论指导下，南粤古驿道活化利用过程注重挖掘南粤古驿道文化内核，启动"南粤古驿道+"计划，探索以南粤文化为纽带的"古驿道+研学""古驿道+文创""古驿道+体育赛事""古驿道+动漫影视"等发展模式，传承好文化基因；提高社区居民参与程度，让村民自发加入南粤古驿道活化利用进程当中，成为村庄和古驿道保护的主体。如组织村庄的社区居民参与古驿道的旅游活动，通过对社区居民进行技术培训和指导、广纳社区居民的建议、听取居民需求，使得更多的社区居民参与到古驿道活化利用过程中；加强政府引导作用。大力实施"政府引导、社会参与、市场运作"的融资模式，大力提升古驿道本体及周边配套功能，形成以古驿道为主体的融多元文化、历史典故、自然风光和民族风情等特色为一体的精品旅游路线；积极吸引当地资本，创新利用外来资本。但是，政府资金是有限的。内生发展理论强调依靠

① 张旭钰. "内生发展"理念主导下传统村落保护发展研究［D］. 浙江大学，2020.
② 陆学艺. 内发的村庄［M］. 北京：社会科学文献出版社，2001：315.
③ 胡霞. 中国西部大开发与生态建设［J］. 环境和公害，2002.
④ 张环宙，黄超超，周永广. 内生式发展模式研究综述［J］. 浙江大学学报（人文社会科学版），2007（3）：61-68.
⑤ 陈振华，闰琳. 台湾村落社区的营造与永续发展及其启示［J］. 中国名城，2014（3）：19-23.

本土力量发展，因此首先要考虑从当地筹集资金，采取"人人投资"模式，鼓励社区居民参与投资。同时，适当引进外资，规定外来投资者必须服从统一管理并给予社区居民一定的补偿，使得外来投资者与社区居民之间始终处于一种融洽的状态中。

六、制度嵌入性理论

"制度"主要包括正式制度和非正式制度。正式制度（formal institution）主要包括法律、政策文件等内容，这些内容涉及的规定都是很明确的，因此这些规范的实施是必然的，所在的组织会进行全方位的督促实施要求和过程。[①②]有学者将非正式制度（informal institution）约等于地方的文化，主要包括根植于地方文化的宗族制度、村规民约等。[③]"嵌入性"的概念由新经济的社会学家提出，他们将"嵌入性"解释为现存的社会关系网络将经济行动进行社会性的限定和嵌入。[④]有学者借助"嵌入""网络"等概念对制度的嵌入进行了充分的解读和分析，并提出了"制度嵌入性"命题。[⑤]限制性表示制度为行动者划定边界；[⑥]促成性表示制度为行动者的行动提供可能的方向。[⑦]

第二节 国内外研究概况

一、线性文化遗产研究概况

线性文化遗产主要是指在拥有特殊文化资源集合的线形或带状区域内的物质和非物质的文化遗产族群，是世界遗产的一种形式。线性文化遗产呈现了人类在历史长河中的移动轨迹，以及物质和非物质文化的交流互动，并蕴含出重要的人文意义和文化内涵。[⑧]近年来，随着我国大型线性

---

① 马智胜，马勇. 试论正式制度和非正式制度的关系 [J]. 江西社会科学，2004（7）：121-123.
② 陈家刚. 全球化时代的新制度主义 [J]. 马克思主义与现实，2003（6）：15-21.
③ Dequech D. Cognitive and Cultural Embeddedness: Combining Institutional Economics and Economic Sociology [J]. *Journal of Economic Issues*, 2003（2）：461-470.
④ 约翰·斯科特. 社会网络分析法 [M]. 刘军，译. 重庆：重庆大学出版社，2007.
⑤ 胡仕勇. 制度嵌入性：制度形成的社会学解读 [J]. 理论月刊，2013（3）：157-160.
⑥ 桂勇，陆德梅，朱国宏. 社会网络、文化制度与求职行为：嵌入问题 [J]. 复旦学报（社会科学版），2003（3）：16-21.
⑦ 丁龙庆. 从形式化到制度化：社区参与旅游发展的进程探索 [J]. 湖北经济学院学报（人文社会科学版），2012（3）：56-58.
⑧ 单霁翔. 大型线性文化遗产保护初论：突破与压力 [J]. 南方文物，2006（3）：2-5.

文化遗产日益受到关注，相关的研究文献数量不断增加。

（一）文献来源与研究方法

1. 数据来源

本研究文献样本来源于Web of Science（WOS）核心数据库和CNKI的中国学术期刊网络出版总库，检索时间日期设置为2002—2022年。在WOS数据库以"linear cultural heritage""corridor heritage"为检索词进行主题检索，最终得到325个文献样本；在CNKI的中国学术期刊网络出版总库高级检索界面以"线性文化遗产""廊道遗产"为检索词进行主题检索，将数据来源限定为核心期刊，经过筛查剔除重复性及非研究性文献后，共得到167个文献样本。

2. 研究方法

采用WOS核心数据库和CNKI的中国学术期刊网络出版总库中的文献作为统计源，运用文献计量学统计分析，借助CiteSpace计量可视化分析软件分析相关数据。

（二）文献计量分析

1. 线性遗产国外研究动态

（1）刊文量分析。图2-1展示了2002—2022年国际线性文化遗产发文数量变化趋势。

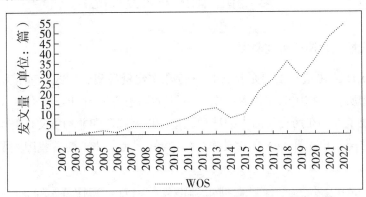

图2-1 2002—2022年国际线性文化遗产相关文献发文量

（2）关键词分析。关键词提供了有关该文章属于的主题或类别的信息，也代表了该论文的核心内容，通过研究关键词共现知识图谱可以确定文章的关键主题、关键词和前沿知识。[①]

---

① 翟凌晨，高雨荷，陶玉亭，徐玉梅. 积极心理学视角下旅游幸福感研究综述——基于CiteSpace的可视化分析［J］. 经营与管理，2022（5）：116-124.

采用CiteSpace软件对WOS中的样本文献关键词进行分析，根据图2-2国际线性文化遗产研究的关键词共现知识图谱可以看到，国际关于线性文化遗产研究较多的主题主要可以归为线性文化遗产的保护与开发策略研究及线性文化遗产保护和开发的行为研究，策略研究方面较多集中于如何保持生物多样性、地区生态完整性等，行为研究方面则主要侧重于遗产管理、文化空间管理、景观建造等。Merciu Florentina-Cristina等人通过运用定量和定性的混合方法对奥拉维塔—阿尼纳线性遗产铁路的价值及其可持续开发进行复杂评估；[①]Huo Sijia等人通过研究中国的丝绸之路长江天山走廊和西班牙的圣地亚哥卡米诺遗产路线的景观，发现丝绸之路的特点是文化和自然多样性，而圣地亚哥卡米诺遗产路线的特点是文化和景观的同质性。[②]

图 2-2　2002—2022 年国际线性文化遗产关键词共现网络

（3）作者合作网络。以WOS数据分析得到图3国际线性文化遗产研究的作者合作可视化图谱，从节点大小看出，（米拉尼·加布里埃尔）Milani Gabriele的节点最大，发文量最多，此外Formisano Antonio、Betti Michele、Valente Marco等10名作者的发文量较多，形成较大的节点。Milani Gabriele任教于米兰理工大学，其研究方向为建筑景观工程修复。[③]依托于那不勒斯费德里科二世大学，以福尔米萨诺·安东尼奥（Formisano Antonio）为首的研究团队其主要研究方向是历史文化遗产的

① Merciu FC, Paunescu C, Dorobantu M, Merciu GL. Assessing the Value of Railway Heritage for Sustainable Development: The Case Study of the Oravita-Anina Railway, Romania［J］. *Sustainabilty*, 2022, 14（20）: 197–205.
② Huo SJ, Canadas ES. The landscape in the heritage routes of "Silk Road: Chang'an Tianshan Corridor（China）" and "Camino de Santiago"（Spain）［J］. *Revista De Geografia Norte Grande*, 2022（82）: 173–192.
③ Milani G. Lesson learned after the Emilia-Romagna, Italy, 20-29 May 2012 earthquakes: A limit analysis insight on three masonry churches［J］. *Engineering Failure Analysis*, 2013（34）: 761–778.

工程建筑。①贝蒂·米歇尔（Betti Michele）任教于佛罗伦萨大学，其研究方向为文化遗产地震风险评估。②依托于罗马萨皮恩扎大学，以Valente Marco为核心的团队主要对历史建筑的灾害评估进行了深入考察与分析。③从合作网络的连接来看，合作网络连接较少，表明国际关于线性遗产相关研究的学科交流、领域渗透等还有待提高。

图2-3　2002—2022年线性文化遗产国际研究作者合作网络

（4）研究地区分析。以WOS样本分析线性文化遗产在全球的研究情况，得到国际线性文化遗产领域发文国家（地区）共现图谱（图2-4所示）。该图共有30个节点，即30个国家，42条连线。图上可以看出，意大

①　Di Lorenzo G, Babilio E, Formisano A, Landolfo R. Innovative steel 3D trusses for preservating archaeological sites: Design and preliminary results ［J］. *Journal Of Constructional Steel Research,* 2019（154）：250–262.

②　Bartoli G, Betti M, Vignoli A. A numerical study on seismic risk assessment of historic masonry towers: a case study in San Gimignano ［J］. *Bulletin Of Earthquake Engineering,* 2016, 14（6）：1475–1518.

③　Valente M. Seismic vulnerability assessment and earthquake response of slender historical masonry bell towers in South-East Lombardia ［J］. *Engineering Failure Analysis,* 2021（129）：263–269.

利、西班牙、美国、英国及中国等节点是具有高中介中心的点。①欧美发达国家由于文化遗产数量多、研究起步早，引领着国际线性文化遗产的研究动向，而中国自2104年京杭大运河申遗成功后，关于线性文化遗产的研究逐步兴起。作为后起之秀在国际线性文化遗产的研究中也逐渐占有一席之地。

图 2-4　2002—2022 年线性文化遗产研究国家（地区）合作网络

（二）线性遗产国内研究动态

1. 刊文量分析

图2-5以CNKI为样本展示了我国2002—2022年线性文化遗产发文数量变化趋势：2002—2008年为萌芽期，其间累计发文量不超过5篇；2009—2014年为探索期，2009年4月举行的中国文化遗产保护无锡论坛专门以线性文化遗产保护为主题，我国学者对文化线路、线性文化遗产投入更多的关注和研究②。2015年至今为快速成长期，随着2014年中国大运河申遗成

① 李杰，陈超美. CiteSpace：科技文本挖掘及可视化. 北京：首都经济贸易大学出版社，2017.

② 孙漪娜. 第4届中国文化遗产保护无锡论坛举行［N］. 中国文物报，2009-04-15.

功，我国线性文化遗产研究迎来新的契机[①]，自2014年后我国线性文化遗产研究发文数量不断攀升，阶段发文量达130余篇，学术界掀起了对线性文化遗产主题的研究热潮。

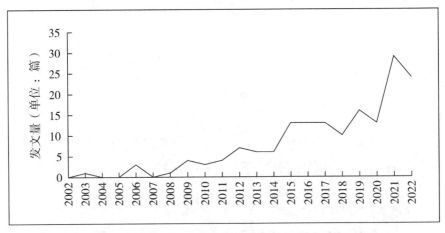

图2-5 2002—2022年国内线性文化遗产相关文献发文量

2. 关键词分析

采用CiteSpace软件对CNKI中样本文献的关键词进行分析（如图2-6所示），发现"文化线路""文化遗产""遗产廊道""大运河""遗产保护""线性遗产""活化利用"等关键词出现次数较多。对关键词进行整理分析发现，国内关于线性文化遗产的研究主要集中在概念界定、案例研究、遗产价值评价和开发方式等方面上。关于遗产廊道和文化线路概念由李伟等人在2005年引入，通过介绍国外"遗产廊道"和"文化线路"的概念引入了线性文化遗产的起源和特征。[②]单霁翔在2006年明确提出了线性文化遗产的概念，强调其物质属性和文化属性。随着2014年京杭大运河申遗成功，国内对于线性文化遗产价值评估和活化利用的研究逐渐深入，李麦产等人提出通过更新认识、依托城市等作为抓手与支点、应用现代技术等手段方式对大运河进行活化利用。[③]徐芳等人构建了短视频在大运河线性文化遗产数字化传播中应用的工作流程，并具体分析了短视频在大运河

① 程瑞芳，刘恒琰. 线性文化遗产综述：概念形成与旅游开发［J］. 河北经贸大学学报（综合版），2022（1）：49-56.
② 李伟，俞孔坚. 世界文化遗产保护的新动向——文化线路［J］. 城市问题，2005（4）：7-12.
③ 李麦产，王凌宇. 论线性文化遗产的价值及活化保护与利用——以中国大运河为例［J］. 中华文化论坛，2016（7）：75-82.

文化遗产数字化传播中的应用实践。①

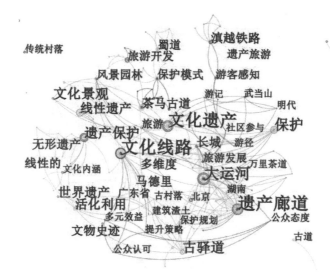

图 2-6　2002—2022 年国内线性文化遗产关键词共现网络

3. 作者合作网络

以WOS数据分析得到我国线性文化遗产研究的作者合作可视化图谱（图2-7所示）。我国线性文化遗产研究中国内发文量较多的学者有李飞、徐芳、刘美杏、杨载田等。北京联合大学的李飞自2007年开始研究线性文化遗产，其对线性文化遗产的研究多侧重于廊道遗产保护与开发的案例研究。②苏州城市学院的徐芳和武汉大学的刘美杏对线性文化遗产的研究多从数字化角度切入，关注古道线性文化遗产信息资源的数字人文研究。③衡阳师范学院的杨载田以茶马古道作为案例切入，重点关注文化遗产的保护与开发问题。④而南竣祥、梁爽、李海泉、李俊等人构成较为紧密的作者合作网络，通过研究现代空间信息技术对古道遗存的研究及保护规划提供辅助。⑤

————————

① 徐芳，汪紫颖，张慧敏. 短视频在大运河线性文化遗产数字化传播中的应用［J］. 档案与建设，2022（9）：51-54.

② 李飞，马继刚. 我国廊道遗产保护与旅游开发研究——以滇、藏、川茶马古道为例［J］. 西南民族大学学报（人文社科版），2016（2）：136-140.

③ 刘美杏，徐芳. 古道线性文化遗产信息资源关联数据模型构建及其实证研究［J］. 图书馆学研究，2019（14）：40-50.

④ 刘秋菊，杨载田. 中国茶路文化遗产保护与开发探索——以湖南省为例［J］. 湖南社会科学，2015（4）：203-207.

⑤ 南竣祥，梁爽，李海泉，李俊，周磊，侯兴泽，杜瑞玲. 现代空间信息技术与秦蜀古道遗存保护［J］. 文物保护与考古科学，2017（5）：52-57.

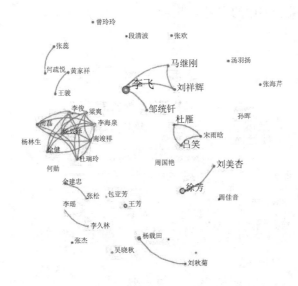

图2-7　2002—2022年线性文化遗产国内研究作者合作网络

4. 研究机构分析

借助CiteSpace可视化计量软件，得到国内研究机构发文数量（表2-2），发文量最多的机构是北京联合大学旅游学院，发表期刊论文7篇，其次是天津大学建筑学院、南京林业大学风景园林学院、苏州大学社会学院等九家机构，发文量均为3篇，此外还有衡阳师范学院、北京城市规划设计研究院、重庆大学建筑城规学院等十个机构发文量均为2篇，它们对国内线性文化遗产研究的学术贡献最大。从地域分布来看，这些高校或单位位于北京、重庆、苏州等地，北京机构的研究数量占整个机构研究的40%，其次是重庆和苏州地区，均占整个机构研究的10%，未来可进一步加强各地学者的学术交流与合作。

表2-2　2002—2022年线性文化遗产国内研究机构发文数量前二十位

Count（发文量）	Year（发表年份）	Institutions（发表单位）
7	2019	北京联合大学旅游学院
3	2017	天津大学建筑学院
3	2011	南京林业大学风景园林学院
3	2020	苏州大学社会学院
3	2020	华南农业大学林学与风景园林学院

（续表）

Count （发文量）	Year （发表年份）	Institutions （发表单位）
3	2021	云南财经大学旅游与酒店管理学院
3	2015	北京林业大学园林学院
3	2021	北京第二外国语学院中国文化和旅游产业研究院
3	2012	西北大学文化遗产学院
3	2010	中国文化遗产研究院
2	2014	衡阳师范学院
2	2016	北京城市规划设计研究院
2	2016	重庆大学建筑城规学院
2	2011	重庆师范大学历史与社会学院
2	2016	国家测绘地理信息局第二地形测量队
2	2017	复旦大学旅游学系
2	2017	北京大学考古文博学院
2	2022	苏州城市学院社会服务系
2	2017	淮北师范大学历史与社会学系
2	2009	北京大学城市与环境学院

（三）小结

21世纪以来，学术界对线性文化遗产的研究价值逐渐重视，对其文化保护和价值开发的相关研究成果比较丰富。研究方法多采用多学科、跨领域的综合交叉研究。

从研究热点内容来看，国际与国内共同的研究热点有线性文化遗产保护及价值开发，同时国际与国内关于线性文化遗产的研究关注热点也有所不同。国际上偏重线性文化遗产的保护与开发策略及行为研究，如保护生物多样性、地区生态完整、文化空间管理、遗产重塑、遗产景观建造等。国内偏重国外概念、理论的引入与剖析，主要集中在价值评估、旅游开发和活化利用的研究上，对于大运河、丝绸之路、茶马古道等线性文化遗产案例研究较多，这也与响应国家战略有关。

线性文化遗产相关研究近年来在国内外取得的成果是显著的，但也同样存在着一些不可忽视的问题。国内对于线性文化遗产的概念仍然存在一定争议，而线性文化遗产相关的实证研究多集中在遗产本身，研究内容比较集中，对于遗产沿线相关的人文关系和空间聚落研究较少，研究层次有待进一步加深，同时还未形成适合我国情况的遗产保护理论框架；针对不同类型线性文化遗产研究的结构和结论趋同，研究者之间交流合作也有待进一步加强。

线性文化遗产是大规模的、跨区域的文化遗产，对其的保护和活化利用已成为学术研究的重点，无论是在理论体系的建构上还是开发利用的路径探索上，都要找到适当的角度和方向深入。当下研究成果深度仍有纵深空间，遗产保护与治理理论未来的发展方向可以进一步深入，重点关注社会学、生态学和经济学等多学科的交叉研究，丰富当前线性文化遗产治理的理论研究，在遗产管理体制方面加深研究，进一步开拓新的研究方向。

二、南粤古驿道研究概况

借助CiteSpace文本分析软件，对从CNKI上爬取并筛选的数据进行分析。从文献数量、文献发表、发文作者与合作关系、发文机构与分布特征、关键词等几个方面进行分析。研究发现：高产作者群尚未形成，作者间和研究机构间合作少；研究机构绝大多数分布在广东省；研究热点主题是文旅融合、乡村振兴、文化遗产、产业融合、活化利用。

2017年11月，广东省住建厅、省文化厅、省体育局、省旅游局等部门发布了《广东省南粤古驿道线路保护与利用总体规划》，提出南粤古驿道是指1913年以前广东境内用于人员交往、物资运输、文书传递的道路，囊括陆路和水路，古代朝廷修建道路及民间自建古道，是海上丝绸之路向内陆延伸的重要通道。除通道本体外，其沿线也散布着关隘、门楼、驿站、驿亭和水工设施（古桥、古码头）等相关历史文化遗存。南粤古驿道是中国古时"海内"与"海外"的最早衔接渠道，是连接"岭南"与"岭北"的重要纽带。它在中国古代丝绸之路交通史上具有相当重要的地位，在人口迁徙、商业贸易、军事活动中也起到了举足轻重的作用，是历史上岭南人赖以生存的命脉与发展之路。但是，在岁月的流逝下，许多古老的道路已经难以寻觅，古村已经荒废、衰落，与之有关的文化资料已经消失殆尽。当务之急是如何保存和利用现有的古道，复兴古村，传承文化。

（一）研究工具与数据来源

本研究使用的研究工具是CiteSpace可视化分析软件，以南粤古驿道研究领域的相关文献为研究对象，具体分析南粤古驿道研究领域的高频关键词、发文作者、主要发文机构等，绘制出南粤古驿道研究领域的知识图谱和表格，并进行展示，探寻南粤古驿道研究的演进历程、研究现状、热点和趋势。

数据来源于中国学术期刊网络出版总库（CNKI），在CNKI的高级检索中以"南粤古驿道"为主题兼顾南粤古驿道相关特定古道名称进行检索，检索年份限于2002年1月1日至2013年5月，共获得文献198篇。其中包括学术期刊138篇、学位论文20篇、会议论文12篇、报纸10篇，经筛选得到有效文章185篇。采用2022年最新版软件Citespace6.1.R3（64–bit）版本对样本进行分析。南粤古驿道在国际研究较少，在WOS数据库中以"south China historical trail"等与南粤古驿道相关词汇进行检索发现，与此关联的文献共有13篇，但进行筛选后发现与南粤古驿道相关的仅有一篇，"Spatial Reconstruction and Cultural Practice of Linear Cultural Heritage: A Case Study of Meiguan Historical Trail, Guangdong, China"，此篇文章发文作者是吴志才、马静、张河清，三位作者所属单位分别为华南理工大学、广州大学。因此本文主要是对国内文献进行分析。

（二）相关文献分析

南粤古驿道，始于秦汉，至明清，为岭南与中原地区的交通要道，是中原汉人入粤、岭南地区的贸易往来的重要途径。它由内陆至岭南，再由岭南到海外，犹如一条历史的轴线，串起了千百年的沧桑往事。南粤古驿道的建设，使得古代南粤与中原突破了距离的限制，不再隔绝，促进了文化交流融合，提高了经贸往来的活跃度，维护了国家统一稳定，并连接了海上丝绸之路，见证了中外友好交往的历史。

1. 发表年份及学科分布

在CNKI的高级检索中以"南粤古驿道"为主题检索，检索年份限于2002年1月1日至2022年12月31日，共获得文献185篇，其中学术期刊128篇、学位论文15篇、国内外会议论文13篇、报纸9篇。从图2-8可以看出，南粤古驿道相关的研究从2016年开始起步，发表文献数量呈上升趋势，其间2020年数量有所下滑，但学术关注度仍保持不断上升的态势。2023年第一季度发文数量就已经与2021年几乎持平，可见未来南粤古驿道研究趋势将会大幅度上升。

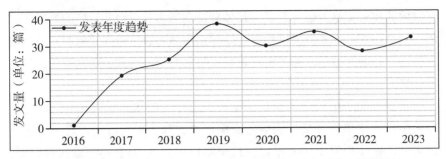

图 2-8　2016—2023 年中国知网有关南粤古驿道研究文献发表的数量情况

将相关文献按照所属学科进行分类统计，如图2-9所示，其涉及学科主要有建筑科学与工程（22.52%）、考古（18.32%）、旅游（11.45%）、体育（9.54%）、农业经济（6.11%）等。

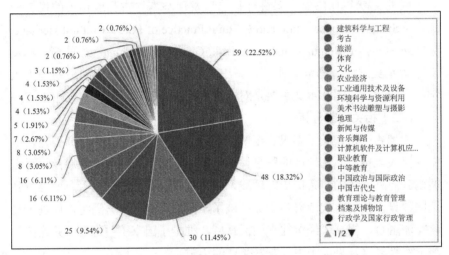

图 2-9　中国知网有关南粤古驿道研究文献发表的相关学科分布

2. 作者及合作机构分布

利用Citespace软件将网络节点设置为作者（Author），对2016—2022年的文献以每年为一个时间跨度进行切片，得到南粤古驿道研究发文作者的知识图谱，如图2-10所示，关键节点158个（Nodes=158），关键路径104个（Links=104），网络密度为0.0084。通过分析知识图谱以及图可以发现在该领域发表文章的作者最多发表过10篇文章，分别是张河清、王蕾蕾。从整体来看，关于南粤古驿道发表文献的学者分布较为分散，缺乏大量的密集的关联性。其中发文数量和合作较为突出的有张河清与王蕾蕾、彭彩婷、冯怡琳，吴永彬与陈景峰、庞兴宸、孙芝倩，曾宪川与廖泽群、徐涵、欧阳依妮、邱衍庆，倪丹薇、黄永正、朱盈、沈垱英等四组合作关系。

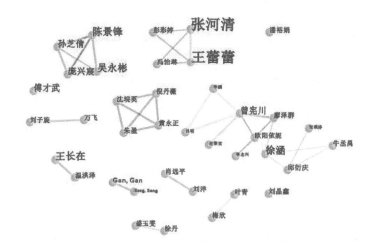

图2-10　中国知网发表有关南粤古驿道研究文献的作者图谱

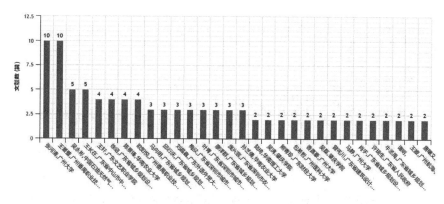

图2-11　中国知网发表有关南粤古驿道研究文献的作者及单位分布

从机构合作共现结果来看，共有节点157个，网络密度为0.004，研究机构间合作关系不紧密，仅有10组合作关系，研究机构间合作有待加强。从机构分布来看，广州大学在南粤古驿道主题上的发文数量最多，为18篇，其次为广州番禺职业技术学院16篇、华南理工大学15篇、广东省城乡规划设计研究院13篇、华南农业大学13篇，其余均在7篇及以下。从发文机构共现图可知（见图2-12），高校及规划研究院等机构占绝大多数。从地理分布来看，除极个别机构如北京联合大学、云南师范大学等外，绝大多数机构都分布在广东省。

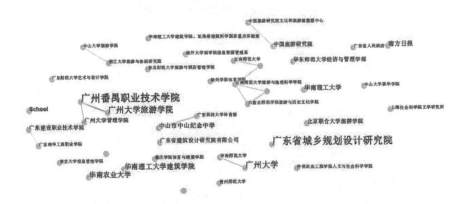

图 2-12　中国知网上有关南粤古驿道研究文献作者合作网络图谱

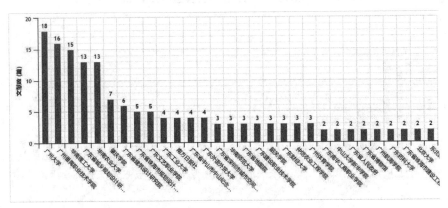

图 2-13　中国知网上有关南粤古驿道研究文献发文机构分布

3. 研究主题及关键词分布

从研究主题来看，南粤古驿道研究的关键词主要为南粤古驿道（127次）、古驿道（33次）、活化利用（15次）、广东省（11次）、南粤古驿道定向大赛（10次）、文化遗产（7次）、文化线路（7次）、定向大赛（6次）、乡村振兴（6次）、保护利用（5次）、保护修复（5次）、文创设计（4次）等。

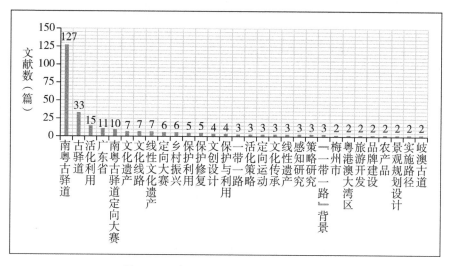

图 2-14　中国知网上相关研究主题分布

关键词是对文章主题的一种高度的总结。其中，关键词出现频率，中心性，显现性和群集是影响关键词出现频率的主要因素。

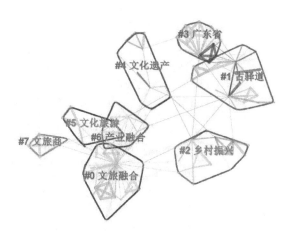

图 2-15　南粤古驿道关键词聚类网络图谱

从图2-16中可以看出，通过对"南粤古驿路"研究中的关键字进行聚类，得出网络模块化评估指数"ModularityQ"=0.7126，并且该网络的同质性平均值"SilhouetteS"=0.9558。在关键词聚类结果中，当Q>0.3、S>0.7时，表明聚类良好，所构建的网络图谱具有较好的聚类能力。通过"文旅融合""古驿道""乡村振兴""广东省""文化遗产""文化旅游""产业融合"这7个研究热点主题，结合实际总结出南粤古驿道研究发展阶段和研究主题方向如表2-3所示。

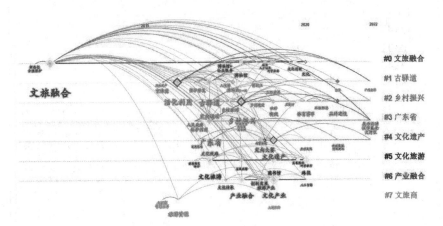

图 2-16 南粤古驿道研究关键词聚类时间图谱

表2-3 南粤古驿道研究主题聚类表

聚类号	数量	（平均）年份	标签词
#0	46	2018	文旅融合（23.25，1.0E-4）；南粤古驿道（17.42，1.0E-4）；博物馆（8.99，0.005）；广东省（7.47，0.01）；古驿道（7.47，0.01）
#1	25	2018	古驿道（28.42，1.0E-4）；活化利用（14.99，0.001）；文旅融合（12.46，0.001）；保护修复（11.96，0.001）；历史文化遗产（7.94，0.005）
#2	19	2019	乡村振兴（22.43，1.0E-4）；实践（8.83，0.005）；定向运动（8.83，0.005）；体育赛事（8.83，0.005）；品牌建设（8.83，0.005）
#3	15	2018	广东省（14.99，0.001）；文旅融合（9.35，0.005）；南粤古驿道（5.31，0.05）；珠三角区域（4.49，0.05）；奖学基金（4.49，0.05）
#4	12	2019	文化遗产（10.4，0.005）；文化线路（10.4，0.005）；南粤古驿道（8.16，0.005）；定向大赛（6.74，0.01）；丹霞山（5.17，0.05）
#5	11	2018	文化旅游（16.7，1.0E-4）；图书馆（11.05，0.001）；模式（11.05，0.001）；路径（11.05，0.001）；保护（5.48，0.05）
#6	10	2019	产业融合（21.1，1.0E-4）；文化产业（15.71，1.0E-4）；旅游产业（15.71，1.0E-4）；推进策略（5.17，0.05）；文化管理（5.17，0.05）

（三）南粤古驿道研究领域分析

1．广东省南粤古驿道研究

南粤古驿道是一项大型线性文化遗产，根据不完全的统计，广东省现有的古驿道主体有233条，长710.44千米，沿途的历史遗迹种类繁多，有906个重要的历史遗迹、古镇、古村落等。[①]在南粤古驿道各项分析图谱中，可以看出广东省对南粤古驿道研究更多也更为深入。以西京古道为例，西京古道位于韶关市乳源瑶族自治县，是通往蔚岭的交通要道，古称"西京路"，距今已有两千多年的历史。[②]在2019年的10月16日，被国务院公布为第八批全国重点文物保护单位。在地方政府的努力下，西京古道周围已经形成了1个国家级湿地公园，2个国家级森林公园，1个省级自然保护区，1个县级自然保护区。[③]

自南粤古驿道保护利用工作开展以来，广东省举全省之力，谋求可持续发展模式，各地结合地方特色，以"古驿道+"为基础，探索了不同的古驿道活化利用模式。在对"古驿道"与"古村"活化利用的过程中，进行有机结合形成了"古驿道"+"文化、旅游、农产品、教育、体育"等新模式。以《广东省南粤古驿道路线保护与利用总体规划》《南粤古驿道保护与修复指引》《南粤古驿道标识系统设计指引》为指导，对南粤古驿道进行了8个示范性路段创建，并对其中8个示范性路段进行了深入研究。已经成功举办了4届"南粤古驿道"定向比赛，把"古道"文化融入到运动中，吸引了许多海内外定向运动爱好者，将南粤古驿道之名推向世界；[④]已连续举办3届中国南粤古驿道文化创意大赛，2019年在汕尾海丰成功举办"艺道游学·中国南粤古驿道第三届少儿绘画大赛"，活动汇聚了全省700多组选手及家庭，童真的笔触天马行空、色彩绚烂。[⑤]这些活动的开展，极大地聚集了人气，推动了村庄经济，增加了古村落村民的自信，更加挽救了许多即将消逝的古老技艺。[⑥]"古道+"为南粤古驿道带来了全新的发展模式、多元的发展方向，今天这种发展模式仍在不断丰富。

---

① 陈景锋，庞兴宸，孙芝倩等．南粤古驿道研究进展［J］．现代园艺，2022（3）：35-39.

② 香嘉豪，张河清，王蕾蕾．乳源西京古道文化遗产保护利用初探［J］．经济论坛，2018（1）：56-59.

③ 吴晓松，王珏晗，吴虑．南粤古驿道驱动乡村转型发展研究——以西京古道韶关乳源—乐昌段为例［J］．南方建筑，2017（6）：25-30.

④ 廖佩文．南粤古驿道定向越野大赛价值研究［J］．当代体育科技，2019（11）：196-198.

⑤ 曾宪川，李鹏，吕明．"跨界大设计"模式推动历史文化遗产的活化利用——以中国南粤古驿道"文创大赛"台山站为例［J］．南方建筑，2017（6）：13-17.

⑥ 郭壮狮，张子健．以线性文化遗产保育活化带动沿线村庄社会经济发展——浅谈广东省南粤古驿道保护利用工作［J］．中国勘察设计，2018（11）：22-27.

2. 南粤古驿道的活化利用研究

南粤古驿道活化利用是南粤古驿道相关研究的重点所在，南粤古驿道的活化利用主要包括历史、文化、体育、传统村落、文旅资源、线性文化遗产等方面。

在南粤古驿道对城乡历史文化传承和保护利用工作中，广东省积极探索通过遗产资源的活化来带动乡村振兴、促进城镇发展的路径。关于南粤古驿道的历史文化内涵的进一步挖掘，将之纳入本体修缮与活化利用的问题，潘裕娟等基于文化传承视角，提出了"丰富文化内涵、做好文化修复、构建文化网络、培育文化土壤、全面建章立制"南粤古驿道保护和利用的五方面策略。[1]在传统村落活化利用方面，刘嘉文、刘小蓓、黄欣雨等人提出沿线村落与古驿道是共生的关系，以南粤古驿道为依托，在传统村落的保护和活化中，可以构筑村落和古驿道整体的保护与活化架构，以实现二者的协同发展。[2]南粤古驿道是"一带一路"倡议的重要载体，沿线分布着大量的传统村落，这些村落的保护与活化是延续村落物质空间，使村落在新时代焕发生机的必然途径。

在文旅资源活化利用方面，冯怡琳、张河清等人通过文献研究和实地考察，从"文化""市场""主体""物质"四个层面，对当前汕头樟林古港和古港旅游资源的活化情况进行了研究，并指出当前在汕头古港旅游资源活化过程中，仍然存在着文化宣传不足，游客互动产品缺乏等问题，并相应地提出了加强文化宣传、增加游客体验、鼓励村民积极参与、改善旅游配套设施等对策。[3]自2016年，在广东省政府的带动下，广东进一步挖掘和拓展南粤古驿道的特色和内涵，以道兴村为点，将沿线的贫困村落以及散落的文化遗迹串联起来。南粤古驿道定向大赛的举办有力地带动了沿线村落的经济发展与基础建设，定向大赛举办5年以来，据不完全统计，65场比赛为当地创造直接经济产值30多亿元人民币，打破了当地城乡发展不平衡的状态。随着定向大赛的开展，各村落修建了四通八达的交通网，化解了古村落地理位置偏僻、距离城市远的尴尬，打破了古村落与世隔绝的状态，促进了村落与村落之间、村落与城市的交流与联系。[4]同时，南粤古驿道定向大赛的开展

① 潘裕娟，潘泽瑞，黎映宇. 基于文化传承视角的南粤古驿道保护与利用策略探究——以珠海香山古驿道为例［J］. 城乡规划，2018（5）：71-78.
② 刘嘉文，刘小蓓，黄欣雨，黄敬德，杨煜. 南粤古驿道沿线传统村落的保护与活化策略研究［J］. 湖北农业科学，2022（4）：111-115.
③ 冯怡琳，张河清，王蕾蕾. 南粤古驿道文旅资源活化利用研究——以汕头樟林古港为例［J］. 太原城市职业技术学院学报，2021（8）：43-46.
④ 殷瑞，马昊东. 南粤古驿道定向赛事发展现状分析［J］. 湖北科技学院学报，2022（1）：116-121.

唤醒了沉睡的文化遗迹，不仅让古村落有机会重新出现在大众眼前，而且让古村落发出新时代的声音，紧紧跟上新时代步伐，真正做到了习近平总书记所说的："让陈列在广阔大地的遗产活起来"。①

3. 南粤古驿道的乡村振兴研究

在广东省政府的领导下，南粤古驿道的保护与利用工作，正从全面普查、整体规划，逐步过渡到重点线路的建设，以及古驿道沿线贫困地区的可持续发展。南粤古道的保护利用与精准扶贫都是覆盖面广、涉及部门多的工作，在实施过程中，更是充分将政策与资金相结合，通过交通、水利、电网、农房建设等多种方式，使贫困地区的群众受益，从而使精准扶贫工作取得更大的成果。南粤古驿道在进行旅游开发的同时，可以激发民众的智慧，使民众积极参与到乡村治理的过程中去。村民在古驿道上的旅游发展和村落建设中拥有了自己的主导权，村落管理体制可以进一步创新与建构，从而有效地解决了制约美丽乡村建设的土地、机制、利益等难题，实现了"内生造血"。②

广东已形成"南粤古驿道+N"的乡村振兴模式。2017年广东省核定的2277个省级贫困村，有近七成分布在南粤古驿道沿线。近年来，南粤古驿道乡村旅游、定向越野比赛等活动的成功开展，给这些贫困村带来了极大的人气，促进了消费，给乡村发展带来了新的生机与动力。通过总结"南粤古驿道+乡村旅游""南粤古驿道+体育"发展模式，可为我国乡村振兴战略实施提供成功范例。陈刚等根据西江古驿道沿途的建发村有利的地理气候优势，精准施策，提出了"1+N"的农业体系，将自然林地保育、农业生态、电商销售、观光旅游有机结合在一起，为乡村产业发展提供新的思路。③灵潭村以梅关古道为载体，以"秀水灵潭，驿路热土"为主题，融入文化旅游、休闲农业、生态观光，打造建设成为广东省文化休闲旅游名村、红色旅游示范村。南粤古驿道已经形成了"历史展示+休闲体验"的线性文化遗产保护利用模式，但是以古驿道为纽带的文化遗迹，多集中于粤东西北这一贫穷村庄集中的区域，更强调了相对落后的边远地区的历史文化与乡村振兴的协调发展。

4. 南粤古驿道的文化遗产研究

南粤古驿道蕴藏着岭南地区重要的线性文化遗产，其保护与活化模式

① 国家主席习近平在联合国教科文组织总部的演讲. 2014-03-27.
② 王博文，刘家嫚，黄文婕等. 乡村振兴战略背景下南粤古驿道旅游开发研究——以梅关古道为例 [J]. 农村经济与科技，2020（6）：60-61+134.
③ 陈刚，彭庭莹，吴清. 南粤古驿道沿线贫困村产业振兴SWOT及路径分析——以德庆县建发村为例 [J]. 肇庆学院学报，2019（4）：42-47.

研究是当前广东省历史文化遗产保护规划中的重要课题之一。研究内容主要围绕文化内涵挖掘、文化传承、文化遗产活化利用等方面展开。

在文化传承方面，张霖、李志刚以潮州古驿道和民乐舞布马为个案，从历史维度和跨地域的角度，探索二者间的文化共同体关系和内部功能机理，并提出了古驿道与民间音乐舞蹈等非物质文化遗产存在着"地域—艺术"互融的文化共同体关系。[①]龚蔚霞等以梅州市为案例地，从历史文化传承的角度，开展古驿道实物与非实物文化遗产的活化利用研究，构建具有"古色""绿""红"三种色彩的古驿道线型遗产空间，采用"点—线—面"三位一体的"点—线—面"空间组织策略，采用"规划设计—开发建设—传播宣传"的"全程活化"模式，促进传统村落的保护、人居环境的提升、综合旅游的开发，使古驿道在历史、文化、生态等多方面的价值得以充分发挥，为乡村振兴的实施提供广东经验。[②]

在文化遗产活化利用方面，廖碧芯运用文献资料和实地调查相结合的方法，对潮惠古驿道文化遗产的组成、结构特点和价值进行了分析。研究通过GIS空间分析，利用区位熵法，对潮惠古驿道文化遗产的空间分布类型、空间集聚特征及其与古驿道的空间联系进行研究，并据此建立潮惠古路文化遗产长廊。[③]刘雅熙对南粤古驿道增城段线性文化遗产保护的路径进行了探索，[④]研究认为可以通过创新线性文化遗产的传承方式，挖掘古驿道文化历史，融合古驿道生活实践从而可以强化对线性文化遗产的认同感知。围绕古驿道这一核心，以古驿道为纽带构建"古驿道文化走廊"，以古驿道为支点构建"古驿道"相关文化产业，以此来实现南粤古驿道增城地区线性文化遗产的整体保护与可持续发展。

三、文化遗产数字化保护研究

（一）基于WOS文化遗产数字化保护文献计量分析

以WOS核心合集数据库中收录的2012—2021年的文化遗产数字化保护研究引文信息为研究对象，借助CiteSpace数据可视化软件，绘制出主要国家（地区）、作者分布、研究机构分布、聚类分析、关键词共现、被引

① 张霖，李志刚. 文化共同体视野中的南粤古驿道与文化遗产——以潮州古驿道与民间布马舞为例 [J]. 学术研究，2022（6）：48-51.
② 龚蔚霞，周剑云. 历史文化传承视角下的线性遗产空间保护与再利用策略研究——以梅州市古驿道活化利用为例 [J]. 现代城市研究，2020（1）：17-21+29.
③ 廖碧芯. 空间视角下南粤古驿道文化遗产廊道构建研究 [D]. 广州大学，2018.
④ 刘雅熙. 南粤古驿道增城段线性文化遗产保护与发展研究 [D]. 广东工业大学，2019.

频次突发分析等知识图谱。在此基础上，提炼出文化遗产数字化保护研究的热点问题，梳理出文化遗产数字化保护研究领域近十年发展的整体脉络和前沿研究领域。结果表明，文化遗产数字化保护研究的主要国家（地区）与其拥有的世界遗产名录拥有量具有一定的联系；Pierdicca Roberto、Piscitelli Marco Savino、Piccialli Francesco等学者在文化遗产数字化保护研究领域作出了突出贡献；3D、VR、AR技术将越来越多地应用于文化遗产保护问题，各种数字化技术应用将有助于传播文化遗产的知识和保存许多有形和无形的文化元素，这些元素将供今世后代使用。

保护文化遗产是当今我们生活中一个非常重要的方面，通过研究这些遗产，我们获得了关于祖先、生产方法和生活方式的知识。随着虚拟现实、增强现实、混合现实、信息通信、元宇宙等数字化技术的快速发展，使人们能够越来越真实地反映这一领域的生活。使用了先进的数字化技术，丰富的有形和无形文化遗产均可为后代保存，它们提供了记录、恢复和展示文化遗产项目的手段。不仅建筑物或纪念碑被考虑在内，另一个重要方面是代代相传的非物质文化遗产（ICH），包括表演、手工艺或叙事。由于文明的快速发展和人口的迁移，这种文化往往容易被遗忘。

数字化技术的介入，使得文化遗产的虚拟可视化早已成为可能，而且未来还会提供数字化重建遗产场景的沉浸式体验。[①]借助科技化手段和方式，由于保护政策而被禁止进入的考古遗址或脆弱环境也成为可能，被虚拟访问和检查，推广文化遗产遗址的知识。

1. 文献综述

（1）文化遗产。文化遗产（CH）的定义随着世界保护的发展而不断变化。根据联合国教育、科学及文化组织（UNESCO）的相关文件，遗产有一个非常广泛的定义，包括有形文化遗产（TCH）和非物质文化遗产（ICH）。非物质文化遗产包括口头传统和表达方式、表演艺术、社会习俗、仪式和节日活动、自然和宇宙的知识和实践、用于生产传统工艺品的知识和技能等。

有意将文化遗产从现在保留到未来的行为称为保存，目前用于历史博物馆、文化中心、科学研究、教育和其他领域。开发这一过程的可能性之一是应用各种AR、VR、建模等数字化技术。他们可以接触到在现实世界

---

① Faro L M C. The Digital Monument to the Jewish Community in the Netherlands: A Meaningful, Ritual Place for Commemoration ［J］. *New Review of Hypermedia and Multimedia*, 2014, 21 （1–2）: 165–184.

中很难接触到的文化遗产元素。①保护涉及以下研究领域：文档、保护、重建、修复、保存、表现和传播。文档与存储各种类型的信息有关。保护被定义为防止文化遗产的损坏、破坏或其他损失的行动。重建是为了更好地理解文化遗产对象而可视化的过程。修复是一系列行动，包括以下任务：整合和替换非原始元素、重建、修整和填充。保存是指延长文化遗产的寿命，同时加强其重要遗产信息和价值的传播。②表现涉及使用现代技术对有形文化遗产和非物质文化遗产对象的表现和可视化。③传播是为了接触可能最广泛的受众群体，让他们了解文化遗产。

（2）数字化文化遗产保护。数字技术支持有形文化遗产和非物质文化遗产记录过程，并提供更安全、更原真的有形文化遗产和非物质文化遗产数据捕获和收集。此外，各种数字化技术的结合可以更好地理解主题，并为未来研究带来新的见解。④数字化技术在各个领域的科学研究中的重要性显著增加。通过数字化技术在文化遗产相关数据的处理、呈现和保护中的应用进行文献综述，希望文化遗产最受欢迎的主题是什么？哪些国家在此类研究中处于领先地位？以及正在进行哪些类型的研究？

数字化技术用于有关文化遗产保护方面的研究，包括3D扫描、建模、虚拟现实（VR）和增强现实（AR）通常用于对纪念碑和古代文物进行虚拟展示。3D、4D、运动捕捉系统允许记录执行活动的方式、它们的整合和为后代呈现。通常，数字技术（如视听技术）与3D技术相结合，以更好地展示文化元素。可以注册民族舞蹈（它们的连续序列），表演传统工艺，传递故事、古代事件或古代建筑知识。尽管这些技术是非物质的，但它们使保护这种文化成为可能。

斯科皮尼奥（Scopigno）、奇尼奥尼（Cignoni）、卡列里（Callieri）等⑤定义了使用数字模型支持文化遗产保护工作的两种方式：3D模型作为支持介质和3D模型作为文化遗产保护工作的研究工具。M. Claudia tom Dieck提出在城市文化遗产旅游背景下的AR接受模型，确定在城市文化遗

① Morlando G, Lamera L, Guidi G. Temporary made permanent: Turning temporary exhibitions into fixed memories. In: 18th International Conference on Virtual Systems and Multimedia, 2012: 19–24.

② Conservation of cultural heritage. Accessed 23 Sept 2021.

③ Bercigli M. Dissemination strategies for cultural heritage: the case of the tomb of Zechariah in Jerusalem Israel ［J］. *Heritage*. 2019, 2（20）: 1–8.

④ Bentkowska-Kafel A, MacDonald L. Digital techniques for documenting and preserving cultural heritage ［J］. *UK: ARC* Humanites Press, 2009.

⑤ R. Scopigno, P. Cignoni M, Callieri G.et al. Using optically scanned 3D data in the restoration of Michelangelo's David ［J］. *Opt. Metrol.Arts Multimed*. 2003（5）: 146, 44–53.

产语境中影响AR接受度的特定语境结构。[①]AR的美学以及包括享受在内的感知因素对文化遗产旅游景点使用AR行为意愿的影响，并调查韩国和爱尔兰的文化差异对这些因果序列的影响，进行跨文化差异的研究。[②]在文化遗产旅游的背景下，AR可以用于数字化恢复文物或重建历史事件，同时防止文化遗产的退化。[③]Arkae Vision（提供不同形式的文化遗产资产开发，包括纪念碑、艺术品和物品的虚拟表现，以及与之相关的故事）引入了一种全新的交流沟通模式，通过产生不同层次的历史和考古信息来实现，即基于虚拟重建的游戏式3D环境探索，并带有数字小说和引人入胜的故事叙述元素，并应用于两个案例研究：利用虚拟现实（VR）技术探索赫拉二世帕埃斯托姆神庙，利用增强现实（AR）探索游泳者墓的石板。[④]

2. 数据来源

采用的数据来自WOS核心集，数据采集时间为2022年3月21日。英文检索关键词设定为"cultural heritage""heritage conservation""heritage protection""digital""data""AR""VR"进行检索，共得到5199条文献数据。随后，阅读收集到的文章的标题和摘要，以确定它们的内容是否与主题相符。纳入标准为：（1）文章必须是同行评议的出版物；（2）文章必须为英文；（3）文章中心内容必须与文化遗产数字化保护相关；（4）时间跨度为2012年1月至2022年2月。排除标准包括：任何不符合纳入标准的论文；书籍章节、论文集、社论和编辑材料。对检索结果进行精选得到5128条文献，本研究基于上述5128条文献引文记录数据而展开。

3. 分析工具选择

本研究采用CiteSpace软件作为分析工具，基于几个考虑因素。我们将CiteSpace与其他应用于文献计量分析的知识可视化软件（如Bibexcel、Gephi、Pajek、VOSviewer等）进行了比较，发现CiteSpace由于具有广泛

① Tom Dieck M C, Juung T.A theoretical model of mobile augmented reality acceptance in urban heritage tourism [J]. *Current Issues in Tourism*, 2015.21（2）: 154–174.

② Jung T H, Lee H, Chung N. et al.Cross-cultural differences in adopting mobile augmented reality at cultural heritage tourism sites [J]. *International Journal of Contemporary Hospitality Management*, 2018.30（3）: 1621–1645.

③ Stanco F, Tansi D, Gallo G, et al. "Augmented perception of the past. The case of hellenistic Syracuse"[M]. *Journal of Multimedia*, 2012.7（2）: 211–216.

④ Bozzelli G, Raia A, Ricciardi S.et al. An integrated VR/AR framework for user-centric interactive experience of cultural heritage: The ArkaeVision project [J]. *Digital Applications in Archaeology and Cultural Heritage*, 2019（15）: 124.

的文档分类和映射功能而得到了更广泛的应用。

4. 分析路径

在处理数据之前预先设置参数：（1）根据相应的分析选择节点类型；（2）时间跨度为2012年至2022年；（3）每个时间片的长度为"1"；（4）将剪枝设置为最小生成树。其余参数设置为默认设置。参数设置完成后，使用CiteSpace软件进行三条主要路径的分析，以解决研究问题。

第一个路径是共现网络分析，提供了一个更深入的了解整个研究现状，包括作者和机构之间的分布和合作。这一分析生成了一个合作者网络和合作机构地图。第二种是基于关键词分析。通过关键词分析，本研究获得了关键词共现图、时区图和知识集群图，以确认研究热点、探测研究热点演变、明确研究前沿。第三条路径为名词—术语突发分析，通过分析关键词是在短时间内迅速变化还是数量急剧增加，强调了关键词的突变。它可以对某一时期最活跃的研究领域进行分类，并预测相关的研究趋势。

5. 研究基本情况

（1）研究进程分析。从文献的年度分布上可以看出（图2-17），2012—2022年入选研究论文数量分布轨迹，可识别出两个阶段：稳定发展期（2012—2016年）、快速发展期（2017—2022年）。

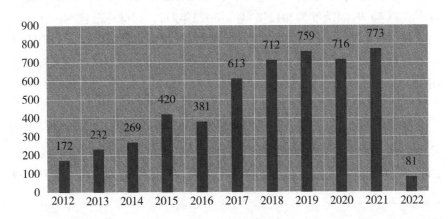

图2-17　2012—2022年文化遗产数字化保护研究文献数量年度变化图

在稳定发展阶段，发表的文章数量仍然相对较少，这可能是由于对文化遗产数字化保护的研究还处于起步阶段。随后出现了大量的研究成果，年平均发表论文数大幅增加（294篇）。2017—2021年，发表论文数为71.5%。由于对文化遗产数字化保护研究的关注程度的提高，2021年的发表论文数量达到了顶峰，达到773篇，是发表论文数量最多的一年。该阶段平均每年发表论文714篇。在此期间，发表的文献数量稳步增加，这表明对文化遗产数字化保护的研究兴趣持续增长。

（2）文献刊物及被引率分布。从发文数量上看（见表2-4），本次提取文献数量为5128篇，*Remote Sensing*及*Computer Science Information Systems*等期刊研究成果相对集中。除此之外，*Imaging Science Photographic Technology*、*Computer Science Theory Methods*、*Information Science Library Science*等期刊也是文化遗产数字化保护发文的主要载体。

表2-4 2012—2022年文化遗产数字化保护研究领域发文量前十的期刊

来源出版物名称	记录数（篇）	占比
Remote Sensing	568	11.08%
Computer Science Information Systems	550	10.73%
Imaging Science Photographic Technology	538	10.49%
Computer Science Theory Methods	503	9.81%
Information Science Library Science	492	9.59%
Computer Science Interdisciplinary Applications	460	8.97%
Archaeology	436	8.50%
Humanities Multidisciplinary	427	8.33%
Geosciences Multidisciplinary	396	7.72%
Environmental Sciences	358	6.98%

数据来源：作者根据相关资料计算。

从被引率上看（见图2-18），从2018年开始被引率迅速上升且上升幅度加大，并在2021年达到顶峰，被引频次高达8000次。可见，在2018年后文化遗产数字化保护迅速受到全球学术界关注，文化遗产的数字化保护成为一种必然的趋势，也使得文化遗产可以永不落幕，成为永久保存的一种方式。

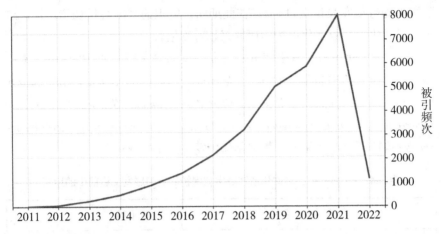

数据来源：作者根据相关资料计算。

图 2-18　2012—2022 年文化遗产数字化保护研究领域被引率情况

（3）作者及研究机构分布情况。从作者发文数量和国家上看（见表 2-5），Pierdicca Roberto、Piscitelli Marco Savino、Piccialli Francesco 重点引领了文化遗产数字化保护领域的研究潮流。除此之外，Themistocleous Kyriacos、Frontoni Emanuele、Georgopoulos Andreas 等作者也是文化遗产数字化保护发文的主要人，值得注意的是，他们都在欧洲高级大学工作，并对文化遗产的保存、数字化和美学表现出浓厚的兴趣。同时意大利学者在全球范围内作出突出贡献。

表2-5　2012—2022年文化遗产数字化保护研究领域发文量前十的作者

作者	记录数	占比	国家或地区
Pierdicca Roberto	27	0.53%	意大利
Piscitelli Marco Savino	22	0.43%	中国香港
Piccialli Francesco	20	0.39%	韩国
Themistocleous Kyriacos	19	0.37%	塞浦路斯
Frontoni Emanuele	18	0.35%	意大利
Georgopoulos Andreas	18	0.35%	希腊
Rinaudo Fulvio FR	17	0.33%	意大利
Maietti Federica	16	0.31%	意大利
Spano Antonia	16	0.31%	意大利
Agapiou Athos	15	0.29%	塞浦路斯

数据来源：作者根据相关资料计算。

图2-19所示的作者合作网络图。从图中可以看出，大多数作者是独立进行学术研究的，合作关系较弱。然而，仍有小规模的合作团体。例如，Pierdicca Roberto、Frontoni Emanuele、Zingaretti Primo、Sturari Mirco、Clini Paolo、Quattrini Ramona其代表作 *Advanced Interaction with Paintings by Augmented Reality and High Resolution Visualization: A Real Case Exhibition* 中就有着较为密切的合作关系。这些作者之间的关系通常是师生关系。

图 2-19 2012—2022 年文化遗产数字化保护研究作者协作网络图

合作机构网络图也是由CiteSpace生成的。图中的节点和线已在上面说明。结果如图2-20所示，线条多、密集、粗，说明文化遗产数字化保护作者研究机构之间的合作较强。这些研究机构之间的合作关系数量很多。例如，意大利的国家研究委员会（CNR）（隶属于意大利的文化遗产应用技术研究所（ITABC-CNR））、博洛尼亚大学（University of Bologna）和都灵理工学院（Politecn Torino）的合作比较密切。此外，中国科学院大学和武汉大学数字文化遗产研究中心在全球的文化遗产数字化保护中发挥重要作用，他们注重文化遗产资源的数字化，但更注重尖端技术在文化遗产实践中的应用。整体而言，全球学术界对文化遗产的研究是合作的，逐渐形成一个广泛的学术框架来进一步优化文化遗产数字化保护的研究。

图 2-20 2012—2022 年文化遗产数字化保护研究机构合作网络图

（4）国家/地区分布情况。从发文数量的国家/地区上看（图2-21），意大利、中国、美国带动了全球文化遗产数字化保护领域的研究。除此之外，西班牙、英国、希腊、法国、德国等也是文化遗产数字化保护发文的主要国家，其中意大利在全球范围内作出突出贡献。

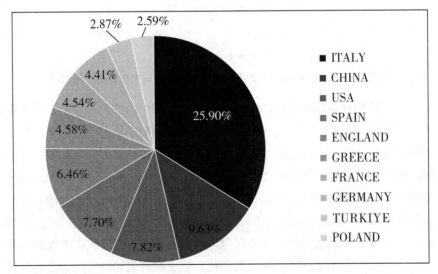

数据来源：作者根据相关资料计算。

图 2-21 2012—2022 年文化遗产数字化保护研究领域发文量前十的国家／地区

6. 结果及分析

（1）研究热点分析。通过词频分析，制作成词云图（图2-22）。文化遗产作为一个关键字，在最多的研究中被提及。这是对有形文化遗产和非物质文化遗产领域最通用的术语。在研究中，3D技术、模型、系统也经常被作为关键词给出。在进行的分析中，最常见的方法有：3D建模、AR和摄影测量。它们是在这个领域中找到应用的最新技术。

图 2-22　2012—2022 年文化遗产数字化保护研究领域词云图

（2）Cite Space分析。关键词共现分析：陈朝美认为关键词分析是确定热门研究领域以及相关研究热点和前沿演变的合适方法。[①]对于以下部分，CiteSpace用于关键字分析，从而生成三种映射：共现知识映射、时区视图和集群知识映射。

图2-23为2012年至2022年文化遗产数字化保护研究关键词共现知识图谱。基于频度和中间性中心性标准，本研究提取出4个研究热点：文化遗产保护、文化遗产保护模型、文化遗产保护技术及方法、文化遗产重构。

①　Chen C. Mapping Scientific Frontiers: The Quest for Knowledge Visualization. ［J］. *Doc.* 2003
（59）：364–369.

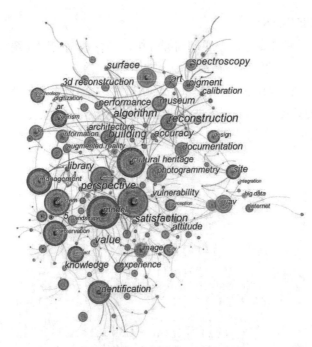

图 2-23 文化遗产数字化保护研究关键词共现知识图谱

关键词时区图分析：CiteSpace制作的时区图侧重于从时间维度代表文化遗产数字化保护领域的研究热点的演变。根据图2-24中出现的高频词，本研究将文化遗产数字化保护研究的演变过程分为两个阶段：文化遗产数字化与保护传承研究、文化遗产资源开发利用研究。

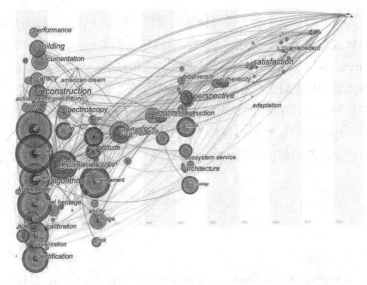

图 2-24 文化遗产数字化保护研究热点的演变：关键词时区图分析

关键词聚类分析：使用CiteSpace进行聚类分析，将关键词分组到主题中。结果如图2-25所示，总共包含10个集群，每个集群大小由集群中文章的数量决定。从图中可以看出，集群#1历史遗迹（historic monument）、#2前期预测（forward projection）、#5环境导致的变形（environment-induced deformation）、#6遗产旅游（heritage tourism）、#7文化生态系统服务（cultural ecosystem service）、#9轻量级移动装置（lightweight mobile unit）形成了文化遗产数字化保护与继承的核心研究课题，其余类别包括谷歌数字化地球、系统探索性评价等等。结合之前所讨论的研究热点，发现文化遗产的保存、传承和开发利用既是研究热点，又是研究前沿。

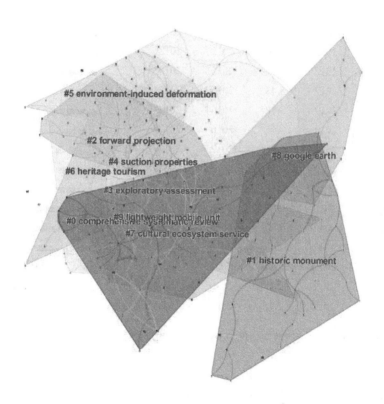

图 2-25　文化遗产数字化保护研究知识图谱的聚类

被引频次突发分析：图2-26显示了从2012年至2022年文献中提取的被引频次最强的前25个关键词。本研究以2022年高强度被引频次（即跨度至2022年的引文）的关键词为基础，将研究趋势分为五个方面：（1）数字技术在文化遗产保护中的应用；（2）数字系统的开发利用；（3）中国文化遗产的发展。

Keywords 关键词	Year 年份	Strength 强度	Begin 开始年份	End 结束年份	2012—2022
registration	2012	4.13	2012	2016	
retrieval	2012	3.33	2012	2015	
tl	2012	2.91	2012	2015	
gi	2012	6.5	2013	2016	
search	2012	4.7	2013	2016	
edm	2012	2.88	2013	2015	
ict	2012	3.25	2014	2015	
sfm	2012	6.05	2015	2017	
internet	2012	3.48	2015	2017	
ontology	2012	2.93	2015	2016	
demand	2012	2.86	2015	2017	
vulnerability	2012	2.7	2015	2018	
land use	2012	2.7	2015	2018	
uav	2012	3.43	2016	2017	
deformation	2012	3.18	2016	2017	
photogrammetry	2012	3.15	2016	2017	
iot	2012	3.56	2017	2018	
collection	2012	3.12	2017	2018	
China	2012	2.67	2017	2018	
technology	2012	2.73	2018	2019	
generation	2012	3.43	2019	2020	
engagement	2012	2.74	2019	2020	
degradation	2012	3.14	2020	2022	
motivation	2012	2.91	2020	2022	
resource	2012	2.91	2020	2022	

图 2-26 文化遗产数字化保护研究中被引频次最高的 25 个关键词

7. 小结

自2017年以来发表的论文数量迅速增长，表明学者们对文化遗产数字化保护研究的持续兴趣。作者和研究机构表现出合作强劲。重要的是，大多数高产作者在欧洲的高水平大学工作，特别是意大利，其研究机构也都是全球知名的学术机构。此外，这些作者和机构对数字技术在文化遗产中的应用表现出浓厚的兴趣。研究发现，文化遗产的保护与传承是文化遗产的研究热点、前沿和研究趋势，仍是文化遗产文献的首要研究重点。学者本质上过分强调文化遗产旅游的经济价值，低估了文化遗产旅游的人文价值。很多国家把重点研究放在技术的开发中，解决技术困难，将技术与文化遗产本身蕴含的内在精神价值和文化价值进行挖掘[①]，并通过什么样的呈现方式向受众展示进行探索性研究。以往研究中通过叙事、文化遗产建筑的重建、当地文化遗产纪念品的重现、结合VR/AR游戏、舞蹈等融合进去，使得文化遗产不仅是停留在客观现实中，而是真正地走进大众的心中，让更多的人参与到文化遗产的保护中，并且让更多的人进行潜移默化文化传承。

研究表明，文化遗产的保护中最流行的3D技术有：3D建模、动作捕捉、3D可视化、VR和AR。当前这项技术的快速发展，使得科学家们能够永久地巩固这种珍贵而又难以捉摸的文化，过往这类文化在传承的过程中往往会消失或被扭曲。大部分的文章涉及文化遗产的保护在数据文档、数据保护和重构领域。它们涉及发表在科学期刊上的文章和会议材料。每年的出版物都有显著的增长。由于3D、VR、AR技术的发展，文化遗产的保护已经成为过去对未来世代的一种锚定；它们不仅涉及过去文物的保存，也涉及今天文化的发展。随着3D技术和IT技术的发展，可以预见，3D、VR、AR技术将越来越多地应用于文化遗产问题。它们在各种应用中的应用将有助于传播有关文化遗产的知识，有助于保存许多有形和无形的文化元素，这些元素将供今世后代使用。这可以从文化遗产的保护对科学研究日益增长的兴趣中看出。从越来越多的研究论文中可以看出，社会已经意识到文化遗产的保护的流失。

本研究旨在通过文献计量学的方法，对文化遗产数字化保护研究人员的相关文献进行定量综述，以更深入地了解文化遗产数字化保护领域在2012—2022年期间在全球的发展和演变。研究结论与该领域其他学者的研究结论基本一致。此外，我们发现文化遗产数字化是文化遗产保护传承的必然趋势，而文化遗产与文化产业的结合则是其相关利用和文化传播的重要途径。最后，本研究确定了文化遗产研究的最终目标是寻求文化遗产可持续发展的途径，以保持文化多样性，满足公众日益增长的文化需求。

本研究进一步旨在通过提供有价值的信息，为研究人员确定潜在合作者、热点和未来研究方向的新视角，提供对文化遗产数字化保护的洞察。此外，文化遗产的保存和利用问题，对于文化遗产丰富的国家来说，比如中国、意大利等，也是一个典型而重要的问题。因此，我国文

① Yueh-cheng Wu, Sheng-Wei Lin, Yi-Han Wang. Cultural tourism and temples: Content construction and interactivity design [J]. *Tourism Management*, 2020（76）：103972.

化遗产保护与利用的经验，如乡村振兴非物质文化遗产，在国际范围内，特别是在非物质文化遗产资源丰富、人口众多的发展中国家，具有一定的借鉴意义。

研究发现，研究热点的演变主要受文化遗产研究、数字技术和文化需求的影响。数字技术为研究者提供了一个新的研究方向。此外，文化遗产的产业化是一个需要进一步探讨的研究现象。此外，文化生态保护已成为研究前沿，揭示了文化遗产的生存环境正在恶化，公众的环境保护意识正在增强。

（二）基于CNKI的文化遗产数字化保护研究文献计量分析

近年来，科学技术的发展从根本上改变了人们交流和传播知识的方式，新的数字信息技术打破了传统方法对文化遗产保护的限制，可以解决目前文化遗产保护的许多问题，为文化遗产的识别、保护提供了强有力的工具。[1]随着数字化技术的不断发展，世界各国都陆续展开针对文化遗产的数字化保护工作，对其进行客观、真实、全面的数据记录保存，并将其转化为可供检索、学习、传播和展示的数据资源。将数字化技术手段运用于文化遗产领域进行保护传承，不仅是对文物遗迹的记录修复与重现，更重要的是利用新兴的技术手段与理念形式，以全新的模式迎接新的机遇与发展。[2]

近年来，随着VR、AR、XR、MR、元宇宙等新型技术出现与应用，数字化技术不断迭代与发展，新应用领域与实践场景层出不穷，虽然已有国内研究者对文化遗产数字化保护研究进行了综述，但相关文章发表时间较早，已有的理论总结落后于实践应用，不能完全反映文化遗产数字化保护的未来发展趋势。此外，伴随跨学科理论、方法与实证研究的不断涌现，国内文化遗产数字化领域最新成果亟待梳理。

本研究基于中国知网数据库2007—2023年收录的文化遗产数字化文献，运用文献计量法，分析文献来源、作者分布、高被引文献、关键词共现、关键词突现与聚类等特征，运用内容分析法提炼研究主题，总结研究现状与未来趋势。

---

[1] 魏鹏举，柴爱新，戴俊骋，魏西笑，周晋玄.区块链技术激活数字文化遗产研究 [J].印刷文化（中英文），2022（1）：115-148.

[2] 顾振清，肖波，张小朋，刘健，何也，岳小莉，柴秋霞，谭姗姗，周虹霞，姚菲，王开，李荔."探索 思考 展望：元宇宙与博物馆"学人笔谈 [J].东南文化，2022（3）：134-160+191-192.

1. 文化遗产数字化的界定

"文化遗产数字化"是起源于数字时代的新词汇，在我国并无统一的概念，为此，该文从其概念界定入手，明确研究内容。本文所定义的"文化遗产数字化"是指文化遗产与数字化技术（"文化遗产+数字化"）、数字知识与研究的融合。它不仅包括文化遗产数字化的三个常规方面——数字收集和文献、数字研究和信息管理、数字展示和阐释——还包括数字内容的创造和创新使用/应用（文化遗产知识产权/IP、体验式教育、文化旅游、电影和媒体）。

2. 研究基本情况

（1）文献来源与研究方案。以中国知网（CNKI）学术期刊数据库为检索源，选取CNKI学术期刊数据库，来源类别勾选"北大核心、CSCD、CSSCI"，以"主题"作为检索字段，选取"文化遗产AND数字AND保护"进行精准匹配检索，并勾选中英文拓展和同义词拓展选项，时间跨度为2007—2023年，检索结果是465篇文献。经过人工检查发现，其中一部分文献只包含文化元素而非文化遗产，所以以"遗产"为检索主题词在已有结果中进一步筛选，共检索出405篇文献。随后，通过对检索文献进一步清洗和梳理，经人工筛选后得到有效主题文献共计360篇。

在具体流程上，首先，对文化遗产数字化保护的现有研究概况进行分析，主要包括年发文量、研究机构及作者、期刊来源、文献高被引等特征；其次，通过关键词分析研究视角，揭示文化遗产数字化研究的重点领域。最后，结合中国现有的政治、经济、文化和社会特征，对中国文化遗产数字化研究提出未来展望。

（2）文献发表时间分布趋势。如图2-28所示，我国文化遗产数字化研究的年发文量在2007—2020年出现了小范围波动，但从拟合线性结果来看，文献数量呈稳定增长趋势。但在2020年之后，由于区块链、数字孪生等新技术普及应用的影响，我国文化遗产数字化领域的文献数量出现骤增现象。

由图2-27可知，国内关于文化遗产数字化的研究在2007—2023年大致情况。近年来，在信息科技飞速发展及国家战略的支持之下，大量学者开始关注这一领域的研究，我国迎来了遗产数字化的研究热潮，文化遗产数字化的研究领域不断拓展，研究内容持续深入，有效促进我国文化遗产数字化的保护与利用。

图 2-27 2007—2023 年国内文化遗产数字化保护研究历年文献数量变化趋势

（3）来源分布特征。由图2-28可知，发表于文化遗产数字化保护研究的期刊有153种。《包装工程》《档案学研究》《图书馆》名列前茅。此外，《图书馆理论与实践》《图书情报工作》《图书学研究》《档案与建设》《图书馆建设》《档案学研究》等近10种学术期刊的发文量也较多，表明图书情报学科较为关注文化遗产数字化保护研究。从期刊分布来看，涉及档案、图书馆、情报、艺术、科技、建筑等多个学科。

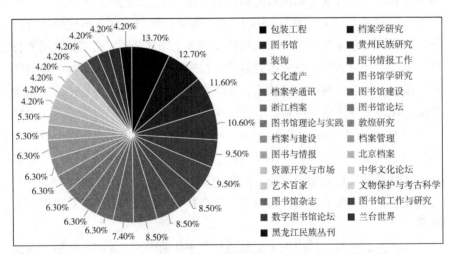

图 2-28 2007—2023 年国内文化遗产数字化保护研究文献期刊分布

（4）研究机构分布特征。由图2-29可知，涉足该领域研究的机构包括大学、研究院、图书馆等。核心机构发文量排名前三的机构是武汉大学、中国人民大学、中山大学。总体而言，该领域的研究机构主要集中在高校。

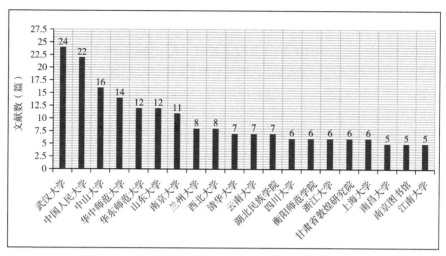

图 2-29 2007—2023 年国内遗产数字化保护研究文献机构分布

（5）作者分布统计。文章对2007—2023年，国内遗产数字化领域研究的高产作者进行了统计和分析，结果如图2-30所示。但由作者合作网络图（图2-31）可知，作者间的合作并不紧密，网络密度仅为0.0029，这表明目前国内学者关于该领域的研究合作有较大提升空间。

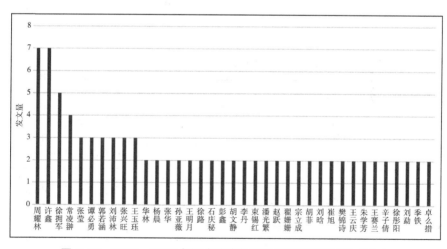

图 2-30 2007—2023 年国内遗产数字化保护研究高产作者分布

图 2-31 2007—2023 年国内遗产数字化保护研究学者合作网络图

（6）高被引文献。高被引文献是指在某一领域具有突出贡献且被广泛认可的重要文献。如表2-6所示，从统计结果中可以发现，黄永林、谭必勇等学者的观点受到广泛引用。另外，黄永林的《中国非物质文化遗产数字化保护与开发研究》一文虽然发表于2012年，被引用频次却高达695次。

表2-6 2007—2023年国内遗产数字化保护高被引文献

序号	题名	作者	期刊	年/期
1	中国非物质文化遗产数字化保护与开发研究	黄永林 谈国新	华中师范大学学报（人文社会科学版）	2012/02
2	数字化背景下非物质文化遗产的保护与利用	黄永林	文化遗产	2015/01
3	中外非物质文化遗产数字化保护研究	谭必勇 张莹	图书与情报	2011/04
4	我国非物质文化遗产数字化保护的现状与问题分析	宋俊华 王明月	文化遗产	2015/06
5	非物质文化遗产数字化发展现状	马晓娜 图拉 徐迎庆	中国科学：信息科学	2019/02
6	关于非物质文化遗产数字化保护的几点思考	宋俊华	文化遗产	2015/02

（续表）

序号	题名	作者	期刊	年/期
7	虚拟现实技术在文化遗产保护中的应用	李德仁	云南师范大学学报（哲学社会科学版）	2008/04
8	增强现实技术在文化遗产数字化保护中的应用	师国伟 王涌天 刘越　郑伟	系统仿真学报	2009/07
9	当代中国文化遗产的保护与开发模式	傅才武 陈庚	湖北大学学报（哲学社会科学版）	2010/04
10	新媒体语境下西藏非物质文化遗产的数字化保护与传承探究	常凌翀	西南民族大学学报（人文社科版）	2010/11

3. 研究热点与趋势分析

（1）关键词共现分析。关键词共现分析是对数据中的关键词进行计量分析，通过统计关键词在论文中出现的频次，形成共现网络。每一个圆圈代表一个关键词，圆圈和文字越大，表示该关键词出现的频次越高。由图2-32可以直观发现"文化遗产""数字化""保护"为该研究领域的核心关键词，根据共现的关键词内容，将其分为如下5个部分：

第一，众多数字化保护手段："数字化""虚拟现实""数字技术""技术""大数据"等关键词的出现说明技术手段是文化遗产数字化研究中最早受到关注的研究热点。

第二，文化遗产数字化人文领域研究："数字人文""图书馆""文献遗产"的关键词出现，表明文化遗产数字化得到图情领域学者的关注。

第三，"少数民族""民间艺术""传统特产""传统村落"关键词的出现，表明文化遗产数字化研究深入人民群众、落实国家政策的事实。此外，随着传统村落的快速消失，其中蕴含的文化遗产资源也岌岌可危，传统村落保护是国家文化遗产保护工程的重要内容。新形势下，"留住乡愁"上升为国家层面的现实需求，传统村落的数字化保护进入研究视野。

第四，"保护""传承"关键词的出现是文化遗产数字化相关研究逐渐深化的趋势，也体现了文化文明发展的自然规律。这意味着"文化遗产数字化保护"的内涵从形式向内容延伸，从针对文化遗产项目本体的简单存留，逐步着眼于文化内涵的挖掘、传播与广泛应用。学界不断拓展数字化技术的应用场景，并致力于更好地发挥文化遗产的时代价值。

图 2-32　2007—2023 年国内遗产数字化保护关键词共现分布

（2）突现词分析。为了对文化遗产数字化领域的研究前沿与演进趋势进行揭示，利用CiteSpace软件对上述360篇相关文献进行突现词分析，得到2007—2023年突显词序列表，其结果如图2-33所示。可总结归纳为以下六个方面。

第一，"保护""传承""民族文化""少数民族""新媒介""传播"等关键词依次突显，说明文化遗产数字化保护研究对象众多，涉及的面非常广泛。

第二，2009年的突现词包括"技术""增强现实"，这说明技术手段是文化遗产数字化研究中最早受到关注的研究热点。其中，增强现实即"AR"，它最早由波音公司的研究员Tom Caudell提出，是将虚拟信息叠加在真实场景中的数字复原和再现技术。2005年出现了可以在移动端安装的"AR Toolkit"，AR技术在文化遗产领域的应用也得到了许多学者的认可。

第三，"大数据""虚拟现实""区块链"等关键词的依次突现一定程度上反映了我国"互联网+"时代数字技术的发展脉络。在互联网迅速发展的时代潮流之下，有效利用"互联网+"技术构建文化遗产的数字化平台，推动传统文化和现代科技的有机融合，将有助于文化遗产优化保护方式，拓展传播领域，扩大社会影响，从而促进文化遗产的保护、传承和发展。

第四，"乡村振兴""大运河"两个关键词分别于2019年和2021年开始突显，并一直持续到2023年，反映了我国文化遗产数字化保护及时响应国家政策的事实。在国家政策的支持下，村落物质文化遗存的资源性利用促进现代中国乡村的现代化转型。2019年，《大运河文化保护传承利用规划纲要》将大运河的保护与传承提升为国家战略。近年来陆续有一些学者展开了对大运河数字化保护的相关研究。以大运河沿线非遗为例，应用图数据库技术等研究非遗知识图谱构建与语义关系发现和非遗资源知识组织及语义发现，设计大运河文化遗产数字资源的元数据集，为大运河的数字化保护、传承与利用提供新思路。

Keywords 关键词	Year 发表年份	Strength 强度	Begin 开始年份	End 结束年份	2007—2023
保护	2007	2.04	2007	2015	
体育	2007	0.97	2007	2012	
技术	2009	1.11	2009	2011	
增强现实	2009	1.11	2009	2011	
遗产保护	2010	1.5	2010	2013	
文化产业	2010	0.9	2010	2014	
数据库	2011	0.91	2011	2013	
传承	2009	1.38	2012	2015	
民族文化	2012	1.09	2012	2014	
日本	2013	1.19	2013	2014	
数字资源	2014	1.46	2014	2019	
新媒介	2015	1.09	2015	2016	
少数民族	2012	1.52	2016	2018	
传播	2016	0.97	2016	2019	
虚拟现实	2008	1.76	2017	2018	
信息资源	2017	1.09	2017	2018	
国际图联	2017	1.01	2017	2021	
三维扫描	2018	1.11	2018	2019	
区块链	2018	0.82	2018	2021	
乡村振兴	2019	0.91	2019	2023	
数字人文	2017	6.2	2020	2023	
关联数据	2020	1.66	2020	2021	
大数据	2016	0.81	2020	2023	
知识图谱	2021	1.31	2021	2023	
大运河	2021	1.01	2021	2023	

图 2-33　2007-2023 年国内遗产数字化保护突显词分布

（3）关键词聚类分析。图2-34为2007—2023年国内遗产数字化保护关键词聚类分布。如图所示，文化遗产数字化研究领域的聚类结果为10个热点词，分别是："数字化""文化遗产""数字人文""保护""虚拟现实""图书馆""数字技术""数据库""乡村振兴""文化产业"。

4. 数字技术在文化遗产保护中的应用研究

（1）现实技术应用。AR、VR、MR等技术被广泛应用于文化遗产的保护和应用领域。现实技术应用的主要领域包括器物、书画、雕塑和建筑遗址以及口头故事与语言、传统技艺和传统习俗方面的数字化保存等。

（2）3D技术应用。目前使用3D技术比较典型的有故宫院藏文物、敦煌莫高窟等物质文化遗产。故宫博物院使用三维数字技术，采集、加工大量的古建筑和藏品文物高精文物三维数据。利用数字呈现技术立体再现文化遗产的原貌，能够更好地促进对文化遗产的研究和展示，探索新的表现形式和展示方式，全方位推进数字技术在故宫博物院的综合应用，满足了故宫各个时期在文物保护、研究以及文化传播展示的工作需求。[1]

（3）元数据。建立文化遗产的数字资产档案工作需要强大的底层元数据支撑。目前我国没有一套规范化的元数据标准。吴建平针对非物质文化遗产音/视频资源提出了19个元素、70个修饰词的元数据设计。[2]

（4）其他数字技术。除上述技术外，人工智能技术、大数据、数字孪生技术、区块链、元宇宙等高新数字技术被当作文化遗产数字化保护的进阶技术和智慧化转变方向，不少学者针对这些技术应用在文化遗产数字化保护领域提出了概念性或可行性技术方案，为实现文化遗产资源库建设探索出了一条生态之路。[3]

---

[1] 欧阳宏. 故宫院藏文物的三维数据采集与应用 [J]. 数字图书馆论坛，2019（7）：48-53.

[2] 吴建平，王耀希，代红兵. 文化遗产数字化应用平台的技术构建 [J]. 计算机应用研究，2006（8）：41-44.

[3] 王云庆，彭鑫. 国内非物质文化遗产数字化保护研究综述 [J]. 档案与建设，2017（4）：9-13.

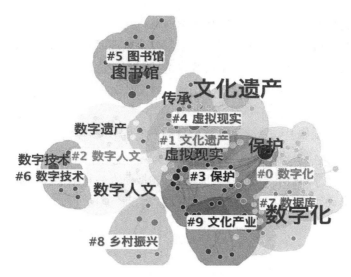

图 2-34　2007—2023 年国内遗产数字化保护关键词聚类分布

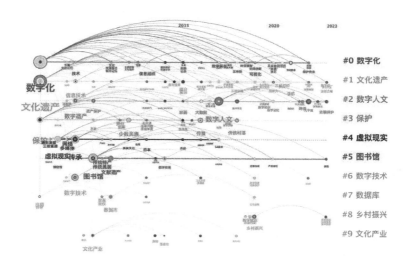

图 2-35　2007—2023 年国内遗产数字化保护关键词聚类时区分布

5. 小结

文化遗产的数字化保护与传播已然成为业界与学界持续关注的热点。因此，文化遗产数字化研究应立足于已有研究成果，结合当前我国文化遗产数字化保护与传播面临的机遇与挑战，从多个学科的视角出发，在研究路径、研究内容和研究方法等方面继续推进和完善。

第一，强化文化遗产数字化保护的理论体系构建。从概念内涵、自身特点、运行机制、作用机理等方面构建文化遗产数字化保护研究的理论体系，并构建起相应的研究范式与理论框架。

第二，强化前沿技术应用，加强对技术伦理问题的探讨。探索人工智能、区块链、数字孪生、元宇宙等先进技术在文化遗产保护中的应用前景与路径。同时，要积极探讨数字化技术对文化遗产保护的多元影响和数字化应用的伦理问题。

第三，加强跨领域研究合作。进一步促进多学科融合交叉，以计算机科学为中心，结合传播学、管理学、地理学、建筑学等多个学科共同推进文化遗产数字化保护研究，不断增强跨领域研究的科学性和规范性，推进不同专业知识框架在文化遗产保护领域的实践运用。

第三章 南粤古驿道文化遗产保护理论与方法

第一节 国内外理论与实践前沿分析

一、遗产话语体系的演变

（一）遗产范畴的演变

遗产范畴是一个不断扩展的过程。西方对历史文物应该予以保护的说法大致发端于文艺复兴时期，较早的观点体现在古典建筑遗迹开始被认为是古代神圣精神的信息或记忆的载体，对人们有提醒和警示作用，[①]因而被要求予以保护。[②]

19世纪初期，欧洲开始兴起国家层面对历史古迹的保护与修复的倡议，比如法国在1930年设置了"法国古迹总巡查员"制度，1837年成立了古迹委员会，开始对各类古迹进行评估和分类工作；同时法国思想界、文化界的许多名人也开始呼吁要对历史遗产进行有效保护，此时遗产的概念主要是对欧洲历史悠久且艺术价值卓越的"宝藏型"历史古迹的关注。[③]

20世纪30年代，随着历史遗产保护与城市发展之间的矛盾日益突出，理论界越来越关注遗产保护和城市发展的关系。1933年，由国际现代建筑协会（CIAM）制定并获得国际认可的《关于历史古迹修复的雅典宪章》（*The Athens Charter for the Restoration of Historic Monuments*）将保护的范围从宝藏级历史遗迹扩展到一般历史建筑。

20世纪60年代，西方各国逐渐开始展开新的遗产保护事业。1964年的《威尼斯宪章》界定了遗产保护的范围与意义，"古迹"包括城市和乡村的历史地区。《威尼斯宪章》"将积淀了文化意义的普通的历史作品""一般性民居建筑、乡土建筑、近代工业类建筑以及现当代优秀建筑等"也被纳入保护的范畴；1976年在联合国教科文组织关于《历史地区的保护及其当代作用》（*Safeguarding and Contemporary Role of Historic*

---

① James Marston Fitch. *Historic Preservation: Curatorial Management of the Built World*［M］. University of Virginia Press, 1990: 312–319.

② Max Page, Randall Mason. *Giving Preservation a History*［M］. Cambridge University Press, 2001: 421.

③ 张黎明，西方权威遗产话语及其与中国传统遗产保护理念的对比［D］. 天津大学, 2013.

Areas）的建议（又称《内罗毕建议》）中提出将每个历史地区及周围环境作为一个相关的整体进行考虑的理念，包括史前遗址、历史城镇、老城区、老村落等"①。

（二）权威遗产话语的产生与发展

19世纪被定义为需要有一个确保或者表现社会内聚力及身份、构建社会关系的新机制的时期，国家和民族话语使认同感、历史观和领土意识密不可分。通过民族主义的宏大叙事和全球化现代化的发展，新的"遗产"概念产生了。"现代就是欧洲，成为欧洲人或者拥护欧洲的价值观，就是处在文化成就和社会变革的前沿。"②同时，这种价值观的普及与传播与同时期开始盛行的通识教育互相协助，承担了教化公众、维持社会稳定性、培养国家意识和社会责任感的作用。第一次世界大战对古迹的严重破坏促使1931年"国际古迹建筑师与技师会议"诞生了第一部有关遗产的国际宪章即《雅典宪章》。它所包含的理念影响了后来的一系列法规，包括1954年的《关于发生武装冲突时保护文化财产的公约》（又称《海牙公约》）和1964年的《威尼斯宪章》等。这一系列国际政策的颁布和普及很快在全球范围引起了"保护主义"的热潮，并在考古学、艺术史学和建筑学领域迅猛发展。③

从新中国成立到改革开放前这段时间里，我国文物保护并没有受到西方话语的直接影响，这段时间由于受客观政治经济环境的限制，遗产保护的理论基础薄弱，发展缓慢，对遗产保护究竟应该是"保存现状"还是"恢复原状"争议不绝，而这两种说法恰是脱胎于西方话语体系的"中国式表达"。

改革开放后，随着我国加入《世界遗产公约》开始申报第一批世界遗产后，我国理论界开始重视保护理论的建构，并受到西方遗产话语体系的全面冲击。我国推出的《中国文物古迹保护准则》，标志着保护理论的一次重构和理念更新。该准则重视本土话语的表达，保留了"不改变文物原状"等提法，同时也引入了诸如真实性、价值评估等一系列西方观念；但西方遗产话语体系依然占绝对优势，体现中国本土的、传统的思想资源并未在该准则里得到明显体现。随后，风景名胜、建筑环境观等优秀的中

---

① 张黎明，西方权威遗产话语及其与中国传统遗产保护理念的对比［D］．天津大学，2013．

② B. Graham, G. Ashworth, J. Tunbridge. *A Geography of Heritage: Power, Culture and Economy* ［M］. London: Arnold, 2000: 1–10.

③ Denis Byrne. "Western hegemony in archaeological heritage management" ［J］. *History and Anthropology*, 1991（5）: 269–276.

国文化传统，均因没有充分关注和理解中国传统话语而落入"跟着别人走""为别人背书"的境地。^①

将遗产视为一种社会实践的过程，启发了对遗产意义的重新认识。在这期间，西方权威话语不断受到冲击，通过日本等非欧洲国家的不懈努力，1994年UNESCO公布了关于"真实性"的《奈良宣言》，西方开始探索物质真实性原则以外的遗产内涵，关注文化多样（cultural diversity）。真实性的"普遍"而"静止"的定义标准在逐渐被消解，2003年颁布的《保护无形文化遗产公约》体现了UNESCO对普遍价值以外的民俗文化（indigenous cultural）的重视。但这种转变仍没有摆脱西方权威话语的认知方式，"无形文化遗产"成为遗产的管理方法，"多样性"成为一种适合国际机构操作的标准。^②实际上这是将我国固有的传统文化体系拆解，重新按照西方的标准进行表述的行为，这无疑是对本土话语的伤害。因此，由于受制于自身文化思维，虽然已有学者和国际机构试图对"权威遗产话语"进行反思，但它的文化背景与政治语境并没有改变。^③

二、线性文化遗产的本体保护

（一）前沿观点

线性文化遗产本体保护是一个系统工程，主流观点认为：比较理想的保护措施是在原有生态空间、农业空间和城镇空间这三类空间的基础上，明确"文态空间"，在原有生态保护红线、永久基本农田红线和城镇开发边界这3条红线的基础上增加"文化保护红线"，形成"四区四线"的重点管控体系。^④

（二）案例：西安历史文化遗产保护传承专项实践

将文化遗产空间划分为三类：

（1）底线思维——划定文化遗产本体空间。划定文化遗产空间　控制线，实现"3+1"四线管控，并形成相应的约束性和预期性指标；积极探索"加强底线控制"与"留有发展弹性"相结合的有效路径。^⑤

---

① 张黎明. 西方权威遗产话语及其与中国传统遗产保护理念的对比［D］. 天津大学，2013.
② 陈同滨等. 世界遗产杭州西湖文化景观突出普遍价值研究［J］. 风景园林，2012（2）：68-71.
③ 吴宗杰，话语与文化遗产的本土意义建构［J］. 浙江大学学报（人文社会科学版），2012（5）：28-40.
④ 光晓霞. 中国的世界文化遗产申报形势及类型探析——以大运河为例［J］. 西华大学学报（哲学社会科学版），2013（4）：37-41+49.
⑤ 朱强. 京杭大运河江南段工业遗产廊道构建［D］. 北京大学，2007.

（2）整体考虑——划定保护协同管控空间，将历史文化保护传承的视野拓展至西安都市圈范围，综合考虑区域地理环境和历史文化脉络，全时空、全要素的整体保护格局，对遗址周边城镇用地、生态用地、基本农田用地进行弹性管控及风貌协调。①

（3）全局视野——增补支撑保障空间，交通、游憩、解说等用于整体展示、系统利用的跨区域文化遗产保护的保障空间。②

三、线性文化遗产周边环境需要全面协调

（一）前沿观点

就文化的本质而言，关联性是重要的要素，不应该被"形状"缚住；③文化遗产的各要素之间相互关联，并且构建了一张全要素（所谓的"要素"随人类认识水平的提升而不断丰富）的大网。④应当以网状而不是线状的思维去分析线性文化遗产。⑤

（二）案例：粤港澳大湾区文化遗产游径

以广东南粤古驿道、香港文物径和澳门历史城区等线性文化遗产为载体的线路基础；以珠三角大都市区绿道与公园体系的绿道和碧道为背景网络的区域开放空间，为珠三角城市群的绿道和碧道的背景网络与"粤港澳大湾区文化遗产游径"呈现融汇联网的关系，为大湾区城市与文化线路的连接提供了更多的可能。⑥

四、线性文化遗产的价值阐释需要宏大视角

（一）前沿观点

价值内容方面，强调遗产系统的"整体价值"⑦；价值表达方面，跨区域散布的遗产更需要品牌形象烘托；线性文化遗产的受益主体是地方社区；线性文化遗产要充分融合地方资源与文化。⑧

---

① 沙迪. 遗产廊道构建研究［D］. 中南林业科技大学，2012.
② 庄羽帆. 浙江森林古道景观保护与修复研究［D］. 浙江农林大学，2019.
③ 梁洁. 安顺屯堡文化遗产廊道空间构建研究［D］. 华中科技大学，2012.
④ 施然. 遗产廊道的旅游开发模式研究［D］. 厦门大学，2009.
⑤ 梁洁. 安顺屯堡文化遗产廊道空间构建研究［D］. 华中科技大学，2012.
⑥ 香嘉豪，张河清，王蕾蕾. 旅游廊道视角下南江古水道旅游开发探究［J］. 经济论坛，2018（7）：84-87.
⑦ 温昊宇. 线性文化遗产视角下大运河安徽段遗产保护研究［D］. 安徽建筑大学，2024.
⑧ 陈国华，吴红雨，李凤雷，丛睿，彭淦，黄花. 乡村振兴背景下江西省体育非物质文化遗产与乡村旅游融合发展研究［A］. 第十三届全国体育科学大会论文摘要集——墙报交流（体育产业分会）［C］. 中国体育科学学会，2023（3）.

（二）国内外典型案例

1. 价值内容方面，强调遗产系统的"整体价值"

（1）欧洲。二战之后欧洲各国忙于修复伙伴关系，在经济上加强彼此间的联系，建立欧洲煤钢共同体、欧洲经济共同体等；在文化上通过数十条文化线路，建立和维护欧洲共同的价值观。

（2）国内。国家文化公园——以强化国家意志与国家认同为顶层战略，将几大线性遗产集合起来，从更高层面与国家意志、国家认同相配合。所有国家文化公园的任务再层层分解，最终落实到具体部门。大运河国家文化公园由发改委牵头，长城国家文化公园由文旅部牵头，长征国家文化公园由中宣部牵头。

长城国家文化公园——以展示长城整体价值为核心，展示与传承长城遗产价值是新时期长城保护利用工作的核心目标，以展示长城"整体形象"为基本工作原则，将长城国家文化公园打造为"弘扬民族精神、传承中华文明"的重要标志。

北京"三条文化带"。以长城、大运河、西山整体构建北京历史文化名城保护格局，建议提出保护和利用长城、大运河、西山三条文化带，从顶层战略的角度明确"三条文化带"的概念，即大运河文化带、长城文化带、西山永定河文化带。《北京市大运河文化保护传承利用实施规划》《北京市长城文化带保护中长期规划（2018—2035年）》《北京市西山永定河文化带建设中长期规划（2018—2035年）》相继实施。

2. 价值表达方面，跨区域散布的遗产更需要品牌形象烘托

（1）西班牙圣地亚哥朝圣之路（欧洲委员会正式确立的第一条文化线路）。营造强烈主题氛围，让一条千年朝圣之路与现代生活产生对话。

"朝圣线路"活用：平衡"原真性"和"商业化"的关系。线路有典可依——法国之路线路参考了中世纪第一本朝圣者指南《加里斯都抄本》；苦行环境营造——古朴原始的道路（泥土小道）和较少的商业活动（主要集中在途经的城镇），恰好满足了游客"远离俗世"的心理需求，也是对朝圣活动"苦行"精神的延续。

"文化符号"活用：重视意义延续、传播渠道完善、传播形态创新。符号多样再现——"圣雅各贝"（印有统一logo的贝壳纹样）、"黄色箭头"、"鹅"、"圣十字符号"，以视觉识别系统、路标、宣传物料、旅游纪念品等不同的形态出现在朝圣之路的线路中；朝圣场景再现——在沿线古代朝圣者休憩驻足或是集中膜拜的场所形象设计许多主题性雕塑。

"宗教仪式"活用：重视对传统仪式的创新。定期宗教活动——大教堂（朝圣之路的宗教管理中枢）每年会通过定期举行宗教文化活动的方式传播与朝圣之路相关的宗教文化传统；朝圣签章证书——主导开发了一套"朝圣签章系统"，灵感来源于对中世纪朝圣者路过城市、税关的签章情节，完成线路能够获得"孔波斯特拉"证书。

（2）欧洲文化线路。以构建欧洲文化认同为顶层战略，主要包含了五大类型的主题内容。宗教线路：圣地亚哥之路；景观与建筑线路：历史花园之路（2020）、勒·柯布西耶建筑之路（2019）、历史咖啡馆之路（2022）；艺术与文化线路：新艺术运动线路（2014）、莫扎特欧洲之路（2004）、欧洲童话故事之路（2022）；历史与文明线路：欧洲解放之路（2019）、铁器时代多瑙河路线（2021）；工业与商业线路：欧洲陶瓷之路（2012）、欧洲工业遗产之路（2019）、汉萨同盟（1991）。

（3）欧洲巨石文化之路。在330千米的度假路线上，将穿越德国西北部，前往33个令人兴奋的考古站。在这条路上有70多座巨石墓，其历史可以追溯到新石器时代（约公元前3500—2800年）。在33个不同主题的度假目的地，能够体验和感受到不同历史时期的特点和生活方式。推广"巨石文化日"，每年举办不同主题的活动（2013年至今）：2013年——神话与传说；2014年——自行车巨石路线；2015年——巨型场地作为户外教室；2016年——巨石与艺术；2017年——移动宝石；2018年——徒步旅行；2019年——志愿工作组；2020年——石头的起源；2022年——纪念碑作为日常生活的档案等。

3. 线性文化遗产的受益主体是地方社区

（1）欧洲文化线路。截至2021年底，官方统计了欧洲委员会认证的45条主题文化线路，文化之路中交错包括了60多个国家，其中90%的地点位于农村，为当地提供了12%的与旅游相关的就业机会。

（2）英国哈德良长城。积极引导在地社区居民参与遗产管理各个环节，实施有温度的解说：在哈德良长城的解说设计中不仅考虑城墙的本底属性和遗产现状，还需综合衡量周边环境，并把与哈德良长城紧密联系的当地社区的景观、风俗和生产活动等一并纳入，不断强化遗产保护地与属地社区的内在关联。

制定在地"繁荣与企业"计划：哈德良长城的保护管理实践中，引进当地本土职员成为骨干力量；热情介绍外地游客购买具有哈德良长城特有属性旅游商品等。该计划促进了哈德良长城10英里内750家中小企业的共同进步和发展。

发展"教育和信息"研学项目：出版了《哈德良长城教育指南》，广泛开展学生研学项目，为7～11岁的小学生提供了参观和学习罗马帝国史或地方史的充足机会；为当地学校提供涉及艺术、科学、音乐、地理、英语和数学等哈德良长城遗产教学资源。

（3）丝绸之路申遗项目。跨国界整合资源，支持落后国家申遗与后续遗产保护，丝绸之路申遗项目将这片区域的资源进行了跨国界的整合，使哈萨克斯坦和吉尔吉斯斯坦可以借助中国的力量，共同完成跨国申遗的国际合作。

4. 线性文化遗产要充分融合地方资源与文化

（1）以跨文化主义的视角审视丝绸之路的文化内涵：用网织而非珠串的形式厘清相关地区在互通中发生的文化交融与相互作用关系。各区域间存在着的，或强或弱的文化关系，是丝绸之路存在的根本证据，也是促成"丝绸之路公共文化空间"的关键所在。

（2）立足当地文化设置差异化的长城旅游线路：2022年10月，文旅部发布8条长城主题国家级旅游线路和62条长城主题精品线路，所有线路均立足全域统筹，通过差异化的特色主题，全面展现长城沿线文物和文化资源。其中的长城多元文化体验之旅包含：辽宁（广宁城、清河城等）—内蒙古（鸡鹿塞、光禄塞、居延遗址、元上都遗址等）—河北（山海关、大境门、喜峰口、来远堡、倒马关等）—山西（得胜堡、杀虎口、雁门关等）—宁夏（镇北堡、清水营堡、花马池城等）—陕西（榆林款贡城等）—甘肃（汉长城玉门关及烽燧、汉长城阳关烽燧、敦煌悬泉置遗址、居延遗址等）—青海（贵德古城等）—新疆（北庭故城遗址、拉依苏烽燧等）。本线路选取了丝绸之路、万里茶道、辽西文化走廊等商贸道路上的重要边关、古城，展现不同历史时期长城内外的多元文化。

五、线性文化遗产的保护管理需要多元支撑

（一）构建法治体系——立法保护

1. 国外的立法保护

例如：《伊利诺伊和密歇根运河国家遗产廊道法》（美国，1984）；《伊利运河国家遗产廊道法案》（美国，2000）；《公共水域及运河条例》及米迪运河管理专章（法国）；《河川法》（1964）系列河川法律体系（日本）；《巴拿马共和国宪法》中包含保护巴拿马运河的内容（巴拿马）。

2．国内的立法保护

例如：《长城保护条例》（国务院，2006）；《大运河遗产保护管理办法》（文化部，2012）；《广元市剑门蜀道保护条例》（广元市人大发布，2022）；《浙江省古道保护办法》（浙江省政府，2021，全国第一部关于古道保护的省级立法）等。《广元市剑门蜀道保护条例》中强化了剑阁县交接古柏的传统，蜀道两旁的古柏在剑阁境内现存有近8000株。该条例第二十二条明确：古柏按照树干外五十米划定保护范围，禁止在古柏保护范围内从事除保护措施外的建设活动。

（二）构建管理体系——跨区域、跨领域协作

1．欧洲文化线路：西班牙朝圣之路

朝圣之路是一个集政府机构、教会、国际性组织、个人为一体的管理系统。

（1）自治区政府：对"原真性"的保护起主导作用，出台了一系列针对沿线城镇的土地扩张限制政策，以及商业开发限制政策。

（2）天主教会：负责把关朝圣之路宗教和文化内涵，比如定期举行传统仪式（包括朝圣者弥撒、香炉仪式等等）。

（3）学术机构：参与对朝圣之路历史解读和把关，为朝圣旅游开发提供指导意见。

2．美国伊利运河国家遗产廊道

（1）成立伊利运河国家遗产廊道委员会，协同联邦、各州和地方部门等，完善与实施遗产廊道保护规划。

（2）运作伊利运河伙伴项目（利用联邦基金），发展州和地方各独立机构及非营利组织等合作伙伴关系，推进遗产保护、解说工作。

3．中国大运河

（1）国家设立大运河保护和申遗省部际会商小组，协调大运河遗产保护中的重大事项，会商解决重大问题。

（2）国务院文物主管部门主管大运河遗产的整体保护工作，并与国务院国土、环保、交通、水利等主管部门合作，依法在各自的职责范围内开展相关工作。

（3）大运河沿线县级以上地方人民政府文物主管部门，负责本行政区域内的大运河遗产保护工作，依法与其他相关主管部门合作开展工作，并将大运河遗产保护经费纳入本级财政预算。

（三）构建技术体系——大数据应用

1. 遗产本体建档

为体系复杂的遗产本体搭建时空数据库。如：明长城防御体系时空数据库，实现了明长城全域防御体系的可视化，包含1000余座城池（镇—路—卫—所—堡5类）、1000余座关隘、2000余座驿传（驿—递—铺—军站—站城—塘站6类）和2000余座烽燧的空间分布和属性信息（地理位置、历史沿革、聚落形制、街巷空间等）；[①]支持博物馆中汉明长城墙体、城池关隘、驿传系统、烽传系统、预警系统和贸易市口各子系统的历史信息、现状照片、全景漫游和家族化复原模型的全貌展示，破解"长城是线性墙体"的认识误区。[②]

2. 遗产评估：以大数据分析应对网络化、大尺度特征

收集京杭大运河（扬州段）网络旅游点评和游记，运用内容分析法提取京杭大运河扬州段形象感知高频特征词，探究线性文化遗产的个性与共性特征。

3. 遗产传播：运用数字技术搭建"云旅游"平台

如长征国家文化公园（广西段）中的红军长征湘江战役纪念园和纪念馆的"5G+VR云游"，实现了无论身在何处，都可以通过"5G+VR"的"任意门"，穿越湘江战役，感悟中央红军长征途中革命斗争的峥嵘岁月，见证八桂旧貌换新颜。长江国家文化公园（湖南段）中的洞庭湖博物馆、"守护一江碧水"首倡地展示馆、岳阳市博物馆以及新建场馆等，融合AR、VR、MR等科技手段，建设长江国家文化公园官方网站与数字云平台，对历史名人、诗词歌赋、典籍文献等关联信息进行实时展示。

第二节　南粤古驿道文化遗产廊道构建

一、构建南粤古驿道文化遗产廊道的思路

南粤古驿道文化遗产廊道的构建可以分为六个方面的内容：

第一，树立文化遗产廊道构建的目标与原则，为遗产廊道制定总体保护与展示的目标和原则。

---

① 杨俊. 南京明代文化景观遗产资源调查研究［J］. 艺术与设计（理论），2015（11）：69–71.
② 杨俊. 南京明代文化景观遗产资源及其保护研究［J］. 装饰，2014（8）：64–65.

第二，确定南粤古驿道文化遗产廊道的层次，根据地理空间及历史渊源，分为宏观、中观、微观三个层次。

第三，古驿道资源与历史文化调查与评价（古驿道文化遗产区域内的遗产单体、古驿道主体、自然景观资源、生态环境等）。

第四，绿色廊道构建，根据古驿道周边自然生态环境，构建绿色廊道；遗产廊道主题的确定，根据南粤古驿道文化遗产的历史背景及资源相似性确定一个"大主题"，同时根据示范段古驿道的特色，确定各具特色的"小主题"，凝聚社会各方力量及大众参与到古驿道保护与开发中。

第五，构建古驿道解说系统、交通系统和旅游功能系统。

第六，实施涉及不同层级的政府、企业、非营利组织、私人等的合作管理机制；注重引进民间资本进入古驿道开发、古驿道遗产旅游规划等；扎实做好南粤古驿道申遗的前期基础工作。

二、构建南粤古驿道文化遗产廊道的目标与原则

（一）目标

1. 整体保护

"南粤古驿道文化遗产廊道"是以古驿道为主体遗产资源，串联周边沿线区域内多个文化遗产单体，并将与古驿道文化遗产相关的众多遗产要素及关联设施结合起来，保护完整的文化遗产系统（包括古驿道物质文化遗产和非物质文化遗产）；保护和修复完整的自然生态系统（包括自然景观资源、地貌、水文和物种多样性）以及古驿道自然廊道整体生态格局，达到保护遗产资源的目的。

2. 多元价值

南粤古驿道周边的遗产资源不是简单的聚集，是南粤大地历史发展的共同见证，表面上看似零散，却有着内在的凝聚力，因为其共同承载着丰富的历史文化信息，是一个有机的整体，加强遗产单体（节点）之间的联系，从整体上提升文化遗产价值。

3. 活化利用

南粤古驿道文化遗产廊道保护的目标是对构成古驿道记忆的历史信息及具有文化意义的物质表现加以保护与恢复，利用现代技术再现古驿道文化遗产廊道的整体结构、历史风貌，传承古驿道历史文化，充分活化利用、发挥其使用价值，使之具有生命力。建构古驿道沿线整体遗产格局，复兴古驿道沿线具有活化价值的历史景观和场景，使其具有现代意义、社会价值、经济价值、文化活力，成为认识岭南文化历史、重拾回忆、延续

现代生活的重要功能区。

4．联合申遗

南粤古驿道文化遗产廊道构建首先对古驿道文化遗产和自然生态环境进行完整的保护；其次是构建具备绿色廊道、主题廊道、解说系统、交通组织、旅游功能完整要素的文化遗产廊道，展示古驿道文化遗产廊道的文化遗产和自然景观；最后以遗产廊道作为保护模式，为申请世界文化遗产做好前期准备工作。

（二）原则

南粤古驿道是由不同时期的历史文化串联着众多的历史遗迹、自然遗产、文化遗产而形成的区域性的大型线性遗产区，具有大尺度空间特性和内部构成的复杂性。构建南粤古驿道文化遗产廊道须考虑众多古驿道线路跨行政区域的特点，应遵循遗产法规、整体发展、多样并存、可持续发展、保持遗产真实完整性原则。

1．遵循遗产法规

依据《世界文化与自然遗产保护公约》《中华人民共和国文物保护法》《历史文化名城和历史文化街区、村镇保护条例》等国际国内相关法规要求，根据南粤古驿道的实际情况，对文化遗产进行切实的保护。

2．真实性原则

遵循不破坏南粤古驿道的真实性和历史文化信息，不随意进行影响其历史文化价值的加建改建。南粤古驿道文化遗产廊道的构建需要保持文化遗产的原真性，传递古驿道所负载的历史文化意义，延续历史文脉，使古驿道的遗产资源可以世代传承。只有以科学发展的态度践行原真性原则，才能提高对文化遗产本质属性和真正价值的理解。

3．整体发展原则

在践行真实性原则的基础上还要保持遗产的完整性和整体发展。从整体发展观来看，南粤古驿道文化遗产廊道的构建是对古驿道进行整体保护的内在要求。正确认识和理清廊道单元主体与廊道整体的关系，避免因过分关注遗产单体而影响整体遗产廊道的构建。整体发展原则还要求必须综合考虑古驿道与沿线"三古"的关系，这种紧密相连的空间特性决定了整体保护规划需要与现有城镇的规划、交通、文化保护、旅游、环境保护等部门的规划相衔接，获得不同部门对南粤古驿道文化遗产廊道建设的全面理解和支持，在目标一致的前提下保证整体全面共同发展。

4．多样并存原则

南粤古驿道文化遗产廊道范围内的遗产资源（物质文化遗产和非物

质文化遗产）形态丰富、价值多元、类型多样、等级高低不同、权属部门地区各异，决定了文化遗产廊道的构建与保护也必须多元化。因此有必要对文化遗产廊道内不同层次、不同类型、不同地区的文化遗产采取多样性的原则。同时与所在区城镇的总体规划和相关专项规划保持互动的密切关系，与时俱进地做出相应的调整和完善。

5. 可持续发展原则

南粤古驿道不仅是历史留给我们当代人的文化财富，也是与未来世人共享的精神财富。当代人对面临消失危机的古驿道负有不可推卸的历史责任，必须使南粤古驿道上珍贵的文化遗产得以传承、永续利用。南粤古驿道文化遗产廊道的构建是一项历时长、涉及面广、事务繁杂的系统工程，其构建必须贯彻可持续发展理念，兼顾当代与未来利益的平衡。

三、构建南粤古驿道文化遗产廊道的总体思路

南粤古驿道文化遗产廊道作为一个整体系统，其构建的核心首先是保护文化遗产的历史价值，整合相关的遗产资源（单体），将遗产保护与生态环境保护、古村落活化利用、旅游开发等结合，并重新梳理构建南粤古驿道文化遗产廊道与乡镇、村落规划的联系；不仅重视遗产单体的保护，同时增加遗产单体之间的"线性"联系与关联，增加遗产单体的动态性和古驿道廊道的连续性，向世人展示南粤古驿道文化遗产廊道历史画面的延续性和空间的延展性。通过南粤古驿道本体的串联，挖掘周边遗产资源的内在联系，将文化遗产廊道物质环境的改善、绿色廊道的构建、遗产廊道主题的确定、解说系统的服务、交通系统的组织与旅游游憩体验与相关遗产的保护工作联系起来，更好地推进文化遗产廊道的整体保护和利用，拓展文化遗产功能，全面系统展现南粤古驿道遗产廊道的历史文化价值。

有关遗产廊道的构建，不同国家或类型的遗产廊道有不同的构建程序，大致可以分为四个方面：一是遗产廊道主题确定与资源的界定，二是遗产价值的评价，三是项目规划与设计，四是遗产管理。综合目前学术界对遗产廊道构成要素的界定，朱强等认为遗产廊道的构成元素主要包括：绿色廊道、游步道、遗产和解说系统，这是遗产廊道规划的主要内容。[①] 南粤古驿道文化遗产廊道属于较大尺度层面的区域性遗产廊道的构建，其构建背景和与区域内乡镇（村落）的发展相关，涉及乡村建设发展、古村落活化、农民生活环境改善、乡村经济发展等问题，这决定了南粤古驿道

---

① 朱强. 京杭大运河江南段工业遗产廊道构建［D］. 北京大学，2007.

文化遗产廊道构建思路的特殊性和复杂性。因此南粤古驿道文化遗产廊道的构建强调从整体的空间组织入手，其整体构建主要涉及构建绿色廊道、确定遗产廊道主题、解说系统服务、交通系统组织和凸显旅游功能五个构成要素。

（一）构建绿色廊道

绿色廊道规划及廊道绿地系统的整合，用绿地连接关键的节点。规划设计中的植被结构设计最为重要，它是保持水土、改善环境以及营造适当历史氛围的基础。[①]王志芳等[②]提出对于遗产廊道而言，构建连续的绿地系统有助于为沿廊道散布的文化遗产形成统一连续的基底背景。绿色廊道具有三个功能：首先是作为具有重要生态功能的廊道和自然系统，其次是作为具有娱乐观赏和游憩功能的绿道，最后是作为历史遗产资源的环境载体的通道。绿色廊道规划的目的在于构建人工绿地系统将自然绿地联系起来形成绿色景观带，绿色廊道可以串联文化遗产单体和解说系统服务、交通组织、体现旅游功能等。

根据文化遗产廊道内各地不同历史文化背景和各异的景观生态需求，对于绿地生态系统的建设可采取"保育""放任""更替"的方式。保育主要适用于具有重要价值的植被；放任指保证景观群落的自然演替不受干扰，任其自然生长，主要适用于对整体的自然环境氛围和人文景观起到烘托作用的植被群落；对于廊道内有害的、有刺鼻气味破坏人文景观的结构或外形的植被就应采用更替的方式。

南粤古驿道主要现存的类型有"山地型古驿道（南雄梅关古道、饶平西片古道、珠海岐澳古道、乳源西京古道）、古水道型古驿道（郁南南江古水道）、滨水型古驿道（从化钱岗古道）、村镇型古驿道（樟林古港驿道、江门市台山梅家大院—海口埠古驿道）"等，应按照不同类型古驿道进行绿色廊道的构建。

南粤古驿道文化遗产廊道的绿色廊道构建应确定保护范围应并最大限度地保留原有绿色植被，加强对原生环境的恢复、维护和保育，不宜进行大规模的绿化改造。整体绿化风格要自然而朴实，不能破坏遗产周围环境的和谐统一，以绿色空间为背景衬托展示遗址景观。每一个传统景观都有自己固有的绿化特点，也是体现其风貌的重要环节。在一个有历史意义

① 王亚南，张晓佳，卢曼青. 基于遗产廊道构建的城市绿地系统规划探索 [J]. 中国园林，2010（12）：85-87.
② 王志芳，孙鹏. 遗产廊道——一种较新的遗产保护方法 [J]. 中国园林，2001（5）：86-89.

的空间中，绿化并不是面积越大就越好，树木也不是数量越多就越好，要根据各自的特色，配合体现出场所固有的特点。总体植物绿化应按照生态原则，尊重大自然的面貌，尽量体现自然地形和环境特征，极力体现自然美。树种的选择应尊重自然植被生存、发展的规律及适地适树的生态学原理，挖掘推广优质乡土树种，构筑地域特色，并增加植物配置的生态多样性和景观多样性。

（二）确定遗产廊道主题

为遗产廊道选择合适的主题，不仅有利于凝聚政府、投资者、文化与科研院所等各方力量，更有利于以便捷的方式增强宣传促进大众参与。遗产廊道主题的确定可以依据遗产的历史背景和资源的相关性，廊道的主题应能体现该区域遗产资源的核心特征、区域的文化特质以及遗产的综合价值，同时要考虑到后继娱乐、教育、解说等项目实施的可行性及大众的接受程度。①相关主题的确定应由与古驿道关系最为密切的关键性元素和主题历史文化来决定，要求能充分体现出该地区古驿道遗产资源的核心特征，又能反映该区域的文化特质及遗产的综合价值。

1. 各具特色小主题

根据南粤古驿道遗址现存的不同特点，依据资源普查与评价遴选出具有历史文化价值的重要事件和人物，搜集与驿道往来紧密且富有吸引力的人文素材，形成不同特色主题的文化遗产廊道。

2. 高屋建瓴大主题

在挖掘各具特色小主题的基础上，凝练、概括代表南粤大地、突出岭南文化以"古驿道文化生态博物馆"作为南粤古驿道文化遗产廊道的大主题。生态博物馆的"生态"的含义既包括自然生态，也包括人文生态，这一本质要求与南粤古驿道文化遗产具有相似性，故引入"生态博物馆"概念来确定南粤古驿道文化遗产廊道的大主题。全世界的生态博物馆已发展到300多座，中国已有16个生态博物馆，但都是一种以村寨社区为单位进行设置。研究创新性地将生态博物馆遗产保护的方式引入到南粤古驿道的保护与开发中，将文化遗产和与之相关的生态环境得到整体的、原真的、活态的保护，并使之不断延续和可持续发展，体现前瞻性思维；创造更多契机和条件，将南粤古驿道文化遗产与国际接轨，凸显国际化视野。

---

① 奚雪松，俞孔坚，李海龙. 美国国家遗产区域管理规划评述［J］. 国际城市规划，2009（4）：91–98.

（三）解说系统服务

解说系统是文化遗产廊道构建的重点之一，是加深公众理解南粤古驿道以及文化遗产资源重要性的纽带。根据遗产的不同地点、内容，可以采用不同的解说形式，如静态的展览、图片展示，动态的幻灯片放映、自我导向型设备、讲解员解说和参与性活动等。俞孔坚等根据大运河工业遗产的时间线索，将遗产点进行主题分类，在此基础上进行解说系统的线索与主题提炼，形成解说系统。奚雪松等[1]借鉴美国伊利运河国家遗产廊道中由核心解说主题、次级解说主题、解说主题和代表区域组成的解说框架，形成了一个层级解说系统，包括三部分：解说框架、解说媒介、标示系统。施然[2]提出解说系统可参照土地利用、遗产资源、保护目标、休闲游憩目标等因素的不同而灵活设置，考虑到大众的接受程度和教育娱乐等目的。为了充分体现出遗产廊道的核心特征，反映出文化特质及遗产的综合价值，解说系统需要解决解说主题、解说层次和解说模式三个主要问题。

1．解说主题

从南粤古驿道文化的多元性角度出发，提供廊道解释性主题的思路，以时间、事件、自然地理、遗产类型、文化内涵等为线索，深入挖掘遗产资源的历史文化特色，在结合相关古驿道线路历史发展的时间地理特点和遗产资源的综合属性特点的基础上做概括归纳。

2．解说层次

解说层次决定了关于南粤古驿道文化遗产解说的位置与内容，大致可分为以下五个解说层次：（1）整体解说。概况讲解南粤古驿道文化遗产廊道的概貌、历史变迁、廊道性质与功能，文化遗产廊道所带来的各地间的交流和相互影响等。（2）分区解说。对南粤古驿道相关线路进行分段解说，结合沿途景观特色、周边"三古"资源，讲述各区段独特的历史、经济、文化等。如梅关古道的南北交流文化、迁徙文化、红色旅游文化等；梅家大院—海口埠的远渡重洋文化；潮汕区域侨批银信文化等。（3）解说中心。解说中心将文化遗产廊道内重要节点区附近分布的核心历史和自然资源和解说项目串联起来。（4）解说重点。解说的重点应该是正在或已经消失的当地生活方式和历史记忆，应重点解说文化在此留下的足迹，重点讲述有关周边城镇起源的历史和文化。

① 俞孔坚，奚雪松. 发生学视角下的大运河遗产廊道构成［J］. 地理科学进展，2010（8）：975-986.
② 施然. 遗产廊道的旅游开发模式研究［D］. 厦门大学，2009.

3．解说模式

解说是实施解说策略、展现解说内容的具体方法与形式，直接影响公众对解说服务的接受程度，是文化遗产解说体系中不容忽视的一环。根据解说目标、解说内容和受众的不同，可以有针对性地选择形式多样、灵活多变的解说方式，主要有：自导式解说、向导式解说、遗产廊道旅游网站、音像制品解说、印刷物品解说等。

（四）交通系统组织

1．组织原则

（1）兼顾自然和历史。要综合考虑自然和历史文化两个方面内容安排，自然方面要顺应自然景观和自然环境，确保本底环境特征；历史文化方面要确保每一个文化遗产的可达性，并充分挖掘利用原有历史路径，让人们在动态情境中体验到文化历史的沉淀与厚重。

（2）交通方式多样化。交通方式的规划应包括南粤古驿道水上交通、自行车道、游步道、景观道等多种游览方式，让参观者在不同情况下利用，以体验古驿道文化遗产廊道历史及文化。

（3）主题鲜明。文化遗产廊道的每一段应该能够反映不同的主题内容和景观特色，游线的历史文化背景应该强调本段独特的历史及内涵。

（4）交通衔接。强调廊道各段和关键性遗产节点的交通进入点，在尽可能利用现有交通线路的基础上，根据各段情况补充潜在的交通线路，尽量避免与高等级道路交叉，如不具备建设立交的条件，应在交叉口画有醒目的斑马线，同时设置清晰的标志和严禁机动车进入驿道的障碍物。

2．外部交通组织

古驿道能否得到充分利用，最大的挑战来自交通的可达性。将古驿道与现代交通有机衔接，并与传统墟市结合（乡村的节日），吸引现代休憩户外活动的新需求。在对外交通组织上，尽量将廊道内的各种交通方式与城市的公共交通系统、县域以及邻近乡镇的交通系统（机动车道）以及周边绿地系统（特别是公共开放空间）相联系，增加廊道的可达性和便捷性。

3．内部交通组织

内部交通组织重点指的是古驿道本体及周边文化遗产之间的道路交通体系，将廊道内的各文化遗产单体串联为一个整体，解决遗产点彼此孤立的现状。内部交通主要以游步道、绿道等非机动车道为主。

（五）凸显旅游功能

1. 旅游线路设计

南粤古驿道路线本身就是一条古今辉映的独特旅游线路，古驿道间的线路设计应优先选择历史文化资源丰富或自然景观优美的线路，尽量利用现有的绿道、登山径、低等级公路等路径，结合体验方式和时间进行设计。

2. 旅游公共服务设施

旅游公共服务设施主要有管理设施、商业服务设施、游憩设施、文化教育设施、旅游安全保障设施、通信和旅游环卫等设施。旅游服务设施应充分结合现有城镇、景区、村落、建筑进行建设，避免重复建设，驿站、驿亭应根据实际情况间隔一定的距离进行设置。管理设施、商业服务设施应结合区域服务中心和驿站设置，设施的规模应与游客容量相适应。

第三节　谋划并推进南粤古驿道申遗

文化遗产所依据的标准体系是世界文化遗产委员会关于世界文化遗产评定的统一标准体系，包括《保护世界文化和自然遗产公约》和《实施保护世界文化和自然遗产公约操作指南》和历次世界遗产相关会议产生的成果性文件及其他相关资料等。其中，《保护世界文化和自然遗产公约》和《实施保护世界文化和自然遗产公约操作指南》是遗产评定的最重要的基础性文件。中国大运河总长度上千千米，申遗历时八年，其成功申遗对南粤古驿道的申遗具有借鉴价值。

一、谋划申遗类型

（一）以"廊道形式"申遗

遗产廊道的概念和特点决定了在选择遗产廊道及其保护对象时，首先应在线性景观中进行选择，有呈线性的遗产主体才能构成遗产廊道，在构建南粤古驿道文化遗产廊道基础上，以廊道的形式进行申遗。遗产廊道是一种在较大范围内保护历史文化的新举措，是将不同的自然风光、人文景观及乡土景观通过连续的廊道的连接方法，进行整体的展演，实现旅游、生态保护和文化开发的有机融合，实现自然文化遗产与多种生态系统的互动发展。①在对旅游资源进行开发时，遗产廊道能够实现遗产文化的保护、经济及人文生态保护的共赢，这也是其与文化线路的最大区别。②

南粤古驿道作为中原联系岭南的重要纽带，是广东千年文明史的活化石，广东省内历史上171条古驿道的形成具有较大的时空跨度，是中国历史发展的缩影，是人类文明和岭南文化发展的重要线性遗产。从地理空间看，南粤古驿道涉及广东省21个地级市，与周边省份相连，有些古驿道与海上丝绸之路相连，有些古驿道作为京杭大运河陆路部分的重要组成，有些古驿道与出海口相连等等，其见证了岭南地区不同历史时期的发展，也见证了中国历史的发展；从历史时间考量，南粤古驿道既经历了中国历史各个朝代和近代衰落的漫长历史过程，也见证了中国睁眼看世界、以开放包容的大国情怀走向世界舞台的过程。南粤古驿道文化遗产按照廊道形式进行申报，能全面体现古驿道的价值，特别是文化价值。不过也有不足之处，如：基础资料研究不足，价值研究尚未深入，遗产廊道本土化研究有待进一步加强等。

（二）以"文化景观"申遗

文化景观是人类文化与自然环境相互影响、相互作用的结果，是自然和人文因素的复合体。简单地说，文化景观是人和自然互动，并侧重人对自然主观作用结果的景观。南粤古驿道文化遗产的核心是文化景观，它所表征的时空跨度、文化内涵、功能作用、设计理念等遗产内容，具有独特性；它所呈现的建筑、古镇、古村、驿道遗址等景观类型，具有鲜明的时代记忆和文化属性。从实际操作的可行性而言，南粤古驿道文化遗产如果以文化景观类型申报，可以较好地展示古驿道遗产所涵盖的突出普遍价值。③但是，文化景观作为较晚出现的一种文化遗产类型，并未形成一套完整的理论体系和相对清晰的申报思路，就中国现已申报成功的文化景观类遗产（五台山、庐山、西湖、左江花山岩画文化景观）来看，都经历了一段申报方式的探索和选择确认的过程。④由此，南粤古驿道文化遗产按照文化景观线路来申报，还有一段艰难的路要走。

---

① 王丽萍. 试论滇藏茶马古道文化遗产廊道的构建 [J]. 贵州民族研究，2009（4）：61-65.

② 李小波. 三峡文物考古成果的旅游转化途径与三峡遗产廊道的时空构建 [J]. 旅游科学，2006（1）：12-17.

③ 单红. 无锡力争实现世遗零的突破 [N]. 无锡日报，2009-07-08.

④ 单红. 无锡争取成为运河申遗代表城市 [N]. 无锡日报，2009-10-14.

二、推进申遗行动

南粤古驿道无论以"文化廊道"形式，还是"文化景观"形式申请列入世界遗产名录，其真实性与完整性的阐述都需要遵循申请世界遗产的一般要求。南粤古驿道沿线的文化遗产是遗产廊道的核心资源，保护其历史价值的完整性和真实性，是遗产廊道构建的基本原则和基础。

参照2016年和2017年广东省委、省政府出台的《广东省南粤古驿道保护与修复指引》《广东省南粤古驿道标识系统设计指引》《广东省南粤古驿道示范段规划建设标准研究》《广东省南粤古驿道管理和维护机制研究》《广东省南粤古驿道文化线路保护利用总体规划》等相关要求："突出重点，试点先行，形成示范，分阶段、分片区推动文化线路的落地实施，'两年试点，五年成形，十年成网'的行动纲领，'示范段落+重点发展区域'的发展方式"，明确南粤古驿道文化遗产的身份和地位，谋划申遗。文物部门需联手自然资源、文化旅游等相关部门及相关专家提前做好南粤古驿道申报世界遗产的可行性研究。

申遗行动首先明确各古驿道文化线路的遗产构成、历史沿革和遗产价值；依照《实施世界遗产公约操作指南》的要求，抓紧开展遗产资源调查、认定、保护规划编制和遗产本体及周边环境保护等工作，为申报世界文化遗产创造有利条件；可考虑与相邻省份进行更为宏观的总体谋划，重点要加强古驿道的保护，揭示和宣传古驿道文化遗产的突出普遍价值，不断提高古驿道文化遗产保护管理水平。

第四节 数字赋能南粤古驿道文化遗产保护

党的二十大报告中指出，"要坚持以推动高质量发展为主题"，加快建设"数字中国"；"实施国家文化数字化战略，健全现代公共文化服务体系，创新实施文化惠民工程；健全现代文化产业体系和市场体系，实施重大文化产业项目带动战略；加大文物和文化遗产保护力度，加强城乡建设中历史文化保护传承，建好用好国家文化公园；坚持以文塑旅、以旅彰文，推进文化和旅游深度融合发展"。发展数字经济是建设数字中国的重要内容，是建设现代化产业体系的重要基础。

数字赋能文化遗产保护利用的核心问题可以概括如下：

第一，如何通过"数字赋能文化遗产保护与活化利用"的研究视角分析我国数字赋能文化和旅游深度融合的历史演进、发展趋势和现实困境?

第二,如何构建数字赋能文化遗产保护与活化利用的理论框架?数字赋能文化遗产保护与活化利用的理论依据是什么?数字赋能文化遗产保护与活化利用具体机理是什么?

第三,如何建立数字赋能文化遗产保护与活化利用的评估机制?评估方法如何选择?指标体系如何构建?

第四,数字化技术赋能文化遗产保护与活化利用对文化传承、产业转型、业态创新、乡村振兴、居民福祉、国家认同等存在何种作用机制?

第五,如何针对数字赋能文化遗产保护与活化利用的路径模式、体制机制与政策体系等进行系统优化和管理创新?

基于上述研判,我们也可以将以上问题归纳凝练为三个基础层面的问题:理论构建层面——数字赋能文化遗产保护与活化利用的理论体系构建问题;实证演绎层面——数字赋能文化遗产保护与活化利用的路径选择与效应测度问题;管理创新层面——数字赋能文化遗产保护与活化利用的价值重构及管理创新问题。

一、数字赋能文化遗产保护的主要内容

(一)数字赋能文化和旅游深度融合发展的现状与趋势

全面解读数字赋能文化遗产保护与活化利用的内涵价值与时代意蕴;在以往文献和相关政策梳理的基础上,建立文化遗产保护与活化利用的基础数据;横向调查文化遗产保护与活化利用的典型案例和特质;纵向关注文化遗产保护与活化利用的演化过程;挖掘文化遗产保护与活化利用内涵;确定文化遗产保护与活化利用适配资源类型、挖掘其演化规律和发展趋势;分析数字赋能文化遗产保护与活化利用的现实挑战,精准解读数字赋能文化遗产保护与活化利用的社会政治经济条件等。

(二)数字赋能文化遗产保护与活化利用的理论范式

从数字赋能文化遗产保护与活化利用的模式、路径、机理、驱动因素等方面开展理论建构。具体而言,分析数字赋能文化遗产保护与活化利用的三种模式:产业渗透型、产业延伸型和重组型融合模式;从"三层次框架"即价值链传递、融合模式选择、融合阶段递进,分析数字赋能文化遗产保护与活化利用的机理;从资源、技术、功能、业务、空间和市场等六个方面探讨数字赋能文化遗产保护与活化利用模式;从企业行为、旅游者需求、政府引导、中介机构和市场机制五个方面,分析数字赋能文化遗产保护与活化利用的驱动因素;从文化传承、产业发展、业态创新、乡村振

兴、居民福祉、国家认同这六个维度考察数字赋能文化遗产保护与活化利用的路径。

（三）数字赋能文化和旅游深度融合发展的路径与机理

数字赋能文化遗产保护与活化利用的动力机制；数字化技术赋能文化遗产保护与活化利用的耦合机理；数字赋能文化遗产保护与活化利用的测度方法、指标体系及评估机制；运用文化遗产保护与活化利用的评估机制实证考察相关典型案例地数字赋能文化遗产保护与活化利用水平、发展效率、发展结构及其时空演变特征，并探寻数字赋能文化遗产保护与活化利用的具体影响机制。

（四）数字赋能文化遗产保护与活化利用的价值重构与管理创新

研究数字赋能文化遗产保护与活化利用的实践路径与政策响应；数字赋能文化遗产保护与活化利用发展的实践困境及其价值重构；数字赋能文化遗产保护与活化利用管理架构及其模式再造等。具体关注数字赋能文化遗产保护与活化利用的路径优化、区域实现和政策保障。分析数字赋能文化遗产保护与活化利用的重点任务和实现路径；梳理我国数字赋能文化遗产保护与活化利用的政策工具，研究数字赋能文化遗产保护与活化利用的政策保障等。

二、数字赋能文化遗产保护的主要路径

（一）数字化技术可激活文化遗产的多重效应

人类社会的文明，是一件件文物来承载和记录的，文物背后包含了海量文明精华。但这些文化精华一般缺少上下文语境，隔断或与历史语境相剥离。数字技术既可以强化大众对历史的认知，更易于形成社会大众历史文化认同。

数字化模拟可以提升文化遗产互动性。文化与现实的模拟交互，文化与文化之间的数字化互动可以实现传统物质文化时空大挪移，从而提升了文化遗产的公共可达性。数字化技术可从生活的各个维度让优秀传统文化和文化遗产成为我们日常生活的精彩延续。以数字技术诠释再现中华优秀传统文化活力，唤醒并守护中国传统文化与精神信仰，文化遗产才能具有可持续发展的生命力。

（二）数字赋能文化遗产创造性转化

习近平总书记指出："要建立健全历史文化遗产资源资产管理制度，建设国家文物资源大数据库，加强相关领域文物资源普查、名录公

布的统筹指导，强化技术支撑，引导社会参与。"①全球数字技术加速发展，开启了人类数字文明的新时代。数字化是"让文物和文化遗产活起来"的重要途径。中国的"优秀文化传统"和"非遗文化"等在数字化技术加持下再创造成为"活着的资源"。

数字技术同时还可以让海量数据得以快捷高效传播，高度匹配精准推送。数字技术方便了文化遗产海量信息的传播，数字文化遗产从制作方式、传播载体、技术手段的变革，能充分满足不同群体的文化需要，最终形成精准的定向信息传播，使文化遗产保护实践在更广阔的时空范围内得到更加高效的执行。

（三）数字赋能文化遗产创新性发展

习近平总书记指出："要坚持多样共存、互鉴共进、合作共享，加强文化交流，倡导文化平等，保护文化遗产，推动文化创新，加强文化合作，让人类创造的丰富多彩的文化造福更多民众，让世界更加美好。"②数字赋能文化遗产创新性发展的主要途径如下：第一，开发文化遗产的新型载体和表现形式。如"数字敦煌""数字故宫""数字圆明园"等。第二，强化古今融通元素嫁接，赋予文化遗产全新的时代内涵。第三，为讲好中国故事提供新平台。依托数字化技术可积极参与文化遗产全球公共产品供给，积极推进中外联合申报跨国世界遗产项目，构筑牢固的文化价值链，构建广泛的世界遗产"朋友圈"。

第五节　南粤古驿道遗产价值共建共享机制

一、遗产话语对南粤古驿道遗产价值共建共享机制的影响

（一）遗产话语主体是南粤古驿道遗产价值共建共享机制的参与主体

遗产话语主体主要可以划分为政府相关部门、遗产专家学者以及遗产所在地社区居民、外来游客四类。其中起主导作用的是政府相关部门，在政府的领导下外来游客与社区居民也日益主动地参与到活化利用工作中；专家学者的群体规模虽不及外来游客与社区居民群体，但是专家学者的专

---

① 习近平. 2020年9月28日在十九届中央政治局第二十三次集体学习时的讲话 [EB/OL].
　　[2024-04-15]. 求是网.
② 习近平. 寄语首届丝绸之路国际文化博览会贺信 [EB/OL]. [2016-10-03]. 人民网.

业能力决定了他们在南粤古驿道遗产实践中占据更重要地位。因此，政府相关部门、遗产专家学者、社区居民以及外来游客这四类遗产话语主体就是南粤古驿道遗产价值共建共享机制的主要参与主体。①

（二）遗产话语权影响南粤古驿道遗产价值的认定和阐释

西方遗产话语通过嵌入联合国教科文组织等国际性组织所出台的一系列公约、宪章和指导原则这一途径获得了国际的认同以及合法性推广，并正式成为各国遗产实践的指导性标准。②③

在南粤古驿道具体的活化利用过程中，政府遗产话语权具有主导作用。广东省政府于2017年发布了《广东省南粤古驿道线路保护与利用总体规划》对南粤古驿道活化利用工作作出了指引，并出台扶持政策鼓励引导社会通过出资命名、认建、认管、产业经营、服务外包、捐助等方式参与南粤古驿道活化利用工作，多渠道筹措资金为南粤古驿道线路修复和维护提供资金保障。随后陆续出台的《广东省古驿道标识系统设计指引》《广东省古驿道示范段建设标准研究》《广东省古驿道房车营地规划建设指引》《南粤古驿道维护管养工作指引》等政策文件，从各个角度规范引导及推动古驿道的价值认定、保护利用工作顺利开展。可见，政府遗产话语主导南粤古驿道遗产实践并主要提供政策、财力支持，同时最大限度地维系了南粤古驿道线路的原真性和完整性；专家学者遗产话语在政府相关政策宏观调控下，从专业角度指导南粤古驿道的发掘、修复、认定、阐释等工作，在一定程度上承担了南粤古驿道价值挖掘、文本撰写、价值阐释、形象塑造的职责。譬如相关专家学者在研究古代修建古驿道过程使用的原材料、铸造工艺、建筑结构的基础上编制《广东省南粤古驿道保护修复指引》，提供古驿道有效修复典型做法以及错误做法示例，以指导南粤古驿道重点线路和设施的修复建设工作，切实保障修复质量和效果。专家学者们还编制了《中国南粤古驿道学术文集》《南粤古驿道发展蓝皮书》《南粤古驿道风物志》《南粤古驿道文化遗产廊道研究》等多项文本资料，从历史研究、内涵挖掘、价值认定及阐释、规划设计等方面阐释与展示南粤古驿道的文化符号。外来游客在游览过程中通过与遗产地社区居民、其他

① 彭彩婷. 遗产话语视角下南粤古驿道遗产价值共建共享机制研究［D］. 广州大学，2023.

② 劳拉简·史密斯，张煜. 遗产本质上都是非物质的：遗产批判研究和博物馆研究［J］. 文化遗产，2018（3）：62-71.

③ Waterton E, Smith L, Campbell G. The Utility of Discourse Analysis to Heritage Studies: The Burra Charter and Social Inclusion［J］. *International Journal of Heritage Studies*, 2006（4）：339-355.

不同文化背景的游客交流互动，促进了不同文化背景下遗产价值观的沟通与碰撞，这种不同文化群体之间的遗产话语交流也加深了对南粤古驿道价值的理解与认同，推动了南粤古驿道的价值阐释。

二、遗产话语视角下南粤古驿道遗产价值共建共享机制的形成路径

文化遗产保护以遗产价值作为核心导向，而遗产价值本质上是由话语背后的权力和意识形态决定的。文化遗产价值意义的生成与丰富都不能脱离其所处的文化语境，文化语境的差异会不同程度地影响人们对文化遗产价值意义的理解。总的来说，权力语境是南粤古驿道遗产价值意义延续的根本保障，南粤古驿道遗产价值的形成也离不开在地性的解读即文化语境，不然会使南粤古驿道遗产沦为无根之木。[①]因此，可以从权力语境与文化语境两个方面来理解南粤古驿道遗产价值共建共享机制的形成路径，多元话语主体在跨文化语境影响下参与到南粤古驿道遗产价值的选择与生产、建构与阐释、保护及利用全过程，并形成了一条良性循环的"多元主体在跨文化语境影响下生成遗产价值—多元主体共同阐释遗产价值—阐释过程加强遗产话语—遗产话语再次作用于遗产价值"的话语互动，体现了多元主体"共建共享"特征。

（一）多元主体在跨文化语境中生成遗产价值

在权力语境中，政府相关部门、遗产专家学者以及遗产所在地社区居民、外来游客乃至整个社会均不同程度地参与到南粤古驿道政策制定、修复建设、招商引资、社区发展、管理监测、宣传推广全过程，各自发挥着不同作用。政府相关部门主导南粤古驿道遗产实践并主要提供政策、财力支持，同时最大程度地维系了南粤古驿道线路的原真性和完整性；专家学者从专业角度指导南粤古驿道的发掘、修复、认定、阐释等工作，在一定程度上承担了南粤古驿道价值挖掘、文本撰写、价值阐释、形象塑造的职责；游客作为南粤古驿道的消费者和评价者，在游览过程中通过与遗产地社区居民、其他不同文化背景的游客交流互动来加深对南粤古驿道价值的理解与认同，同时其满意度评价能够直接影响南粤古驿道遗产实践的商业回报，从而间接影响了南粤古驿道的价值生成；社区居民见证了南粤古驿道在某一段时间内的演化与变迁，因熟知遗产所在地的历史和故事情节而为南粤古驿道的价值生成提供了大量史料支撑，同时社区居民的日常生活本身就是南粤古驿道价值建构的一部分。上述话语主体作用于南粤古驿道

① 彭彩婷. 遗产话语视角下南粤古驿道遗产价值共建共享机制研究［D］. 广州大学，2023.

的具体遗产实践影响和生成了南粤古驿道的价值意义，体现了多元话语主体"共建共享"特征。

在文化语境中，研究发现，南粤古驿道的价值生成在西方权威遗产话语影响下可划分为本体价值（历史、科学、艺术三大价值）和衍生价值两大类，衍生价值主要包括物化价值（商业价值、体验价值）和人化价值（情感价值、社会价值、教育价值），与联合国《保护世界文化和自然遗产公约》规定以及《世界文化遗产名录》标准相契合；在中国传统话语语境中建构的南粤古驿道价值则体现了"天人合一""阴阳五行""微言大义""人文意境"等传统话语智慧和历史思维。南粤古驿道的价值生成过程体现了我国不仅借鉴吸收西方遗产保护理念的优秀成果，尊重这些代表人类遗产价值共识的标准，同时坚定文化自信，充分考虑南粤古驿道文化独特性，结合我国优秀传统文化思想来建构和阐释南粤古驿道遗产价值。

（二）多元主体共同阐释遗产价值

对南粤古驿道价值进行阐释，是指将南粤古驿道所承载的文化内涵与当代社会发展需求对接，使南粤古驿道成为现代社会文化的重要组成部分或精神文化需要的价值载体。①南粤古驿道作为遍布广东省的大型线性文化遗产，在两千多年历史发展中形成了相对稳定的丰富的文化内容，包括军事文化、迁徙文化、邮驿文化、商贸文化、宦游文化、少数民族文化、民系文化等。阐释与展示南粤古驿道价值，是延续南粤古驿道文化生命力的重要手段，是古驿道遗址转变为遗产文本再转变为文化产品的一个"实—虚—实"的过程，也是南粤古驿道遗产价值共建共享机制这一良性循环过程的重要环节。在南粤古驿道价值阐释环节，地方政府不仅肩负着保护文化遗产的职责，同样承担着促进遗产地经济发展的职责，因此，地方政府与专家学者注重在阐释南粤古驿道价值的同时多措并举推动当地的产业发展，当地居民从中获取经济效益并提高身份认同，外来游客在游览过程中通过与遗产地社区居民、其他不同文化背景的游客交流互动来加深对南粤古驿道价值的理解与认同，体现了多元话语主体"共建共享"特征。

基于上述的分析，遗产话语视角下南粤古驿道遗产价值共建共享机制的形成主要表现在：一是多元主体在跨文化语境中生成遗产价值；二是多元主体共同阐释遗产价值。话语视角下南粤古驿道遗产价值共建共享机制的形成路径主要如下：

---

① 彭彩婷. 遗产话语视角下南粤古驿道遗产价值共建共享机制研究［D］. 广州大学，2023.

（1）在权力语境中，多元话语主体不同程度地参与到南粤古驿道遗产价值共建共享机制构建过程并各自发挥着不同作用。政府作为行政权力的执行者，是南粤古驿道活化利用的主导者和管理者；专家学者一方面可以作为政府的智囊团参与到南粤古驿道相关政策制定、规划编制中，在一定程度上承担了南粤古驿道价值挖掘、价值阐释的职责；外来游客作为南粤古驿道的消费者和评价者，一定程度上影响政府遗产话语权；社区居民一方面可以参与到南粤古驿道的认定、价值阐述、宣传推广、管理监督等决策、管理和监督过程，另一方面社区居民的日常生活本身就是南粤古驿道价值建构的一部分。

（2）在文化语境中，南粤古驿道的价值建构过程吸收融合了中西方遗产保护理念的优秀成果，促进跨文化交流。在权威遗产话语语境中建构的南粤古驿道的价值符合联合国《保护世界文化和自然遗产公约》规定以及《世界文化遗产名录》标准，体现了西方文化遗产价值观，而在中国传统话语语境中建构的南粤古驿道价值则体现了"天人合一""阴阳五行""微言大义""人文意境"等中国传统话语智慧来建构和阐释南粤古驿道遗产价值。

（3）南粤古驿道遗产价值共建共享机制是在多元话语主体共同作用及跨文化语境影响下形成的。南粤古驿道的保护利用以价值作为核心导向，而遗产价值本质上是由话语背后的权力和意识形态决定的。[①]多元话语主体在跨文化语境影响下参与到了南粤古驿道遗产价值的选择与生产、建构与阐释、保护及利用全过程，并形成了一条良性循环的"多元主体在跨文化语境影响下生成遗产价值—多元主体共同阐释遗产价值—阐释过程加强遗产话语—遗产话语再次作用于遗产价值"的话语互动路径，体现了多元主体"共建共享"特征。

第六节　南粤古驿道线性遗产的文化治理

一、治理主体界定

文化治理是一个动态化的治理过程，在不同的阶段有新的主体加入，各个主体的行为构成了文化治理的实践。

---

① 彭彩婷. 遗产话语视角下南粤古驿道遗产价值共建共享机制研究［D］. 广州大学，2023.

政府力量：推动与联接。南粤古驿道活化利用工程是典型的政府驱动项目，政府提供文化治理和空间重塑的顶层设计，规定空间和治理的方向，通过多种技术手段进行文化治理的实践，在治理中起着推动作用。同时，政府所代表的权威话语处于核心地位，其他群体通过与政府的沟通、协商形成连接。

市场资本：建构与传播。旅游规划开发商和媒体是市场资本的主要代表。在南粤古驿道文化治理过程中，旅游开发商等市场主体践行政府对于南粤古驿道的构想，将其落到实地，推动了旅游产业的发展，形成了资本的场域，进一步吸引了周边经济资本，也使得文化资本、社会资本能够转换为经济资本；媒体话语响应政府叙事，通过自身的传播功能加强政府对南粤古驿道文化形象的营造。

社区居民：表达与参与。村民是村落生活的主体，地方政府不可能替代村民和村级组织实现文化治理，也不能取代社区在文化治理中的位置。但是社区居民一般处于被动位置，在治理过程中起着表达意见、提供建议、参与治理的角色，但有时候会对治理形成积极的反馈作用。

专家志愿者：主体的升华。专家志愿者是南粤古驿道活化利用过程中最为独特的一环。以规划师、建筑师、工程师为代表的"三师"志愿者协会，深入扎根于古驿道沿线的村落，走遍南粤古驿道，为南粤古驿道活化利用提供了专业支持。

二、治理历程回顾

文化是社会生活的内在基因和社会治理的基石，文化治理的方式随着社会的变迁而改变。在南粤古驿道千年的发展历史中，随着国家政治环境、时代背景、管理制度等多种因素的改变，政策话语建构随着主体的更替、权力的集中与分散而有所不同，古驿道的文化治理过程也大致可以分为"被动建构—主动挪用—成为地方新符号"三个阶段，三个阶段的政策话语强度随着治理主体的不同而加强或削弱，文化治理逻辑也存在着本质区别[①]。

（一）被动建构——国家话语占据主导地位

2016年前，古驿道文化治理处于被动建构阶段。这一时期的南粤古驿道作为国家话语建构的产物，其存在只是古时期军事外交与商业贸易辉煌历史的见证，是专家学者研究历史和文化内涵的重要切入点之一，但是

---

① 郭婷婷. 空间生产视角下南粤古驿道文化治理研究［D］. 广州大学，2022.

极少数学者会从活化利用角度思考如何让古驿道焕发新活力。对于公众而言，这一时期的南粤古驿道更是"束之高阁"的文化遗产，只可远观而不可接近。此时国家话语权占据主导地位，专家话语只停留于理论和价值层面，社区话语被完全忽略及掩盖。

（二）主动作为——省政府成为治理主体

2016年之后，随着省政府的大力推进，古驿道的符号及意义产生了大幅变化，经过地方政府的形象建构与价值认定，古驿道的文化治理的主导逻辑出现了遗产保护与旅游开发的色彩。

2016年起，广东省开展古驿道保护利用工作，把南粤古驿道列为规划建设精品乡村旅游线路的部分之一并向公众发布了《广东省南粤古驿道线路保护与利用总体规划》。2017年，广东省选取了从化钱岗古驿道在内的8个示范段（共300千米）进行古驿道本体修复工作。2018年选取了钱岗古驿道在内的11条古驿道（共740多千米）作为重点线路，进行古驿道沿线遗存修复、周边配套设施修建、遗产活化利用、宣传推广等工作。2019年，广东省政府召开工作会，明确提出：要以"高品质体验、高效能利用"为目标，做好已修复古驿道重点线路的维护管养工作。自此，广东省保护和修复了18条23段、总长1000多千米的古驿道重点线路与588个重要节点和设施。在保护修复过程中，坚持使用传统工艺修复古驿道路面，修缮了大批历史文化遗存，建立了统一标准的标识系统，配套建设了驿亭、驿站等设施。此外，在进行古驿道本体修复的同时，将沿线周边历史和文化资源进行串联，引入"全开放的、永不落幕的自然历史博物馆"理念，将古驿道作为知识科普、旅游发展的开放性载体。这也为广东乡村地区的发展带来了新的模式，为乡村旅游发展提供动力引擎，带动经济增长，增强文化自信，将乡村振兴战略落到实地。

（三）地方新符号——地方政府响应，多元群体的加入削弱政府话语

2019年以来，古驿道的活化利用真正带有地方性自主意识，成为地方新符号。随着地方政府逐渐响应省政府的号召，推进遗产与村落的开发与发展，古驿道及其所代表的文化表征成为旅游吸引物，带动旅游产业的发展。同时，社区主体融入旅游发展和村落开发，对现代化发展持以认可和积极的态度，这一时期的文化治理的主导逻辑带有文化认同与文化消费的色彩。①

以钱岗古驿道为例：从化区政府印发建设实施方案，推动钱岗古驿

---

① 郭婷婷. 空间生产视角下南粤古驿道文化治理研究［D］. 广州大学，2022.

道的保护修复。通过举办活动和赛事，将钱岗古驿道文化遗产进行活化利用，并将其与现代社会发展有机结合，为乡村振兴和旅游产业发展注入新动力，有效推动了地域文化、当地经济的发展。目前，钱岗村已建成公共服务站1个、文化站1个、卫生站1个、公园1个、公厕2个、公交线路1条、公开栏3个，路网、电网、水网、光网已全村覆盖，民主法治议事大厅已建成并投入使用，面积约160平方米，已建成污水处理池2个，共有4个垃圾收集点，有专人清理转运垃圾。[①]在旅游规划布局上，钱岗新村基本围绕古村落形成，主要集中在古村落东北部，规划村建设用地在现村庄建成区周边集聚发展，主要建设成"三个集聚点、四个发展区"的空间发展布局。

三、治理技术体系

（一）知识话语生产

不同的社会群体对同一事物的认知具有不同的话语表达方式。在文化遗产的治理场域中，多方力量卷入其中，各种话语充斥其间，遗产空间成为透视文化政治的窗口，也唯有话语能够显示出遗产背后的权力、意识形态、资本及知识生产的交织过程。[②]

1. 行政话语表述

在中国特有的文化语境下，政府在遗产实践中具有话语权，政策话语是目前文化遗产治理领域的主导性话语，在一定程度上体现了国家文化意志。在遗产保护利用中，政府发挥主体性作用。

从国家层面而言，一方面是涉及文化遗产保护内容的文化事业和文化产业政策。以发展公益性文化事业和经营性文化产业为主体的文化建设在国家整体战略架构中的地位呈显著上升趋势。其中文化遗产部分的内容应归入文化事业部分，并与文化产业有所交叉，在国家文化政策中所占的比重也日益提高。二是文化遗产介入其中，并与国家转型、社会变迁相关的宏观政策。如乡村振兴战略、文旅融合时代背景、文化自信和文化自觉、中华优秀传统文化创造性转换和创新性发展的号召等政策，都成为促进文化遗产保护与开发的政策动力，也事关文化遗产发展前景和切身利益。

从省级层面而言，政策文本包括政府工作报告、相关政策文本、规划文本等。广东省政府连续多年将南粤古驿道保护与利用工作写入政府工

---

① 钱岗村资料由钱岗村村委会提供。
② 郭婷婷. 空间生产视角下南粤古驿道文化治理研究［D］. 广州大学，2022.

作报告，拔高其政治高度。其次，相关的政策文本如《关于实施乡村振兴战略的意见》《乡村振兴战略规划（2018－2022年）》《广东省关于加快文化产业发展的若干政策意见》《粤港澳大湾区文化遗产游径建设工作方案》将南粤古驿道纳入体系并将其作为建设的重要内容之一。省级财政安排污染防治攻坚战专项资金（南粤古驿道"不留白色污染"）为古驿道环境建设提供了资金支持。响应省政府的号召，广东省住房和城乡建设厅、文化厅、自然资源厅、文广旅体局等部门及行业协会出台了一系列关于南粤古驿道大型线性文化遗产的保护利用与活化开发的文本，提供南粤古驿道保护利用工作的行动纲领和开展南粤古驿道线路规划建设的重要依据。省级层面的政策话语为南粤古驿道的发展提供了行动纲领和大致行动方向，使南粤古驿道的文化治理实践有据可循，有本可依。同时，省政府要求各县市编制区域内南粤古驿道专项规划并配套政策指引，细化实施工作。要求各示范段编制示范段详细规划，严格开展古建修复，引导景观设计。相关政策文件明确了古驿道保护与修复的原则，鉴于南粤古驿道是呈线状、链状分布的，线路整体的价值要大于其各部分简单相加价值之和，因此要体现各个要素的完整保护，包括驿道、附属设施、水工设施、赋存环境、相关的物质文化遗存和非物质文化遗存。同时，文件还对古驿道保护与修复的材质选择、施工技术、安全防护措施和空间环境的营造提出了明确的要求。从遗产实践角度看，文化遗产治理离不开基层政府的具体工作。地方政府作为古驿道文化治理政府层级中的依托，在遗产保护和利用中发挥的主体性作用效果明显。

因此，我国遗产保护模式中的"政府主导"，实际上是各层级政府之间的层层主导，而政府主体性作用也有助于国家统筹规划和地方具体落实。南粤古驿道文化遗产的保护很好地体现了国家统筹规划与地方政府之间的互动。[①]作为大型线性文化遗产，南粤古驿道有多个遗产点和遗产段，其属地本身较为复杂。省级层面的统筹推进了地域联合的"合作性保护"，并打通了住建、交通、国土、文化、旅游、体育等部门之间的协作，尽管地方政府之间具体行动策略有所差异，但省级层面的联动为始终如一保护好、利用好、传承好南粤古驿道提供了保障。

2. 专家话语生成

在我国政府主导的遗产保护和利用的社会实践话语中，遗产专家学者既可以成为"政府主导"中的一部分，也可以被视为"社会参与"中的

---

① 郭婷婷. 空间生产视角下南粤古驿道文化治理研究［D］. 广州大学，2022.

一分子；既可以作为社会参与的一部分参与政府遗产保护政策和管理的制定，又可以成为政府的智囊团，作为政府的一部分，成为遗产保护利用与管理的主体。[①]同时，他们又具有遗产专业性知识，可以通过各种渠道传播遗产的价值，从而唤醒人们的遗产保护和利用的意识。在南粤古驿道文化治理过程中，尽管专家话语响应政府话语实现对南粤古驿道文化遗产的价值认定，但在此过程中专家始终保持中立的地位，从学术和实践层面实现对南粤古驿道的活化利用。以广东省"三师"协会为代表的致力于南粤古驿道活化利用工作的志愿者提供了专业支持。自2016年来，"三师"专业志愿者团队一直活跃在乡村服务和南粤古驿道活化利用的第一线，秉持着"以专业之所长服务乡村"的理念，提倡"以技兴道，以道兴村"对南粤古驿道重点线路进行实地检查、现场指导，并做好省与市的政策传导、信息沟通、帮助协调处理工作，在助力省定贫困村脱贫摘帽，提升乡村人居环境和乡村建设品质，打造美丽宜居村庄，延续"美丽乡愁"，"共治共建共享生态文明"等方面发挥了重要作用，也为南粤古驿道的活化利用提供了规划设计、工程建设、风貌景观改造、人文精神传承等专业的发展建议。

专家学者通过话语进行多学科的整合和经典化运作，使学术话语由学院延伸到社会公共领域，介入文化实践。[②]具有学术影响力的学者，以及其依托的大学研究机构和出版的学术专著，对于文化遗产的价值认定具有重要作用。来自建筑学、风景园林规划、历史学、文学、旅游等多个学科和专业的专家学者依托研究机构和所在高校，以南粤古驿道为研究对象进行了课题研究，并出版和发表《南粤古驿道文化遗产廊道研究》《南粤古驿道文化遗产揽胜》《南粤古驿道基础理论研究丛书》《中国南粤古驿道学术文集》等专业书籍和论文实现专业话语生产。

（二）文化景观改造

"景观"不仅是一种地理形态，更是一个"文化过程"[③]，是人—地之间互动的产物。景观是社会集体记忆的凝结和物质载体，也是地方文化的可视载体，是地域最直接的文化表征，展现了文化的表层显性内容。文化景观具有传播文化符号的功能，因此可以将之视为"文本"，作为解读

---

① 张崇. 因时随事——遗产实践话语建构的中国范式［M］. 杭州：浙江大学出版社，2019：47-54.
② 祝昇慧. 民间文化场域中"非遗"话语的接合与博弈［J］. 中原文化研究，2017（3）：66-72.
③ 葛荣玲. 景观人类学的概念、范畴与意义［J］. 国外社会科学，2014（4）：108-117.

地方历史、权力话语、社会符号的重要素材。在旅游发展和空间改造过程中，设计建造者借助这些文本，再度表达出其背后的意义，这种再度表达的过程就是表征，也称为再现。

如钱岗古驿道周边遗留下的文化遗产、文化景观长期被闲置，当地社区较少意识到其价值，政府及规划者建构自身对旅游的想象，推动了空间的商品化和符号化。在钱岗古驿道中，为实现钱岗古驿道的保护与开发，当地政府强化古村及村内文物单位修缮和保护，对钱岗古村和钱岗古驿道周边村落沿线遗存进行全面调查，结合环保部门每年60万元的环保专项资金，对全区古村落进行整治；以提升区域景观形象和空间环境质量为目标，依托钱岗古村的历史人文资源、古驿道丰富的历史文化遗产资源、钱岗糯米荔枝等中国国家地理标志产品资源和沙溪水周边生态景观，整体规划、优化组织公共空间和特色资源，改善人居环境；通过省道118线拓建工程，进一步完善钱岗示范段的交通设施建设和配套完善工作。公共道路的修建和整改为旅游业的发展提供了硬件基础，也改善了村民的出行条件；社区民居、公共建筑、祠堂等物质实体的修建形成符号化表征，被展示于村落景区的公共空间。位于景区入口处的古驿道小镇游客服务中心承担着公共空间和旅游咨询的双重功能，对游客而言这是一个全面了解钱岗古村和钱岗古驿道的绝佳途径，而傍晚时分游客逐渐减少，游客服务中心成为社区居民休闲锻炼的去处和邻里日常唠家常的场所。

由此可见，政府通过对社区文化景观的改造与重构，进行可治理空间的物质实践，形成"钱岗古驿道文化遗产"的品牌形象，并通过这些物质实体的修建规范社区居民行为，向居民传达政府意欲发展旅游业、加强社区管理、促进社区现代化发展和经济发展的意图。[①]改造前的文化景观是当地社区历史文化的沉淀，是在地方经过历史发展生产出来的产物，而改造后的文化景观是符合现代社会的、符合政府想象和旅游规划开发目的的景观。另一方面，在这种可治理的空间中，焕然一新的景观、现代化的社区改建、截然不同的标志物使得当地社区居民有着全新的体验，也极大地改变了村民的日常生活路径，并在一定程度上促进居民实现身份的重构。

（三）文化品牌塑造

广东省政府建构了"南粤古驿道文化遗产"文化品牌，并采取本体修复、文化显性表达等方式推动其建构。从化区及村委会响应省政府的号召，积极推动古驿道文化品牌的建设，塑造其文化内核，通过节庆活动、赛事活

① 郭婷婷. 空间生产视角下南粤古驿道文化治理研究［D］. 广州大学，2022.

动的举办，为文化表达提供载体依托，并形成文化品牌营造的部分。

媒体平台力量的介入进一步为社会层面非国家行动者的广泛参与提供了舞台。媒体的宣传推广为古驿道文化和形象建构提供了传播平台，成为南粤古驿道实现文化治理的重要媒介。政府、学界和市场的力量相互交织，实体层面的文化基础设施建设与抽象层面对文化记忆的塑造，这些力量交织在一起，共同介入到南粤古驿道大型线性文化遗产的文化品牌营造中。

（四）反身性主体塑造

反身性主体即是顺应治理主体意图的自主治理主体，安东尼·吉登斯认为现代性的反身性具体指社会生活的大多数面向及其与自然的物质关系对受到新信息或知识影响而产生的长时性修正之敏感[1]。文化治理的最终目标是为了使人们能够通过与治理者的反思性协商而形成独立的意识形态和认知，进而实现对人口的治理这一目标。[2]政府通过文化遗产话语塑造社区主体，治理地方社会，引导居民在思想上加强对国家文化、地方文化的认同，在行动上规范自身行为，从而成为符合当地社会秩序的居民。相较于正式制度下的政府管制，村规民约、村庄活动等形式则为古驿道的村民提供了非正式制度下的规训，通过情感认同、文化认同达到反身性主体塑造的目的。古驿道保护与利用的丰富实践唤醒了居民对古驿道的记忆，使得古驿道文化显性表达有了载体依托。古驿道文化实现了传承和不同时空的连续性，并在村民主体中形成了一段绵延的乡村记忆，形成"凝聚性结构"，增进社区文化认同，在潜移默化中实现了对村民反身性主体的塑造。[3]

四、文化治理效能

（一）社区反馈：行为规范

对于政府的文化治理措施，居民的行为在文化治理中逐渐呈现两极分化的特点。一方面，部分居民出于资金限制、人力匮乏以及自身眼界所限等原因而持事不关己态度。他们并未将自己置于社区的主人翁位置导致缺乏对旅游发展的自主意识，大多都是将社区建设归为政府行为并配合政府行动，缺乏对社区建设和发展的责任感，对整个社区营造的关注远低于自

① 参考安东尼·吉登斯. 现代性与自我认同：晚期现代中的自我与社会 [M]. 夏璐，译. 北京：中国人民大学出版社，2016.
② BANG H P. Culture Governance: Governing Self-reflexive Modernity [J]. *Public Administration*, 2004（1）：157–190.
③ 郭婷婷. 空间生产视角下南粤古驿道文化治理研究 [D]. 广州大学，2022.

身生活。

另一方面，部分居民由于处在旅游发展的得益区或者自身意识的觉醒，尽管在日常生活实践中部分惯习受到了政府、旅游者的影响，但却并未对此影响产生过多的不满情绪和抵抗行为，反而会调整自身行为和策略以达到要求。体现出这部分村民对村委会的隐性空间管治作出了规训表现。

其次，部分居民由于自身的主人翁意识和自主治理意识的觉醒，主动参与到文化治理过程中，为将社区话语纳入文化治理话语体系提供基础。在此情况下，一旦旅游空间内部强势群体与弱势群体实现合理分工与融合，将进一步提高空间内部的社区凝聚力，增加居民参与治理的机会。在很多实际的规划设计项目过程中，当地政府充分调动了居民的广泛参与，这些当地居民不仅为规划设计提出了相关的功能诉求，还提供了大量的历史和故事细节，直接在史料、文化和创意层面为规划设计提供了支撑。在工程实施阶段，当地政府在公示栏等地方张贴效果图，村民看到后主动与村、镇沟通，献计献策，提出具有实用性的改造建议。社区成为南粤古驿道文化治理的参与主体之一。

（二）社区反馈：价值认同

旅游的开发逐渐带来了遗产原真性的问题。经由政府权威性话语再生产的"古驿道文化遗产"品牌，却并非居民认同的古驿道，他们对作为遗产的古驿道的社区认同感不强。[1]一是现有的遗产建构与其历史记忆存在差异性，使得他们对遗产原真性存疑。二是居民当下的生活方式与古驿道原始功能逐渐剥离，与遗产本身缺乏交集点。因此，当地居民面对政府所建构的古驿道文化遗产，却很难感受到蕴含其中的历史文化。但无论居民认同古驿道与否，在谈及政府的举措及发展旅游业之时，几乎所有村民都表现出"支持政府活化利用、支持旅游业发展"的乐观态度。这也体现出居民对南粤古驿道作为"旅游吸引物"的一种价值认可，尽管他们并不一定认同政府所塑造的"古驿道文化遗产"品牌的原真性。

综上所述，无论社区居民是否认可政府行为，他们都会随着政府的举措而调整自身日常生活实践，在确保自身利益不受损的情况下表现出遵循、顺应甚至积极响应的态度和行为。这体现了居民在治理过程中并非永远被动接受政府的秩序规制和形塑，而是也会通过能动的获取为自身争取发展权益，促进了社会关系的再生产。这体现出居民的"在地性"与"灵

---

① 郭婷婷. 空间生产视角下南粤古驿道文化治理研究［D］. 广州大学，2022.

活性"，也为形塑新一轮的秩序建构和文化治理提供了基础。由此可见，政府自上而下的文化治理过程与居民的日常生活并不都是以矛盾的状态呈现，甚至居民能够根据政府行为和态度主动调整自身行为和应对策略[①]，这也体现了文化治理的规训功能。

此外，随着不同主体的融入，政府的主导权受到些许影响，但尚未改变文化管理者的姿态，一方面政府始终是遗产文化的主导者，与专家话语共同认定遗产的价值，并掌握着官方话语；另一方面政府始终决定着新的参与主体，自始至终决定着整个过程的发展。这也导致了当地文化并非呈自然状态全部展示在大众面前，而是被权威话语选择性展示。尽管社区参与治理行为不断增加，社区话语也逐渐被官方话语纳入治理措施中，但是在无形之中权威主体的领导权也进一步增强了，社区话语反而受权威话语的引导进入政府设定的规范体系，这进一步导致了社区话语成为主导话语之一的道路更为艰难。居民在旅游治理过程中争取治理主动权和话语权的道路漫长而又艰辛，更多时候仅仅是在经济上获得了同等权力但在决策过程中仍处于弱势地位，这也说明不平等权力始终出现在文化治理领域。

五、文化治理模式

（一）从单向到互动：多主体参与的行动策略

南粤古驿道最先由广东省政府发起，前期实地调查、资源梳理、规划开发由政府全权主导，缺乏社区层面的参与和反馈。旅游开发商和媒体凭借自身所拥有的资本，为南粤古驿道文化践行、形象传播提供了公开的平台，实现了古驿道改造与再生产，这也为南粤古驿道的活化利用和可持续发展提供了支持。[②]省"三师"协会提倡"以技兴道，以道兴村"对南粤古驿道重点线路进行实地检查、现场指导，以客观中立的状态加入，为治理的规划设计、工程建设、风貌景观改造、人文精神传承提供了专业层面的支持。后期随着开发的逐渐成熟以及政府的引导，社区意见也逐渐涌现，部分居民希望参与到治理中，并为规划开发建言献策。虽然居民参与系统尚处于"辅助"功能，且其行为实践是围绕政府的主导进行生长的，但仍然为多元主体互动提供了基础。此外，福柯曾指出：治理指涉个体被他人驱使以及他们如何引导自己。对民众的治理过程，并非威迫民众做治

①　Kwan M P. Analysis of Human Spatial Behavior in a GIS Environment: Recent Developments and Future Prospects [J] . *Journal of Geographical Systems*, 2000, 2（1）: 85–90.
②　郭婷婷. 空间生产视角下南粤古驿道文化治理研究 [D] . 广州大学，2022.

理中所希望的事情，而是一种治理者对他者宰制的技艺与民众自我宰制的技艺相互作用后达成的均衡过程。①政府通过文化治理，将政治和经济目标转化为村民的自我（治理）技术，达到通过文化引领发展对旅游地社区进行治理的文化治理目标。②这也使得原先的单向治理变为多元主体参与治理，使得文化治理话语体系更为多元，也为古驿道发展提供了更多的建议和思考，为其他线性文化遗产的治理提供了很好的模式。

（二）从刚性到柔性：文化治理的软规范

相比传统治理方式，文化治理提供了一种柔性治理方式，注重潜移默化的影响，通过社区关系的运营和日常生活的建构，达到规训的目的，以此推动当地社区良性治理。在我国传统乡土社会，各种隐性规范成为乡村文化的重要组成部分，内化于乡村的地方性文化和组织之中，并能够作为乡村维护秩序、推动良性治理的工具。村规民约不仅关乎社区居民的生活秩序，而且也是影响乡村文化治理的潜在力量。村规民约建构了传统村落内部的隐性规训，借助古驿道历史文化的传承和信仰的建构，提供了一种抵抗社会空间变迁和文化空间缩减的有效方式，有效应对现代化冲击下导致的本体性不安和个体化焦虑；并基于社会惯习和隐性规训再生产文化治理运行逻辑，从而推动社区构建生活共同体，提升社区凝聚力和人文认同，有效实现社区良性治理。

（三）从失序到规范：文化治理的统一整合

文化空间的重构和塑造需要通过专业技术来进行引导和规范，防止出现失序现象。南粤古驿道的文化治理借助乡村振兴、特色小镇建设等的契机，将其与文化治理相结合，进行物质文化景观改造、产业方式转变、文化品牌营造、反身性主体塑造等多元化的治理技术，在物质空间层面实现了统一的物质性风貌景观，在社会空间层面形成了统一的社会规范，在省级层面形成了统一的文化品牌形象，在居民行为层面形成了统一的规范化管理。文化治理技术的实行，改变了南粤古驿道剥离化、破碎化等困境，使得千年古道和驿道文化重现生机，从荒无人烟、杂草丛生、杂乱无章的状态转变为统一、规范的状态，并与现代生活相联结，实现了"古驿道—新生机"的目标。③

① 王前. 理解"文化治理"：理论渊源与概念流变 [J]. 云南行政学院学报，2015（6）：20–25.
② 吴炆佳，孙九霞. 哈尼梯田世界文化遗产地文化治理研究 [J]. 旅游学刊，2020（8）：71–80.
③ 郭婷婷. 空间生产视角下南粤古驿道文化治理研究 [D]. 广州大学，2022.

六、空间生产与文化治理的互动

（一）空间生产：南粤古驿道文化治理的基础

1. 物质空间：南粤古驿道文化治理的载体依赖

物质空间文化治理在文化遗产创造性转换和创新性发展中具有重要作用。南粤古驿道的千年历史发展与其大型的物质载体是密不可分的。随着城镇化的推进和现代化经济的快速发展，南粤古驿道的物质载体是否还能恢复当年贸易往来的盛况？如何将其转化为现代文旅发展的物质载体？这些问题都值得进一步的思考和行动。从钱岗古驿道的实践案例进行解析，基于整体性保护视角下，古驿道的活化利用与现代化进程并不矛盾，甚至具有相互促进的影响。钱岗古道的活化利用直接推动社区公共景观向旅游景观转变，完成了外在物质空间的实践。公共道路的修缮、外在景观物质风貌的统一、旅游景点的完善为旅游业及现代产业的发展提供了基础。旅游业的发展进一步推动古驿道周边生产、生活方式发生转变，土地从以农业用地、村庄用地为主转向消费、商业用地[1][2]，衍生了多种商业业态，直接推动当地经济发展，促进生产方式转变。物质空间为治理举措和实践提供了物质载体，同时空间的实践也为当地的发展带来了多方面的改变。

2. 制度空间：南粤古驿道文化治理的制度保障

构想空间是规则制定者、权威掌控者等团体的审美意念及态度表达，对文化遗产保护具有价值引领作用，也为文化治理提供了制度保障。政府是文化治理场域重要的文化主体，对南粤古驿道的空间生产与文化治理意义重大。

例如：钱岗古驿道活化利用过程中，政府根据自身目标和对钱岗古驿道形象的预设进行与古驿道有关的知识话语生产，通过颁布政策、行动支持、工作引领等多种手段在社会范围内建立钱岗古驿道线性文化遗产文化品牌，推动其成为当地文化符号，并在官方网站、主流媒体等多个平台通过文本、图像、视频的形式营造钱岗古驿道和古村落的"古村古道"地方形象，形成对钱岗古驿道的文化空间表征。此外，通过物质景观改造、旅游规划与开发、人居环境改造等活化利用措施，实现对空间的改造、管理和规划，营造更具有古村特色的风土人情，以达到对钱岗古驿道经济价

①　Mather A S, Hill G, Nijnik M. Post-productivism and Rural Land Use: Cul de Sac or Challenge for Theorization？［J］. *Journal of Rural Studies*, 2006，22（4）：441–455.

②　Holmes J.. Impulses towards a Multifunctional Transition in Rural Australia: Gaps in the Research Agenda［J］. *Journal of Rural Studies*, 2006, 22（2）：142–160.

值、文化价值、社会价值最大化的目标并践行未来构想。政府的活动对居民的身份重构、行为规范、社区认同和价值观也产生了一定的影响，社区居民在政府的行动下呈现出不同的策略。

3. 社会空间：南粤古驿道文化治理的行为改良

社会空间是地方政府、社会主体及参与古驿道活化利用的人员主体所建构的文化行为互动的场域，涉及生产方式、社会网络、劳动资本和人际关系等要素。

例如：钱岗古驿道的活化利用带动了周边社区经济的发展和生产方式转变，社会关系网络拓宽，人际关系产生转变，体现了政府行为在社区场域的影响。同时，居民对此进行回应，积极利用时代契机进行产业发展，为自身争取权益，但也有部分居民对此表现出无所谓的治理态度，这体现了个体对于文化治理的驱动并非全然一致的，他们会根据自身意识、利益和能力展现出不一样的行为规范，这体现了文化治理场域中个体能动性的多样性。两者的互动体现了国家在场和基层社会之间的互动，也进一步构建了文化治理的行为空间；社会空间则为文化演变和传承提供了良好的场所，使得文化遗产与居民日常生活融合，促进了古驿道文化遗产的传承和发展。①

（二）文化治理：南粤古驿道空间再生产的内在动力

作为一种特殊空间的生产过程，文化遗产地的空间生产与再生产往往涉及多种因素，包括不同的规划方案、多样化的理念偏好、资源争夺和利益驱逐②，其形成和发展是多方力量作用的结果。该空间并非纯粹的经济空间与地理空间，空间生产也并非单纯的自然过程，它囊括了政治意识形态、资本运作逻辑以及复杂的社会关系。③在南粤古驿道文化治理与社会变迁过程中，政府、旅游开发商、专家、媒体等社区外部权力主体的介入使文化遗产地社区空间发生转变和演化。而社区内部主体——居民由于自身权力的缺乏，在规划过程中被动成为空间的边缘者，参与开发权利让渡到其他主体身上。古驿道的文化治理过程中不断充斥着权力的规制、柔性规训、社区反馈等行为，在这个过程中，自上而下的管控和自下而上的反馈形成了文化治理的循环。主要有以下几点：

---

① 郭婷婷. 空间生产视角下南粤古驿道文化治理研究［D］. 广州大学，2022.
② 李鹏，张小敏，陈慧. 行动者网络视域下世界遗产地的空间生产——以广东开平碉楼与村落为例［J］. 热带地理，2014（4）：429-437.
③ 乔小勇，张秀吉. 基于资本—政府—社会的中国城镇化空间生产运作逻辑研究［J］. 公共管理评论，2014（2）：3-22.

一是南粤古驿道遗产空间生产是在多种主体及因素作用下形成的。政府所代表的制度层面掌握着绝对的主动权和话语权。二是南粤古驿道文化治理体系由"治理主体—治理历程—治理技术—治理效能"四个因素组成。经过多元主体在文化场域的互动，南粤古驿道的文化治理从"单向、刚性、失序"走向了"互动、柔性、规范"的模式。[①]三是南粤古驿道遗产空间生产与文化治理之间存在相互影响机制。不同主体基于自身立场和利益诉求，经过协商、博弈、妥协、抗争等多个过程最终生产出符合想象的空间，体现了地方治理性权力在遗产空间中的展开与部署。文化治理通过空间的重新配置，推动制度、资本、惯习互动交织，实现了物质空间、社会关系的生产与再生产，促进了古驿道遗产地内部社会关系和权力结构重组。

---

① 郭婷婷. 空间生产视角下南粤古驿道文化治理研究［D］. 广州大学，2022.

第四章 南粤古驿道文化遗产活化利用的实践路径

第一节 "古驿道+"的实践探索

一、理念阐释

南粤古驿道的活化利用可加速与各产业的融合,不断催生新产业新模式新业态,如"古驿道+文化""古驿道+体育""古驿道+旅游""古驿道+赛事""古驿道+特色农业"等。"古驿道+"模式是将古驿道作为线性文化发展的动力轴串联起沿线文化、自然资源和村落等,深入挖掘其资源价值,赋予其新的内涵,大力发展古驿道+文化、旅游、农业、工业、体育、生态、养生、科技等,拉动相关产业和领域发展,不断形成新业态,推动产业联动,促进乡村振兴。

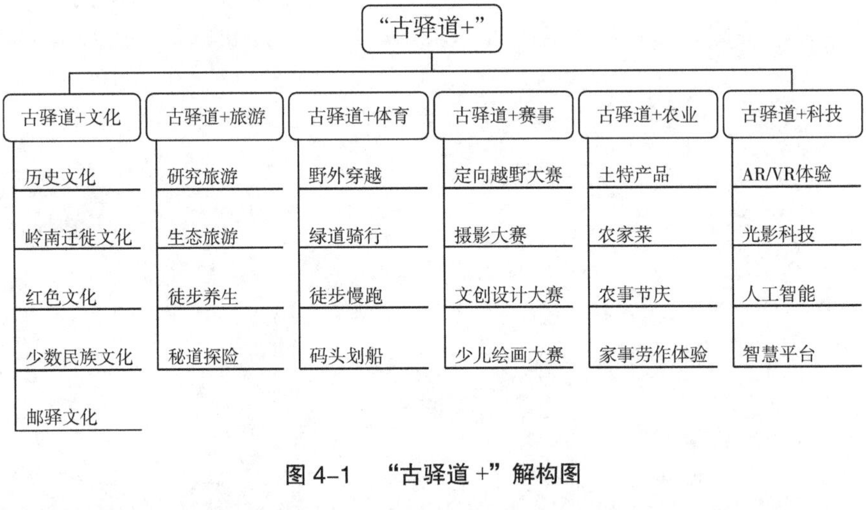

图 4-1 "古驿道 +"解构图

通过"古驿道+"实践探索,南粤古驿道得到了修复和活化,极大地改善了古驿道沿线村落的生态环境,盘活了沉静的乡村传统文化,挽救了濒危的传统技艺,联动了粤东西北城乡经济协同发展,带动了一、二、三产业融合互惠,走出了一条独特的经济发展之道、文化复兴之道、生态持续之道。譬如梅关古驿道，抓住美丽乡村建设和文旅融合机遇发展"古驿道+旅游+农业"，将聪辈村段建设成一个新农文旅田园综合体，并打响灵潭村"腐竹之乡"的特色农产品品牌，同时打造"踏雪寻梅"文化旅游品牌，吸引了众多游客走进梅关古驿道体验"一路梅花，一路诗"的氛围。譬如钱岗古驿道，大力发展"古驿道+体育赛事"，结合沿线丰富的古村落文化资源，将体育项目与古村落传统文化相结合，全力打造好国际性的"山地马拉松"、全国性的"群众登山"、"露营"、"南粤古驿道大赛"和"广清穿越"等精品赛事活动，形成"古村为点、驿道为线、整体盘活"的产业发展格局。汕尾海丰羊蹄岭——惠州惠东高潭古道，持续推进"古驿道+红色旅游"，立足自身丰富的红色革命资源，以"红色文化"为核心，以红色文化教育、非物质文化遗产传承、生态休闲体验为特色，保护性开发建设红色、绿色、古色和土色高度融合的"红色+生态+民俗+康养"的乡村振兴示范带。

　　"古驿道+"的模式，在具体实践中可重塑南粤古驿道的文化、情感、环境和产业价值；基于"古驿道+"模式的有机串联，可充分发挥古驿道作为乡村振兴的有效载体和生产空间，实现文化遗产多重价值的叠加效应。

二、在地实践与路径创新

（一）远谪伊始，缘结岭南——梅关古道

1. 发展概况

梅关古道开凿于唐代，是古代官道"京广驿道"中唯一的陆路。乌迳古驿道的开通早于梅关古道，它贯通南北，连接江南而达闽西，是一条沟通中原与岭南的、水陆联运的交通要道。这是汤显祖首次踏上南粤大地的所选之路，想必是梅关古道沿途的梅花吸引了汤显祖，他迫不及待地来到此，寻找一缕暗香，一缕在寒冬时刻依旧傲雪而开、孤傲而高洁的梅花。

南雄市梅关——乌迳古驿道重点线路精华段起点为珠玑镇聪辈村虎踞桥，途经珠玑古巷、凤凰桥、208乡道、里东古街、灵潭驿站、角湾村、中站古村、泰源村、梅岭村、梅关古道景区，终点为梅关关楼，全长为24千米。南雄市梅关——乌迳古驿道重点线路精华段的驿道本体长度为4.2千米，其中包括1.2千米山地段和3千米村镇段，另外，将新建连接线绿道19.8千米。说到梅关古道，不得不提珠玑古巷，它是古代中原南迁氏族的聚居发祥地，这条古巷内先后居住过159个不同姓氏的人民。南宋至元初的两百年间，经梅关古道后再沿浈江、北江，进入珠江三角洲两岸及周围

地区的珠玑巷人后裔，因历史渊源、居住地域、文化特性，以及所操方言的特性而形成为广府方言居民区，珠玑巷也就成为广府方言居民区的主要源头。

相传，梅岭是根据南迁越人首领梅绢的姓氏命名的。梅岭的另一说法是梅树众多，故称"梅岭"。梅关古道是古代连接中原和岭南的重要陆路交通要道。梅关古道约6尺宽，路面整齐地铺着鹅卵石，古道两旁遍植梅树，每至寒冬，岭上各色梅花相继绽放，吸引众多游客前来踏道赏梅。又因南北气候差异，岭上梅花有"南枝先开，北枝后放"的奇特自然景观。

千百年来，许多名人墨客，如苏东坡、张九龄、陆凯等，都在梅关古道留下过脍炙人口的名言佳句，给这条千年古道添上厚重的文化底蕴。梅关古道是全国保存最完整的千年古驿道，也是全国"四大赏梅地"之一，素有"古代南方丝绸之路"的美誉。2012年9月，梅关古道获批为国家AAAA景区；2013年5月，南粤雄关与梅关古道被列入第七批全国重点文物保护单位。

2. 梅关古道的探索与实践

（1）政府高度重视，集全市之力谋发展。积极响应国家战略，科学规划古驿道。自启动古驿道修复工作以来，为贯彻落实习近平总书记关于文化自信和"让陈列在广阔大地上的遗产活起来""留住历史根脉"等重要讲话精神，响应"一带一路"与广东创建"文化强省"战略的重要举措，南雄市成立了南粤古驿道沿线村史编纂委员会，已完成古驿道沿线16个村村史编纂，并编制了《南粤雄关与古道保护规划》《珠玑古巷·梅关古道景区总体规划》等文件，明确了文物本体、文物保护范围以及保护和利用等方面的要求，为古驿道保护与活化利用提供了科学指导。南雄市政府还着手推进梅关—乌迳古驿道24千米精华段线路的修复工作，并对虎踞桥、下马碑廊等沿途的历史遗存进行修缮，同时全面实施"139"乡镇提升五年行动计划，有序开展古驿道沿线历史文化挖掘及村史编纂、古驿道沿线镇街民房环境整治及外立面改造、古驿道沿线省定贫困村创建社会主义新农村示范村建设等工作。

系统性规划，目标清晰明确。梅关古道在完成基础的修缮后，南雄市政府对梅关古道的未来发展做出了清晰的规划指向：2020年主要任务包括人文名胜修缮、自然资源修复与优化、户外运动、研学科教、旅游体验设施配套、古驿道维护管养等工作。目标明确，科学规划，有步骤地进行梅关古道的活化利用工作。

重视学术力量，与专家沟通谋发展。南雄市各单位如住房和城乡建设局、文广旅体局等十分重视学术力量，邀请规划类、旅游类、文物保护类等专家进行指导。近年来修葺的新驿站既拥有古驿道的优秀基因，其地理环境和自然景观还保留了广阔山地的神韵，其设计和建造得到社会各界的广泛好评。另外，南雄市政府与有关单位积极沟通，进行衔接工作，落实技术指导组提出的意见和建议，推进项目进度，并在专家们的协助下，为历史建筑挂牌，不断加大文物修缮维护与保护利用力度。

南雄市以沿线新农村建设为抓手，统筹财政和社会资金2亿元，大力推进古驿道周边村庄人居环境整治、美丽乡村建设。按照仿古岭南建筑风格，该市采用青灰色及白色墙面、红色漏花式窗户及灰色屋面瓦，实施古驿道沿线镇街民房环境整治及外立面改造工程，目前已完成外立面改造建筑总面积9万平方米，建成污水管网291.44千米，完成生活垃圾整治178处，新建公园2个、广场12个、农业休闲观光道路19.6千米。古驿道沿线新农村示范区内的23个省定贫困村，均已完成农村人居环境综合整治和创建社会主义新农村示范村规划等工作。

（2）注重沿线环境与古驿道的协调性，"微"修缮巩固建设成果。雄公塝村未来将成为梅关景区的主入口，对于游客的观感和体验感有着直接的影响，在专家组的指导下，梅关古道将重点处理好古道两侧建筑立面、环境与古道的协调性，积极引导村民共建共享古驿道。司马第村作为梅关古道精华段沿线的村庄，在其修缮和活化利用中，要注重施工品质，提高设计和建设质量，使之成为梅关古道上一个重要的历史遗存及旅游、服务节点。

（3）"古驿道+"，为古驿道文化发展提供新动能。古驿道+旅游，助力美丽乡村文化建设。南雄市将古驿道的保护利用工作与乡村振兴、文旅融合发展有机结合，取得了显著的成效。梅关古道聪辈村段打造了一个集农业观光种植、旅游和虎踞桥、福安围、古驿道等历史文化为一体的新农文旅田园综合体。梅关古道灵潭村则在省纪委的对口帮扶下，打响了"腐竹之乡"特色农产品品牌、打造了多元化产业链，将红色革命老区村建设为现代化美丽新农村。近期，集结多方力量，携手各方打造的韶关南雄灵潭"寄心小院"民宿也顺利开业。下一步，南雄市将以古驿道建设为契机，进一步将农旅结合产业做大做强，擦亮南粤古驿道金字招牌。

古驿道+研学，打造古驿道自然教育径样板。加强自然教育基地建设，进一步擦亮古驿道品牌。梅岭古驿道自然教育径以"古道寻梅，文化寻根"为宣传口号，由梅岭村始，至大庾岭梅关，全长约1千米。此条自然教育径生动展示了梅关古道禅宗文化、古道文化、红色文化等多元文化知识体系，并在此基础上开设了古道、赏梅、观鸟、植物等四门课程，同时设置综合实景图片、动植物属性知识解说、观鸟铜镜、拓印板、解说二维码等集知识与趣味于一体的新型旅游解说标识牌，使其教育功能与休闲功能都得到了充分的体现。在韶关梅岭古驿道自然教育径上，别开生面的自然教育课同时上演，华师和华农专业团队带着60多名中小学生深入两条古道开展实地教学，给学生们带来了不一样的课堂体验。这是广东省林业局联合广东省自然资源厅在南粤古驿道上首次开展的自然教育古驿道行活动，也是南粤古驿道活化利用的一次新尝试。

课堂上，华南师范大学华南生态文明研究中心主任黄向团队带着当地30名小学生开启了一场"古道寻梅"文化之旅，综合运用五感教学法、流水学习法和体验探究法等教学方法，通过"初识梅之味""古道觅梅踪"和"一路梅花，一路诗"3个小课堂讲述了梅岭古驿道独特的"梅文化"，使学生们深刻感受到了梅之美、梅之韵，领会到梅关古道所蕴含的丰富历史文化内涵。此外，华师团队还与学生们一同参与了寻梅小侦探、辨梅小能手等自然教育小游戏，以此激发学生们探索和学习的热情，为他们了解梅文化、亲近自然埋下兴趣的种子，增强弘扬优秀古驿道文化的使命感和责任感。该课程旨在以古驿道为载体，基于自然教育理念，使孩子们在与自然充分的互动中，形成热爱自然、热爱生命、保护生态环境的意识。华南师范大学华南生态文明研究中心主任黄向表示："南粤古驿道过去是中原跟岭南文化连接的脐带，人和自然也需要连接，自然教育便是一种很好的方式，与大自然的亲密接触会让孩子们对自然形成一种情感上的期待，这是一种巨大的精神能量，对儿童的成长大有裨益。我们希望能有更多的孩子到古驿道上来，充分调动感官和感情，体会古驿道周边的自然环境之美。"梅岭小学四年级的学生杨尧在这次的活动中玩得很尽兴，她说："今天的课堂非常生动有趣，跟我们平时上课都不一样，我本来就很喜欢梅花，在这次课堂上，我学会了从枝条的形态和花瓣的颜色等方面辨别梅花的种类，还了解到苏轼、张九龄等很多名人都曾来过梅关古道，我还会背《梅岭三章》呢。等到冬天梅花开了，我要拉上爸爸妈妈再来这里，把今天学到的知识都讲给他们听，还要告诉身边的人，不能乱扔垃圾、乱砍树木，一定要把这么美的环境给保护好。"

古驿道+节事活动，推动古驿道发展新高潮。通过开展姓氏文化旅游节、梅关古驿道梅花节等活动，有力推动了古驿道沿线村庄的社会经济发展，成为了全省南粤古驿道保护利用工作的示范。如2018年的梅花节活动吸引了1500余名社会各界爱心人士和户外运动爱好者参加。"游走田园诗画，穿越历史长河"，尽情领略古驿道沿线村庄的田园风光、欣赏梅关古道上凌寒怒放的香梅，真切感受这条千年古道上的美丽风光。总的来看，南雄市以梅花节为契机，进一步广泛宣传和有效提升旅游城市形象，推进南粤古驿道精华段的活化利用和全域旅游示范区的创建工作。

（4）以道兴村，促乡村振兴发展。梅关是横跨赣粤两省的天然屏障，这里山势险峻，峰峦叠嶂，为历代兵家必争之地。唐开元四年（716年），张九龄命人用两年的时间扩展古道，自此，梅关古驿道成为岭南与中原沟通的重要交通要道。千年来，依托古道的繁华与没落，沿线村庄也随之起落。梅关古驿道脚下的雄公嵊村过去是依古道而建、依古道而兴的一个村子。根据村里老人的回忆，曾经这个古道两旁都是商铺，古道上来往的商旅也特别多，后来随着古道不再成为交通要道之后，这个村子也逐步没落下来，但是从2017年伴随着古驿道修复和利用工作的开展，这个村子又焕发了新的生机，现在村庄的整体面貌都得到一个非常大的提升，穿村而过的古驿道本体修复工作也在逐步开展，现在村子里面人们的生活也发生了新的变化。

田姐是从江西嫁入南雄的，她说，刚来到村里时，村道两边早已没有了热闹的商铺，他们也只能前往村子后面的矿山烧石灰。但是，近年来村子又开始热闹了起来，许多原来外出务工的村民也纷纷选择回乡开农家乐、办民宿。时间的行进中，梅岭村人经历了从经商到烧石灰，再到今天再经商的职业转变历程。以道兴村，促乡村振兴发展。近年来南雄市通过古驿道+乡村振兴+脱贫攻坚的发展模式，在古道沿线的村落间上演了一场又一场的"蝶变故事"，曾经破落的村庄摇身一变成为旅游村，村民也依托村庄的变化实现增收致富、脱贫奔小康。

3. 梅关古道的发展启示与借鉴

（1）聚齐资源要素，焕发古驿道灵气。遗产保护是人类可持续发展的重要组成部分。作为南粤古驿道重要的组成部分之一，梅关古道已经集聚了体育、农业、文化、旅游、生态等不同产业发展的资源要素，成为广东乡村振兴的一股强劲动力。

梅关古道的活化利用过程中，加大对古道资源的保护和科学利用力度，杜绝粗放式开发资源，进行针对性较强的全民性保护。另外，以政府主导，制定《古驿道保护条例》等相关制度，明确保护责任与权益，实行保护问责制，用法治武器给古驿道保护撑腰。举办梅岭文化节等活动，营造保护古驿道的良好氛围，不断加强古驿道文化遗产宣传力度，着力提高古驿道文化遗产的知名度和美誉度，是南粤古驿道活化利用的成功典范之一。

（2）践行乡村振兴战略，加快推进古驿道周边乡村发展。梅关古道是推动乡村振兴的实践载体，也是践行乡村振兴战略的重要抓手。

产业兴旺方面。梅关古道的发展带动了南雄第三产业的蓬勃发展。打造南雄文旅融合特色产业，优化产业结构，推动南雄文化经济崛起，带动了南雄第三产业的快速发展。

生态宜居方面。活化沿道文史资源优势，强化生态文明建设与环境保护，重构发展文化新格局。梅关古道的修缮进一步改善了沿线村落的乡村生活环境，有效地保护了南雄的生态环境。一方面，梅关古道的修缮结合了古道修缮保护、村落环境治理、休闲文化体育建设、美丽乡村建设等工作，改善了环境，道路、水电等基础配套设施得到完善，城乡居民的生活环境得到改善。另一方面，优质的生态资源和文化资源本身就是梅关古道魅力的重要组成部分，发展梅关古道提升了村（居）民保护古驿道文化和生态环境的意识，加强了政府、企业等的保护力度，从而使古驿道文化资源和生态资源得到更好保护。

乡风文明方面。南雄市加强文物保护知识普及，提高人们文物保护意识，对古驿道资源进行地毯式摸底普查，深入挖掘文物价值，做到物尽其用，为有的放矢活化古驿道提供原生态资源背景。每年都有成千上万的游客前往梅关古道体验，热情好客、乡风文明是吸引回头客与创造良好口碑的重要因素，梅关古道的发展整体带动了周边村落乡风文明建设的进程。

治理有效方面。梅关古道的顺利发展离不开南雄各个乡镇村干部们的大力支持与积极治理。以梅岭村为例，古驿道修复开始以来，村民在村委会的指导下有序地开农家乐、民宿等，在村委会的带动下，梅岭村的民宿从无到有，已升至18家，今后会越来越好。

生活富裕方面。梅关古道的发展是促进农民增收的重要渠道。梅关古道最为明显的成效在于带动了草根创业，解决家门口就业问题，促进农民增收致富。

（3）以古驿道文化为纽带，夯实了乡村振兴的发展基础。梅关古道的活化利用是惠及千家万户的民生项目，是实现南雄"农民收入倍增计划"的重要抓手，是落实乡村振兴的有效载体。梅关古道以古驿道为文化纽带，实现灵活的精准文化扶贫。通过强化古驿道保护理念，针对性、全民性开展自然、文化等资源的保护调研规划，为整理古驿道沿线的生态资源做良好的信息铺垫。以古驿道为支撑，整合诸多资源优势，挖掘独特产业要素，提升古驿道文化品位，推动文化与经济产业共进。以古驿道文化为核心，以美食、乡村为卖点，以农产品等关联产业作为盈利点，结合文创产业做出特色，培育成乡村旅游新的经济增长点，成为我国"乡村旅游+精准扶贫"的经典案例。

（4）点线面齐发力，推动全域旅游发展。梅关古道是迎接文化旅游融合时代、促进全域旅游发展的产物，是满足大众化旅游消费需求的全新载体，更是推动南雄全域旅游发展的强力支撑。梅关古道强化文化路线的保护理念，构筑综合公共服务体系，挖掘古驿道综合文化内涵，完善配套设施，以全域旅游视野科学规划，构建古驿道精品游线，开展古道商业文化体验，全方位振兴古驿道特色旅游经济。

（二）古村落活化利用——广州从化钱岗古驿道

1. 发展概况

据《明代驿站考》记载，由广州府至从化境内有一条过境的古驿道，经涩湖驿（今广东广州市东北福如）、李石岐驿（今广东从化区境内）通往清远县境内官庄驿庄（今广东清远市东高桥）、横石矶水马驿（今广东清远市东北旧横石），是当时主要的交通道路。《从化县志》（清康熙）、《广州府志》（清光绪）记载，元明之际，从化地处广州以北，西接清远，东达龙门、增城，具备出色的商贸条件。钱岗古道是陆上驿道的一条支线，是清代广州府与从化县之间传递公文的一条驿道，也是北江古驿道中"南雄—广州"古驿道的组成部分，在较长的历史时期内作为邮驿、交通、商贸的重要载体，在岭南历史文化发展过程中起着重要的作用。钱岗古驿道穿山绕河，沿途风光秀丽，三面环山、一水（沙溪）蜿蜒，古道沿线人文景点众多，分布有古村落、古建筑、古遗址等众多历史文化资源，涵盖古村、古墟、古祠等历史元素，具有深厚的历史文化积淀。

典型古村落有凤院村、松柏堂村、木棉村、钱岗古村、大墩村、钟楼村、大江埔古村落、殷家庄古村落、宣星古村落、溪头古村等。始建于宋代的钱岗古村别具韵味。800多年来，钱岗古村落变化不大，至今还保留着宋明遗风的建筑，保持了古而不拙、稳而不踞的古朴风貌。古村周围环境幽美，东、南、西三面有池塘，池塘附近种有多种果树，其中的荔枝有糯米糍等上品。荔枝成熟时节，树上"飞焰欲横飞"，环境相当优美。

从化区钱岗古驿道是广州市周边最近的、最有历史文化内涵的古驿道，是户外运动的绝佳场所。其交通可达性好，人文基础好，周边旅游资源丰富，古驿道示范段建设及活化利用前景良好，并于2017年被列为广东重点打造的8个古驿道示范段之一。从化区可将钱岗古道的开发利用工作与沿线扶贫工作的开展结合起来，在古驿道旅游中结合特色农产品及乡村旅游体验等，开发周边古村落的风景资源和接待能力，发展周边地区经济，做好钱岗古道重要节点的活化利用，不断挖掘驿道背后的历史文化，将驿道、驿站的文化历史重新发掘，把大城市的人气、资金、技术带回历史原点，凸显古驿道开发利用的价值，发扬岭南文化。未来的钱岗古驿道，将成为集古村文化、山水养生和运动休闲的示范保护区和旅游观光胜地。

2. 钱岗古道的探索与实践

（1）编制规划，强化保护工作。2016年以来，从化大力推进古村落和古驿道保护与开发工作，强化古村及村内文物单位修缮和保护。为实现古驿道文化的保护与活化开发，从化区编制了《从化区古驿道文化线路保护与利用专项规划》《从化区太平镇钱岗古驿道示范段详细规划》等规划文件。这些规划是基于贯彻落实习近平总书记提出的"让陈列在广阔大地上的遗产活起来"的背景提出，为拥有丰富古驿道资源的从化带来发展机遇，对挖掘从化区古驿道文化内涵，发展文体、旅游产业，带动沿线经济发展具有重要的示范意义。规划中提出，以"陆氏一族的家国情怀"为主题，以丰富的历史人文资源为依托，融旅游发展、文化展示、生态保护于一体，将钱岗古道示范段打造为古村文化画卷、山水休闲绿谷、户外运动长廊。规划在现有遗存和历史考证基础上，将文阁墟、钱岗古村、红石古村、沙溪水库、三坑口、上下清幽等人文、自然阶段进行串联。路径载体纳入古驿道遗存，并充分利用现有的乡村小道（机耕道、巷道、步道），以便营造具有地方文化特色的步行体验。全线设置驿站2处，驿亭3处，结合古村、古墟市设置服务点作为补充，并结合驿站设置2处交通转换点，配置停车场、巴士站和慢行转换设施等交通设施。与沿线各村庄发展规划衔接融合，以古驿道相关项目建设为契机，带动古村、古建筑活化利用，形成古村漫步、田园悠游、环湖休闲和徒步远足四大主题段落。以古驿道沿线节点空间为载体，组织徒步、露营、摄影、展览等多种文体活动，丰富古驿道活动内容和旅游体验，集聚人气，提升钱岗古道的吸引力和影响力。钱岗驿站节点以"诗书开越，忠孝传家"为设计主题，结合传统建筑活化利用完善驿站服务设施配套，结合原真性空间植入地方文化内涵，呈现钱岗古村悠久的历史底蕴和积淀，讲述从化好故事。沙溪水库驿站节点强调整体布置的可变性，为承办各项活动预留空间。三坑口驿亭节点再现三坑口"三溪交汇，问路古道"历史场景，形成古驿道环线，提升了古道周边景观，极大改善了古村人居环境。文阁墟节点以"墟"为主题，打造集文创、民宿和文化展示等功能于一体的创意市集，营造富有活力和生活气息的公共空间。红石古村节点旨在通过古祠修复利用和场地环境整治，感受古村魅力，体验农家生活，呈现红色文化。

（2）大力打造民俗文化等旅游产品。近年来，从化结合当地古村落文化及特色民俗文化，全面提升古村落文化旅游产品。塑造从化人文特色，打造岭南文化展示区。充分利用北回归线地理优势，探索北回归线文化与从化产业资源整合路径。不断深入挖掘岭南特色文化资源，推动文化与旅游深度融合，打造集生态休闲旅游、岭南民俗文化于一体的文化展示带，塑造从化文化新名片。

从化有着丰富的民俗文化，如掷彩门、麒麟舞、上灯等，丰富的民俗文化为从化古村落活化利用提供了资源。"发源"于温泉镇龙桥村草塘社的水族舞，是广州市级非物质文化遗产项目。草塘社因多处地方辟有水塘，周围长满丰美的水草，草塘社的地貌又恰似一条鲤鱼状，在清朝乾隆年间，当地村民就有表演以鱼、虾、蟹为主体的水族舞队伍，逐渐形成了这一旨在祈求风调雨顺，五谷丰登的习俗。而水族舞又被当地人称为"鲤鱼舞"。立足于流溪河沿岸的生态景观、温泉旅游、方志馆、古村落、古建筑、古遗址等资源，推进掷彩门上灯水族舞等多种艺术、风俗非物质文化遗产保护传承，规划建设方志馆，将地方志信息资源纳入岭南文化大数据中心。凸显传统特色和历史文化底蕴，加大历史文化资源保护和文化传承力度，开展从化区自然村落历史人文普查工作，实施文化名镇名村保护、建设工程，按照"修旧如旧、建新如故"的要求，结合美丽乡村建设，大力保护钟楼村、钱岗村、凤院村、广裕祠等历史文化古村落。

各镇街普遍注重结合本土文化特色，利用现有基础与资源开展文化品牌活动。比如：有注重全民参与的吕田美食节，有以青少年为对象开展的鳌头镇西塘童话小镇稻草节，有以"一村一品"为主打的良口镇杨梅节、番薯节，有以艺术普及为重点的街口小红豆粤剧工作室，有以重要节庆民俗文化为核心的江埔掷彩门等。调研显示，目前从化区每个镇街平均拥有一个群众文化品牌活动。

举办文创作品设计大赛及展览，结合从化目前正在大力发掘古驿道、古村落、莲麻小镇等主题，利用高校专业人才资源，搭建一个交流平台，共同探索传统文化商业开发新模式，探讨如何开发、活化、推广文创产品，并运用于研发及生活美学之中，进行跨界文化、创意、产业经营，大力发展具有岭南特色的、绿色生态的文创产品；用当地的特色资源融合最新的国际理念打造接地气的特色文创产品；通过创新宣传、推介手段，提升旅游用户黏度；传承中华优秀传统文化，实现文化产品社会效益与经济效益的双赢。通过使用文化创意产品，更深刻地了解从化人文历史，从而达到传承从化文化的目的。

（3）串联周边资源，促进乡村产业发展。从化区以古驿道为线，整合串联驿道周边村落资源，坚持保护和活化利用南粤古驿道及其沿线的古村落、古民居、古建筑、古渡口等历史文化遗存，并以之为线大力整合沿途区域的特色水果、特色美食、特色民俗和旅游景点资源。

承接、创办体育赛事活动，实现文化和体育相互促进，拉动经济增长。从化区凭借优越的户外运动条件及良好的体育文化氛围，依托山地户外资源，促进户外拓展、徒步登山、水上运动等体育旅游发展，积极举办高端体育赛事活动，大力发展竞技体育与大众体育。健全全民健身体育设施网络，极大地促进了从化体育事业、体育产业的快速发展和长足进步。徒步、溯溪、露营、漂流等休闲运动不断发展，吸引了来自珠三角乃至全国各地户外运动爱好者来从化体验，形成了以流溪绿道和登山步道为代表的运动康体游等户外休闲产品。近年来，已成功举办了全国登山健身大会、广州露营大会及南粤古驿道大赛等活动，推动了从化体育、文化与旅游产业的融合发展，形成了"文化为魂、旅游为体、体育为用"的深度融合模式，这也成为从化创建省级全域旅游示范区的新引擎，为加快文体旅游产业结构调整和转型升级提供有力支撑。在体育人才培养与设施建设上，从化一直不遗余力。长期以来，从化坚持向世界青少年锦标赛、亚洲青少年锦标赛、世界赛艇锦标赛、全国垒球冠军赛、全国青年垒球赛、广东省运动会等多个赛事输送运动员并凭借深厚的基础，收获累累硕果而享誉在外。

融合发展，打造旅游新业态。推动以温泉浪漫小镇、西和万花风情小镇为核心，辐射全区的浪漫产业，着力建设粤港澳大湾区首席浪漫目的地。在山清水秀、地域广阔的生态功能区重点布局以绿色发展理念为引领的乡村特色民宿产业，形成多家具有特色主题的精品民宿。依托历史文化资源、非遗传承、古村落、古建筑、古驿道等，大力发展文化创意、研学旅游、亲子旅游，打造文化旅游新业态。国医小镇依托南药森林公园，以中西药文化为核心，建设岭南特色、中医药文化旅游综合体项目。

以产业为导向，促进从化区户外运动可持续发展。借鉴国内有关体育产业发达地区经验，从化区通过举办社会影响力强的精品户外赛事活动，逐步促进各类户外协会组织的成立，并大力引进户外体育产业基地、公司落户从化。近年来从化区逐步落户了318房车露营基地、喜乐登青少年素质拓展基地、2016运动小镇、胜象竹海拓展基地、耕山小寨亲子拓展基地等一大批户外体育产业基地、公司相继进驻，促进从化区户外运动可持续发展。通过吸引市民游客和户外运动爱好者聚集人气，形成产业发展基础，激发沿线农家乐、乡村观光、农村民宿等旅游新业态的活力，实现产业驱动，小镇发展。

3. 钱岗古道的发展启示与借鉴

（1）保护与开发并行，以发展促保护，以保护促发展。在古驿道遗产保护利用的实践当中，从化践行了"以发展促保护，以保护促发展"的理念，形成"保护、整治、开发"的良性循环，进而有效带动乡村特色产业的发展，创造性地走出一条乡村可持续发展道路。在当地的实践过程中，从化结合传统建筑活化利用完善驿站服务设施配套，结合"原真性"空间植入地方文化内涵，呈现钱岗古村悠久的历史底蕴和积淀，再现历史场景，形成古驿道环线，提升了古道周边景观，极大改善了古村人居环境，体现了尊重原真性原则和以人为本的原则。古村落的保护也与旅游规划与开发、乡村振兴形成了良性互动。

（2）政府引领，多元主体参与。"南粤古驿道"是广东地方人文的彰显，是岭南文化的重要组成部分。从化古驿道沿线古村落活化利用很好地展示了"政府为主导、多元主体参与"的良好模式，值得参考借鉴。在文旅产品开发中，从化政府立足于良好的生态和自然环境优势，围绕推进粤港澳大湾区建设，深化粤港交流合作，充分利用各地的自然禀赋和人文优势，坚持政府主导、市场运作、企业参与，推出一批具有融合特色的活动载体，塑造从化地区特色、广州城市魅力、辐射粤港澳大湾区乃至全国的有重要影响的文旅体融合品牌。如连续举办"驿道艺道"亲子写生活动及举办"艺道游学·中国南粤古驿道少儿绘画大赛"等赛事及活动。写生活动以从化太平古驿道为主题元素，突出古驿道小镇的驿道文化、风土人情、建筑特色等，在导师的指导下现场写生。"艺道游学·中国南粤古驿道少儿绘画大赛"是由广东省住房和城乡建设厅、广东省教育厅、广东省文化厅、广东省体育局、广东省旅游局主办，在艺术学习先行的基础上，该大赛将艺术、文化、教育、旅游相结合，选取引导在游学途中对标志性建筑或景点进行即兴写生的方式，让广大学生和家长感受到南粤古驿道文化生动精彩、独具创造性的一面。大赛发掘了更多古驿道相关的传统建筑、非遗文化、红色文化、爱国主义、特色民俗民风、自然资源等主要教育方向的深层内容，发现传播更多艺道游学中共享古今的亲子乐事。参加活动的人员和"艺道游学"的特聘导师进行交流分享，与艺术家进行现场互动。

在活动赛事上，从化大部分大型户外活动均采取"政府+社会"多元主体办赛模式，形成"政府主导、部门协同、社会参与"三位一体的运行机构。各项赛事组委会基本由"一办六组"组成，全区近30个职能部门、镇（街、园区）参与活动筹备保障，40多家协会、高校、企业等相关机构以各种方式参加了各项工作。经费上除了上级及本级财政补助外，还得到了社会上众多企业的鼎力赞助与支持，社会办赛成果初见成效，社会办赛模式初步成型。多方宣传，丰富办赛形式。政府联合全国和地方媒体做好赛事宣传，带动群众投入户外运动。同时，通过特邀广州广播电视台拍摄广州《从化山地马拉松赛》电视宣传片，简称《从化山马》。举办全国摄影大赛等文化配套赛事，扩大宣传范围。此后，从化在国家体育总局运动管理中心、中国登山协会的支持帮助下，持续发挥"世界珍稀温泉"和广州赛马场的世界级品牌优势。

除此以外，政府积极推动古驿道的内核建设。在政府的主导下，从化区举办了20多场古驿道活动，创作了钱岗古驿道主题曲、小品、画册、微信表情包等文化作品，与广州书院联合创作《驿传文化·道载千秋》，其中，"水上驿道卷"15幅已创作完成；编辑出版《从化掌故》，从沿革与地理、胜迹胜景、人物、风物、红星闪耀、从化战事、传奇故事、民俗文化等8个方面，集中整理出古驿道上200多个小故事，并创建了"两微一网（微信、微博、网站）"宣传平台，全方位对外展示古驿道风采。

（3）以古驿道运动赛事为牵头，助力乡村振兴。大力发展体育产业，促进体育消费，是从化着力构建高端高质高新现代产业新体系、加快产业转型升级的迫切需要，是宣传和传播城市文化、进一步彰显和提升城市形象的重要举措，是提高市民身体素质和健康水平、培育积极健康生活方式、促进社会和谐的必然要求。从化以此为契机，大力实施全民健身国家战略，充分发挥市场在资源配置中的决定性作用，更好地发挥政府引导作用，积极扩大体育产品供给，着力提高体育服务水平，推动体育产业成为经济转型升级的重要力量。在与国家体育总局登山运动管理中心、中国登山协会签订的"全国登山户外产业示范区"的发展框架下，从化区积极加强与国家、省、市体育部门以及中国登山协会的沟通联系，加强与专业户外运动机构的交流合作，把眼光瞄准体育竞赛表演业和服务业、体育用品制造、体育策划等类型的企业，引进更多类似活动进驻从化，甚至永久落户从化，形成品牌效应；不断巩固登山户外产业发展基础，达到集群集聚的效果，培育全民热爱户外体育运动的良好氛围，为建设全国户外运动产业示范地添砖加瓦。凭借优越的区位优势、资源优势与户外运动发展的基础优势，从化广泛开展户外运动，以开展全民健身运动为突破口，结合马术产业，融合体育旅游，打造旅游新名片。开发与休闲相结合的山林运动、户外拓展、登山攀岩、水上运动、动力滑翔伞、户外钓鱼等大众性健身旅游项目，不断满足人民群众日益增长的体育需求。

打好"古驿道""古村落"牌。充分挖掘当地区域的文化旅游资源，走融合发展道路，引领全民健身运动新方向。从2016年开始，为响应广东省委、省政府提出对"古驿道""古村落"文化资源活化利用的号召，从化区结合本地丰富的古驿道、古村落文化资源，打造精品赛事活动，以系列主题活动和户外赛事为抓手，将体育项目与古村落传统文化相结合，全力打造好国际性的"山地马拉松"、全国性的"群众登山""露营""南粤古驿道大赛"和"广清穿越"五大品牌赛事活动，全面提升从化办赛综合水平与能力，有效实现了"古驿道+文化""古驿道+旅游""古驿道+体育"的交叉融合，让更多群众发现和了解钱岗村这样富有历史文化底蕴的古村落、古驿道，吸引更多文化爱好者、体育爱好者前来游玩。与此同时，赋予这项体育项目重视传统文化传承、保护传统古建筑、创新传统文化的深层涵义，形成"古村为点、驿道为线、整体盘活"的产业发展格局，形成广州北回归线文旅品牌——"古驿道+"系列活动，实现文化资源的创造性转换和创新性发展，为铸就中华文化新辉煌的广东实践奉献从化力量。

（4）充分发挥古驿道+研学的互补效应，助力美丽乡村建设。"古驿道"与"研学游"之间存在着一定的互补效应。古驿道作为一种待开发的静态自然、经济、文化资源，其构成要素主要包括：板石路面、凉亭、古桥、古堡、古寨、古碑刻、古路引、古民居、古书院等各类遗存。而研学游更多的是一种动态的人流活动，在表现形式上是一种融野外旅行、探索研究、体验式学习为一体的综合社会实践。很明显，前者为后者提供了寻游、挖掘学习的文化目标载体，而后者为前者找到了体现和提升实用价值的人群客体。通过二者的合璧联动，丰富的古文化综合体可以转化为民众的良好精神滋养。

古驿道与研学游可以在美丽乡村建设中合力发挥引擎作用。党的十九大报告提出要统筹推进生态文明建设，美丽乡村建设正在成为美丽中国规划建设中的重要环节。广州自古位于驿道交通的枢纽之地，商旅往来不绝于途，交通、经济与文化融合发展的方式源远流长，不仅沉积了丰厚的历史文化资源，而且自改革开放以来，大大改善旅游线路、绿道建设，使得古驿道沿线的乡村旅游、户外体育运动赛事日益产业化、规模化，文旅结合在乡村建设方面的成效日渐凸显。目前，研学特色旅游活动兴起，其所牵涉的青少年群体庞大，研学游地理区域尤其适合古驿道沿线的乡村，为古驿道与研学游提供了合作发力、引擎带动的良好契机。古驿道与研学游的融合发展有助于精准扶贫的推进。广州作为国家中心城市，乡村振兴建设的重要任务即走出一条大都市型的精准扶贫之路。"文化+旅游"的方式对于精准扶贫有其特定的意义，研学游尤其带来了新的学生群体，以及写生、作画、新科技微拍、制作以及创客创意文化体验等，为乡村脱贫提供了新的可尝试的方式。

（三）罗浮山古道

1. 发展概况

惠州罗浮山古道为山地型古道，纵横交错，位于罗浮山风景名胜区内，是东晋医药学家葛洪中医药文化兴盛发展之路。罗浮山古道串联冲墟观、酥醪观、拨云寺、鹰嘴岩、飞云顶等葛洪上下山采药行医的踪迹节点，是一条聚集了中医药文化、道教文化和山水文化的古驿道。在这里，可跨越千年聆听"葛洪与屠呦呦"的对话。罗浮山古道全长约21.25千米，2018年年底划分为竹海拨云段、野趣寻峰段、朱明洞景区段、门户景观与特色村落段，分段进行开发活化。

岭南四大名山之首的惠州罗浮山是国家级风景名胜区和国家AAAAA级旅游景区。罗浮山还是中国道教十大名山之一，自秦汉以来就号称仙山，自古有"岭南第一山""百粤群山之祖"的美誉，被汉代史学家司马迁称为"粤岳"。罗浮山以其"仙山、仙水、仙草、仙境、仙人"吸引了古今众多文人雅士帝皇将相神仙方士慕名游览。罗浮山因东晋葛洪奠定其地位，近年更因药学家屠呦呦获得2015年诺贝尔奖生理学或医学奖而扬名于世，因为葛洪所著的《肘后备急方》启发了屠呦呦发现青蒿素和双氢青蒿素。

2018年，罗浮山古道被纳入南粤古驿道重点保护修复线路，总长度18.86千米，本体遗存长约9.22千米，沿线有古桥、码头、碑刻等遗址2处，自然资源节点9处，特色村（古村、美丽乡村、传统村落等）2个。目前，罗浮山游客服务中心至罗浮山入口段3.63千米已增加标识，并进行了局部道路划线；罗浮山入口至燕子岩段6.01千米的登山道维持道路现状，已进行标识完善；燕子岩至飞云顶段2.29千米完成局部破损路面修复，并统一了标识系统；飞云顶至拨云寺段1.56千米已铺设石材、完善路面，增加休息设施及标识；拨云寺至酥醪观段5.37千米已铺砌了石材路面，增加了休息设施及标识。

2. 罗浮山古道的探索与实践

（1）按《2018年南粤古驿道重点线路选取与保护利用工作计划》指导，科学规划古驿道线路。梳理重要节点，分级科学保护。按照该计划，惠州市住房和城乡规划建设局将会同博罗县、惠东县政府，全面深入踏勘拨云寺、南楼寺、黄龙观、中洞红色遗址等古驿道重点线路本体，根据现状保存情况进行分段详细评价。在黄龙观古道等已有历史遗存基础上，将进一步挖掘评估其他古驿道沿线遗存，包括古驿铺、古驿亭、古关隘、指路石、古碑刻等，确定古驿道遗存的等级，并制定各级别的保护措施和要求。

完善古驿道基础配套设施建设，凸显罗浮山特色。做好驿站、休息点、餐饮服务点、卫生间等配套基础设施，要完善标识系统，开展地质灾害危险性评估和调查，建立户外运动安全急救系统，加强通信网络建设。

利用原有古驿站，在古驿道沿线建设驿站系统。惠州市主要在古驿道沿线建设驿站系统，最大的亮点就是利用原有古驿站进行整治恢复，这些古驿站将根据"修旧如故"的原则，结合历史遗迹、历史功能等进行升级改造。当地还将结合酥醪村、澜石村、埔筏村、松树岗村等省级新农村，建设综合驿站服务区，统一基本建设标准。而现有的绿道驿站将进行升级，突出历史氛围或地域性特色，并增加相应的餐饮、小型商业设施等。

整合补充连接线，强化与周边的互动。惠州还将重点修建罗浮山入口广场—飞云顶—游客服务中心、中洞革命纪念广场—高潭客运站等古驿道连接线，强化与人文及自然资源的连接；在周边已有的绿道体系基础上进行提升改造，设置连接线专用标志。整合补充连接区域交通及公共交通系统的古驿道连接线，强化古驿道与沿线城镇、村庄的连接。

（2）基层政府主动出击，古驿道活化利用工作效率显著提升。编制古驿道保护与利用专项规划，科学规划保护工作。惠州市政府编制了《惠州市古驿道线路保护与利用规划（2018—2025）》，该规划将南粤古驿道定位于展现惠州历史发展缩影和多元文化脉络的文化复兴之路；推动惠州培育乡村发展新动能的乡村振兴之路；促进惠州全域旅游发展的城乡融合发展之路。至2020年底，突出重点区域，完成市级古驿道重点线路及重点发展区域建设；沿线文化、体育、服务、标识等设施逐步配套完善；古驿道综合功能和社会效益日益显现；至2025年，塑造文化品牌，完成全市古驿道线路建设；古驿道线路、发展节点、特色镇村互联互通；不断完善和提升线路设施水平；形成多功能、网络化的古驿道线路系统；实现遗产保护、健康休闲和村镇发展和谐共赢的局面。惠州市古驿道包括广惠古驿道、潮惠古驿道、东江古驿道3条主线以及龙门古驿道、罗浮山古道、莞惠古驿道、高梁横古道、惠阳古驿道、海防古道、淡水河古驿道（水道）、西枝江古驿道（水道）等8条支线，全长约1010.61千米，将选取10处具有代表性的特色线路作为重点发展段。"依据《南粤古驿道保护与修复指引》，结合惠州市古驿道本体遗存情况，我市将对山地型驿道、平原型驿道、滨水型驿道、村镇型驿道、古水道划定古驿道保护区划和附属设施保护区划，构建生态环境控制、建筑风貌控制、公共空间控制三方面的保护体系。"惠州市住建局相关负责人介绍，同时，根据古驿道现状保存情况划分为保存较为完好、轻度残损、严重破损、消失的古驿道，实施分类保护措施。

在古驿道线路总体布局的基础上，结合古驿道遗存情况、线路文化故事、旅游兴奋点、特色村镇等因素，选取10处具有代表性的特色线路作为重点发展段。其中，罗浮山古道，属于罗浮山古道支线。位于博罗县罗浮山风景名胜区内，是葛洪中医药文化兴盛发展之路。全长约21.25千米，规划建议线路划分为竹海拨云段、野趣寻峰段、朱明洞景区段、门户景观与特色村落段进行开发利用。

制定联席工作会议制度，完成科学部署。自南粤古驿道保护利用工作一开始，博罗县就制定了罗浮山南粤古道联席工作会议制度，完成了可研报告的编制和项目立项，采用EPC模式开展了勘察设计监理施工公开招标工作，对开标、开工建设以及精品段的修复利用工作的时间作出了高效科学的部署。

管委会高度重视，高效完成主要修复工作。管委会高度重视罗浮山古道保护修复工作，主体保护修复工作已于2019年9月30日完成，具体包括：一是路面修复全部完成，服务中心到入口广场局部划线3630米，君子峰至飞云顶修复约100米，飞云顶至拨云寺修复约900米，拨云寺至酥醪观修复约4000米；二是配套设施全部完成，在沿线设置了休息亭4个、垃圾桶30个、休息平台10个；三是标识指引牌全部完成，包括导向标识牌50个、解说标牌18个、禁止警示标识牌15个、道旗100个、新加Logo20个、酥醪观Logo墙4个；四是重要历史遗存完成加固，对古道沿线历史遗存的两座古桥进行了桥基加固、修复。

落实专家意见，合理推进活化利用工作。罗浮山古道历史文化底蕴深厚，自然风光秀丽，是南粤古驿道葛洪中医药之道、健康之道；罗浮山是成熟的风景名胜区，设施基础好，在古道的维护和修缮方面也积累了丰富的经验。专家王世福表示，罗浮山古道要加大对历史文化、中医药文化的挖掘，突出特色，罗浮山风景名胜区在宣传推广上，要突出叠加古驿道的文化因素。对此，罗浮山活化利用督导组落实专家意见，做出工作要求：一是不要坐等招标，要立即行动起来摸查出古道沿线树种、中草药材等信息，收集、考证相关节点的历史文化故事，如陈济棠避暑别墅、葛洪炼丹、飞云顶名字由来、典故等，按照古驿道标识系统设置要求，优化现有景区标识，做好罗浮山古道标识设计。二是坚持部门联动，加大罗浮山古道的宣传力度，县政府要统筹好古道历史文化挖掘、宣传等工作，如许多大学生毕业游，都会选择到罗浮山，可考虑组织"罗浮山古道最美毕业照"等活动。三是重视罗浮山，尤其是"飞云顶"景点，是粤港澳大湾区最佳俯瞰点，要加强宣传，吸引游客登顶观赏。可组织专业摄影师在飞云顶拍摄俯瞰大湾区的照片，放置在高速服务区、景区游客服务中心、景区停车场等地。四是古道修缮要坚持对自然环境的最低影响，以修补为主，就地取材，按标准和规范适当增加休息点、洗手间，以保持古道畅通、安全和自然风光为主。

（3）彰显古驿道文化之魂，讲好罗浮山古道故事。"满山皆奇石，峰峰有灵境"，坐落于广东省东南部的博罗县，拥有大大小小的山峰432座。这里四季如春，气候温和，不仅拥有得天独厚的闲适山水，还有深厚的客家文化和南粤文化在此交融、积淀，是叹享绿意、归隐心灵的好去处。博罗县最为著名的当属罗浮山，罗浮山素有"岭南第一山"之美称，这里拥有四百多座山峰，九百多道瀑布，再加上道教、佛教和儒学文化的渲染，每一丝空气都散发着清净的气息。不管是在"人间仙境"感受飘浮的超凡脱俗，还是在冲虚古观谛听道教传说，又或是在洗药池撷取中草药的灵气，都会给人带来清新而深远的文化享受。

罗浮山古道是广东南粤古驿道重点路线之一。罗浮山古道全长约19千米，连接着罗浮山上的古碑刻、古道观、古寺庙，每走一步都能感受到罗浮山深厚的历史文化底蕴。文化是古驿道的灵魂，罗浮山古道最重要的文化就是葛洪中医药文化。对此，惠州市做出以下部署：一是进一步收集文化史料，尤其是葛洪中医药文化，树立解说类标示牌，讲好罗浮山古道的故事，进一步提升罗浮山古道的品牌内涵。二是多挖掘拨云寺、酥醪观的故事，形成"酥醪观—白水门瀑布—拨云寺—飞云顶"的特色文化观景路线。三是罗浮山古道沿线植物资源丰富、种类繁多，注重对沿线具有综合价值植物的展示，悬挂植物标识，打造可读、可学、可研的植物科普之路。四是古驿道修复工作以修补为主，就地取材，在保持古道原有属性的基础上，按标准和规范适当增配休息点、洗手间等设施，以保持古道安全畅通。

（4）充分发挥"古驿道+"的作用，助力乡村振兴。古驿道+荔枝，助力乡村振兴。惠州罗浮山古道在2018年被列入省重点路线之一。而位于罗浮山下的博罗县一带，有着悠久的荔枝种植历史。走进罗浮山下的荔枝园，你可以看见漫山遍野的荔枝林郁郁葱葱，一簇簇嫩绿的荔枝果挂满了枝头。而最先成熟的品种"妃子笑"，果壳已经淡淡泛红，目前已经开始上市。一些果农赶着将新鲜采摘的荔枝挑拣包装好，发往全国各地。还有不少游客慕名前来采购，品尝第一批成熟的罗浮山荔枝。"妃子笑"别名"落塘蒲""玉荷包"，晚唐诗人杜牧有诗："一骑红尘妃子笑，无人知是荔枝来"，"妃子笑"这个品种因此得名。该品种果大、肉厚、色美、核小、味甜，品质风味优良，一般集中在6月上旬上市。目前，博罗全县荔枝种植面积11.85万亩，主要分布在龙华、泰美、公庄、柏塘等镇，产量较高。

惠州市将罗浮古道建设与荔枝文化和振兴埔筏村、酥醪村、澜石村等乡村工作结合起来，承载东晋医药学家葛洪采药济世并开创岭南道教的深厚文化，以罗浮古道为依托，为罗浮山整体保护开发，彰显罗浮山品牌文化，发挥示范作用。

"古驿道+体育"，打造最美乡村古驿道千人徒步活动。罗浮山古驿道千人徒步活动汇集了上千名徒步爱好者。溪水、山风、树林，尤其是古道给游人们留下了深刻的印象。罗浮山本就是著名的康养之地，加上古驿道的文化底蕴，为徒步旅游体验增添了不少乐趣。

"古驿道+绘画大赛"，创新活化利用形式。由省住建厅联合省文化厅、省体育局、省旅游局共同主办的"艺道游学·中国南粤古驿道少儿绘画大赛"总决赛在博罗县龙华镇旭日古村落正式拉开帷幕。总决赛开幕式举行了龙华大鼓、《幸福放飞梦想》舞蹈、武术太极拳等表演，总决赛也在授牌揭幕仪式后正式开始。此次大赛入场游客总计7000多人次，参赛小选手约500人次。"艺道游学·中国南粤古驿道少儿绘画大赛"自2017年8月31日启动至今，成功推动了古驿道历史文化传承与少儿素质教育的结合，融古通今，挖掘出南粤古驿道、古村落人文历史背景，以绘画写生的形式宣传了传统文化。

（5）串联多个景点，促进全域旅游发展。罗浮山古道纵横交错，现保存较完好的有拨云寺古道和飞云顶古道，另有南楼寺古道、骆驼峰古道等遗存依稀可辨。除罗浮山风景名胜区外，古道沿线串联了数十处人文景点，其中就有400多年历史的旭日古村，村内现存600多处明清古建筑，被专家学者誉为"岭南古民居建筑之典范"。旭日村位于博罗县龙华镇，面临东江，左牵沙河，右依太平山，背靠罗浮山。由蔚园、东园等7个村民小组组成，主要经济产业以农业为主，总人口约2100人。现存古民居建筑600多处，多为砖瓦房结构，是明清时期的岭南古村落建筑群，目前正在努力打造成典型客家宗族聚居特色的旅游景点。2012年，龙华镇旭日村入选第三批广东省古村落（客家地区），成为该县首个广东省级传统古村落。

（四）古代进京高速——西京古道

1. 发展概况

西京古道是南粤百姓进京的"古代高速公路"，这条古代高速公路逢山开道、遇水搭桥，骄傲地盘旋在崇山峻岭之间。过往商旅在此停留、文人墨客在此驻足、南迁之人在此落脚生根、亲朋好友在此道别，古道寄托了相思、寄托了希望、寄托了梦想。据清康熙《乳源县志》、清《韶州府志》等史料记载，乳源境内历史上的西京古道，是一条开辟较早、历来就是乳源境内贯通南北的重要道路。《后汉书》《资治通鉴》等史籍记载，西汉建元六年（公元前135年），汉武帝刘彻平定南越后，广东的龙眼、荔枝等岭南佳果被列为贡品，每年定期向朝廷进贡。

西京古道开凿以后，曾经历代多次重修。作为海陆丝绸之路的对接通道，西京古道乳源段整体格局尚存，现存古道长度约40千米，其中7处保存良好段落零散分布，从北向南依次为猴子岭、五里桥、乌桐岭、梯云岭、腊岭、洲街和石门坳段。西京古道乳源段沿途的历史文化遗存相当丰富，古道沿线村庄密集，至今仍保留着众多古桥梁、古凉亭、古民居和古村落等文化遗产资源。2012年10月20日，乳源西京古道被列为广东省文物保护单位。2018年，西京古道被广东省政府列为南粤古驿道11条重点线路之一；2018年7月，西京古道被评为传说故事最丰富的"中国十大古道"之一。其中的梯云岭和猴子岭路段是广东省文物保护单位，并于2019年2月被广东省文化和旅游厅列入省第八批全国重点文物保护单位拟推荐名单。五里桥段则是乳源县文物保护单位。古道沿线分布众多遗址遗迹，其中梯云岭亭是乳源瑶族自治县文物保护单位，保存最为完好。猴子岭段位于乳源瑶族自治县大桥镇溪子背，沿线主要为山体，目前保存完好路段约2千米，至今仍保存有明清时期铺筑的青石板路面。在猴子岭山巅上，屹立着为纪念唐代文学家韩愈而建造的清代古亭心韩亭。

2. 西京古道的探索与实践

（1）基层政府积极组织，科学推进。成立工作机构明确思路。为切实保障西京古道修复利用工作顺利进行，乳源县委、县政府成立了西京古道活化利用工作领导小组，由县委常委任组长，副县长、县住建局局长任副组长，由非常熟悉西京古道情况的县本地文史专家许化鹏任顾问，成员包括县直部门和西京古道沿线乡镇负责人，并下设古道办，由住建局分管副局长任主任，从住建、农业、国土等有关部门抽调人员组成，负责统筹日常工作。县领导及县住建局长多次深入西京古道活化利用项目现场调研，及时召开项目推进会，进一步明确县直各部门和乡镇的工作职责，协调项目过程中遇到的各种问题，为项目顺利进行打下良好的基础。

为最大限度克服"时间紧、任务重、标准高"的实际困难，确保按期按质完成西京古道建设，乳源瑶族自治县坚持样板段先行，及时总结经验的办法，逐步推进建设。分管领导定期踏勘西京古道，召开"南粤古驿道重点线路工作推进会"，明确和强调项目要求，以期切实推进项目落实。

实地调研及时培训推广。2018年9月10—11日，南粤古驿道重点线路修复利用现场教学培训班在乳源顺利召开。培训班采取了现场讲、现场学的方式，让各地在古道本体修复、连接线建设、遗存修缮、自然景观营造、历史人文资源挖掘等方面有所借鉴、有所提升。在11日上午的培训班上，乳源县政府从管理、技术和实施三个层面分享了西京古道的保护修复利用经验。在管理层面重视机制先行。一是省市县镇四级联动，高位统筹；二是"规划—设计—施工"全过程一体化和专家工匠团队把关；三是采用"古道修复+线路贯通+遗存修复+设施配套+信息展示+乡村振兴"，多管齐下。在技术层面则重视科学严谨，定选线、定目标、定标准。在实施层面从古道修复、遗存保护、文化标识、线路贯通、设施配套、品牌建设等方面进行试点探索。

2020年5月，在韶关市文广旅体局的指导下，韶关市博物馆组建专业调查队伍，全面展开对乐昌市境内的西京古道及其周边文物资源的调查项目，野外工作的开展取得了丰硕的成果。除了掩盖在荒草枯木下的古道本体，众多"藏在深山人不识"的亭传驿站也不断被发现。随着调查工作的开展，西京古道文化遗迹的分布情况和古道文化保护工作重点将会更加清晰，为西京古道资源旅游发展及文物保护研究工作奠定了坚实基础。接下来，调查队还会继续沿着古籍中记载的西京古道的路线，在乐昌市的坪石、梅花、云岩、沙溪、秀水等5个镇内开展细致的田野考古调查工作，全面摸清西京古道乐昌段的线路走向，深入挖掘古道周边的文物资源，为韶关市日后的古道保护与利用工作提供珍贵的第一手资料。

为确保扎实开展南粤古驿道保护修复、活化利用、维护管养和资金管理等工作，高质量完成2020年南粤古驿道工作任务，8月13—14日，"2020年南粤古驿道保护利用现场培训会"在乐昌坪石举办，乳源县（市、区）相关牵头部门分管负责同志及经办人员参会。

总体而言，2018年南粤古驿道重点线路西京古道（乐昌段）保护修复与活化利用项目地处梅花镇、云岩镇，至2020年6月，古驿道方面已完成古驿道路面修复10.28千米、连接线27.52千米、历史遗存修缮10个、标识牌建设110个、二级驿站2个、驿亭2个、休息座椅28处等建设。2019年度巩固提升项目及绿道建设项目横跨坪石镇、梅花镇、云岩镇，至2020年6月，古驿道方面已完成古驿道路面修复5千米、历史遗存修缮4个、信息牌建设30个、节点及服务设施建设5个、文化设施35个、植被复原3公顷等建设；文昌阁前道路长36.5米，宽4.5米，采用古道的形制进行铺设，方案已经通过省级文物保护单位维修方案专家评审会，并准备进入施工图阶段；绿道方面已基本完成16千米绿道路基建设，并硬化了约6千米。项目总计完成78%的施工建设工作。

老坪石宜乐古道段位于坪石镇白竹村，全长15千米，为乐昌市（县）级第六批文物保护单位。该段古道已完成全部清表工作，本体修缮尚未开展。该段古道周边松柏树等资源丰富，未来将结合松柏树等资源打造特色古道。老坪石宜乐古道所在白竹村传统建筑风貌特色鲜明，传统建筑保存质量较好，开发潜力大。

仁里村段古道正在进行本体修复。相关领导在实地调研中指出：修复过程中各类设施如井盖等应与古道整体风貌协调一致，可适当在各类设施表面设计当地特色图案；可在出入口及沿线具有历史意义或环境优美的地方适当增加生态类休憩设施及相关民俗风情、地理历史文化信息介绍牌等，方便人们的休憩并丰富古道步行体验。三星坪村观音桥至武阳司段古道已基本完成清表工作。针对该段古道修缮过程中遇到的问题，相关领导提出建议，可考虑先还原其中一段古道原有风貌，作为示范段。对古道沿线暂未开展修缮、具有安全隐患的亭子应竖立安全警示牌。塘口村至新村段古道全线基本完成清表工作，已部分开展本体修缮，其景观节点不留亭已完成设计方案，但施工图细节尚需细化调整。管埠河丰村"诗音漫步道"段古道局部线路已进行清表、环境整治等保护工作，古道沿线各处竖立了标识牌，基本确定主要线路走向。相关领导建议要进一步明确各主要路段的走向，尤其从管埠村委会前往"诗音漫步道"步行的线路需要尽快明确，以进行节点设计。

2017年起乳源西京古道重点线路整治提升（含历史遗存点）系列项目设计工作开启，乳源大桥收费站公共艺术改造是其中的一大亮点。国（省）道收费站是特定时期下的交通设施，在设立初期相当长一段时间内支撑保障了地方公共交通道路的建设与维护，但在后期也一度成为制约掣肘地方经济发展的"痼疾"。正因如此，全国各地陆续取消了收费站的职能，而作为收费站本身的命运，则大都以整体拆除告终。广东省道S249乐昌坪石—乳源段（简称坪乳公路）全长78千米，是贯通韶关南北的交通要道，在大桥镇近京珠高速公路出入口处，设有两层双向六车道收费站，大桥收费站也本应在拆除之列，但考虑到乳源瑶族自治县本属经济欠发达地区，且坪乳公路在此地有部分与原古道路径重叠，地方有识之士对保留收费站的呼声较高，2018年乳源县委、县政府在充分听取了各方面的建议后，作出了"保留大桥收费站主体建筑，并将其改造为南粤古驿道西京古道的宣传和利用窗口"的决定。乳源大桥收费站设计改造定位分为"明暗"两条主线，明线为传统文化的标志性展示，焦点应放在"继承"；暗线为废弃交通设施的活化利用，焦点可视为"重生"，由此带出了设计的基本原则——尊重融合、延续创新。其次，延续古道遗存中的主要特色传统建筑——过廊式石构驿亭之固有风格，依托原收费站建筑结构框架，用不锈钢搭建二次结构体系附着其上，既能体现当地特色传统建筑的物化特征，形成古道文化区入口序列的标志性形象，又能彰显建筑空间的尺度感。新与旧的建筑框架在强烈对比下，形成现代与历史的对话。同时，内部空间的完整度，也提供了下一步功能赋予的可能性。在细节方面，吸取当地客家传统民居中具有丰富寓意的典型"窗花"图案，用不锈钢板镂刻，形成通透的装饰纹样，作为建筑立面母体的基本构图元素。此次尝试能够为南粤古驿道文化的保护与发展提供一定的创造性实践性经验，同时在目前经济增速减缓、建设节约型社会的大环境下，也为如何看待和处理废旧公共设施遗留提出新的思路和探索。

（2）古道结合"华南研学"，延伸保护。2020年5月，在广东省自然资源厅国土空间规划处的指导下，省国土空间规划协会制定了《关于继续深度参与并支持配合南粤古驿道保护利用工作的若干计划》，聚焦南粤古驿道及华南研学，提出设立"古道学"研究专业委员会，组织南粤古驿道全国性专题研讨会，推动设置古驿道省级专项奖项，开展"古道学"论文征集活动，总结广东线性空间的规划设计实践经验，鼓励规划师、建筑师、工程师注册成为"三师"专业志愿者等工作计划。同时，协会还明确提出要将乐昌坪石作为协会继续教育培训基地，并纳入协会与港澳合作交流活动的考察点。接下来，抗战时期华南教育历史和南粤古驿道保护利用实践经验、理论成果等将作为行业专业技术人员（规划师）继续教育培训等的必修课程，引导全省规划师铭记民族历史、不忘初心使命、涵养家国情怀，进一步增强深入基层、服务乡村振兴、助推粤北发展的行动自觉性。

修缮古道推动"华南研学"。西京古道的保护利用工作与"华南研学"基地建设工作密不可分，基地的部分古建筑修缮、纪念地景观节点修建等工作也被纳入2020年南粤古驿道活化推广工作中。各纪念地节点正在保护或修复中。

据施工单位负责人介绍，铁岭文学院小楼旧址修缮工作已完成，周边小广场、景观节点"诗书园"正在施工中。接下来将继续做好小广场的绿化及地下排水工作，增设长椅、石凳等设施，为附近村民增添日常休闲场所。

武阳司法学院办学纪念地正在建设中。在连接各景观节点的读书小径周边将增添一些杜鹃花丛，充分利用周边自然环境，打造休憩空间，增强可游性；对节点周边的破旧房屋门窗、墙体等将进行统一的修缮，使之与纪念地整体环境相协调；纪念地卫生间将与其他节点建设同步进行；尽快解决土地性质问题和纪念地建设过程中产生的问题，推动项目工作进展。

三星坪中大工学院院长陈宗南住所旧址、朱氏宗祠、沈氏门楼等旧建筑修缮工作进展良好，尚余一座门楼未施工，其他均完工或接近完工，亲水平台等纪念地景观节点也正在建设中。旧建筑修缮遵循修旧如旧的思想，在保持原有风貌的基础上进行修缮；亲水平台考虑增设其他休闲空间，丰富景观。

坪石老街中大校本部办学纪念地建设正在进行当中，其中定友图书馆建设已基本完成，但仍需进一步修改、设计相关细节。定友图书馆内水池景观将增添一些莲花等水中植物，使其更加美观；楼梯扶手、门窗等设计会进一步与定友图书馆整体风格相统一；馆内展览会适当增添"华南研学"建设过程中"三师"专业志愿者们的专业手稿等资料。此外，坪石老街上三座工坊的建设由于夹杂在民房之间，施工有一定难度，相关领导建议从老街整体风貌的协调性和开发建设的统一性角度考虑，建议工坊所在老街段进行整体的开发建设。

管埠中大师范学院办学纪念地新增了标识牌、纪念雕像、纪念展示馆等，但纪念地因土地性质等问题整体建设方案正在进行中。接下来将尽快落实当地土地性质问题，做好实地测量以便于推进方案建设进展。

华南教育历史研学基地工作专班会根据资金到位情况及其可实施条件，统筹谋划好"华南研学"（坪石）各期建设项目，提前做好规划，并根据实施计划提前落实项目立项、控规设计、可研等工作；各部门之间积极做好沟通协调，避免出现因规划、土地等问题而作出选址及设计的重大调整，影响工期整体推进；尽快完善在建、竣工项目的流程、手续，确保项目合法合规推进；在修缮古建筑时慎重对待原有的木构件、墙体青砖等部位材料，并严格遵守《中华人民共和国文物保护法实施条例》《文物保护工程管理办法》等法律法规，遵守"不改变文物原状"原则及保存原形制、原结构、原材料、原工艺和"尽可能减少干预"等基本原则，保证修缮质量。

（3）古道数据有序采集，推动研究。建立古驿道动植物数据库。自广东省启动南粤古驿道活化利用工作起，相关工作组多次实地走访调研了西京古道，对古驿道修缮及沿线的动植物多样性进行了详细考察。2018年8月16日至9月11日，华南农业大学南粤古驿道工作小组植物本底调查项目组组长吴永彬副教授带领团队成员，先后三次对西京古驿道精华段两旁植物资源进行调查。西京古道精华段12千米范围内就有26种藤本植物，有不少种类具有良好的观赏特性，例如蔷薇科的小果蔷薇、金樱子、粗叶悬钩子、灰白茅莓等，不仅花多色艳，而且它们结出的果实为鸟兽所喜爱，这对保护和促进该地区的生物多样性非常有益。很多木质藤本植物生长缓慢，它们是古驿道的珍贵资源，一旦被破坏，恢复起来就很困难。因此在古道的建设初期，做好植物资源的普查和标定工作是非常重要的，应防止在建设过程中被人为破坏。在有条件的地段，譬如比较开阔的古道旁，可以考虑用竹木搭架，架下设简易条凳，让这些具有特色的藤本植物攀爬其上，既可丰富沿途景观，花架下也可供游人乘凉。

2020年以来，在省自然资源厅指导下，结合省国土空间规划生态廊道的专题研究，省城乡规划设计研究院大数据中心联合省生物资源应用研究所组成联合研究团队，挖掘古驿道重点线路周边的生态环境和动物资源，通过动物资源调查及生境模型构建，让"动物走进古驿道空间数据库"，充分利用南粤古驿道沿线丰富的动植物教学资源，推动人文自然与教育相结合。华南农业大学南粤古驿道植物资源研究中心对西京古道等开展了深入的植物资源调查，西京古道（乐昌段）森林植被茂盛，植物种类特色明显，植物的地理属性显示出从亚热带到温带过渡的类型。对古驿道上动植物资源的深入研究，有利于古驿道活化利用工作中的生物资源保护利用和生态修复优化。

采集古道地图影像数据。2018年11月下旬至12月中旬，乳源瑶族自治县相关政府部门积极配合广东省地图院南粤古驿道地图服务保障项目组做好西京古道地图影像数据采集工作。项目组赴韶关市乳源瑶族自治县大桥镇大桥村，开展项目试点倾斜摄影和360°实景地图数据采集等试点外业工作，主要工作包括大桥村约1.5平方千米无人机倾斜摄影数据采集、"西京古道核心环"约15千米360°实景地图数据采集，象兑亭、观澜书院等景点720°空中全景拍摄及视频讲解。本次项目外业采集工作时间紧、任务重，当地自然地理条件也给项目组工作带来了挑战。乳源瑶族自治县国土资源及住房和城乡规划建设部门、大桥镇政府、大桥村村委大力支持与配合项目推进，帮助项目组克服了高山陡峭、岩石古道坡度大、古道涉水、山区天气多变等不利因素，协助项目组通过在高于山顶处补充航线规划加飞航线、多次调整拍摄参数等策略，顺利完成了试点工作任务。

2019年9月上旬乳源瑶族自治县相关政府部门协助省地图院全力推进南粤古驿道活化项目，项目组成员前往西京古道（乐昌段）开展测绘保障工作，顺利完成了古驿道沿线正摄影像数据采集工作。针对组员外业测量经验不足，对新仪器的使用不够熟练的情况，政府部门及项目组组织了RTK（实时动态差分定位技术）使用技能培训，系统讲解了RTK使用方法，包括新建工程、坐标系统参数设置、GNSS（全球导航卫星系统）联系配置等内容，相关作业人员现场进行实际操作。外出作业分为像控组和航摄组两组，作业人员每天早出晚归，各司其职，分工合作。像控组的小伙伴忙于布点、测量坐标。航摄组成员有条不紊地进行飞前安全检查、航线布设等相关工作，用镜头记录着古驿道沿线的精彩。内业工作人员严格控制作业精度，高质高效地进行着古驿道正射影像内业生产工作。再通过空中三角测量、编辑DEM（数字高程模型）、镶嵌、匀光匀色等一道道严谨的工序，最终按照要求制成古驿道及沿线村落正摄影像DOM（文档对象模型）成果，顺利完成本次古驿道数据采集工作。

（4）古道活动形式多元，共创品牌。古驿道徒步与赛事联动。2018年12月23日，由韶关市旅游局指导，韶关市户外运动协会、韶关市户外应急救援协会主办，蓝山源岭南东方温泉酒店独家赞助的"2018中国·乳源西京古道越野徒步活动"在蓝山源岭南东方温泉酒店圆满举行，近600人体验网红温泉与千年古道的温情邂逅。近600人从蓝山源岭南东方温泉（起点）出发，行走在粤北苍茫古道，途经岩口村—瑶山古道—五里桥古道—大桥镇京珠涵洞—猴子岭古道—马子头村—三阳仙庙、观景亭—茶园—乌鸦岭古道等人文遗址，这不仅是一场全民健身活动，更是一场历史文化的盛宴。15千米徒步活动，充分体现韶关丰富的自然资源以及深厚的古道文化。

2020年6月14日，乳源瑶族自治县"不留白色污染·打造绿色古道"环保徒步行活动正式启动。本次活动由乳源瑶族自治县人民政府主办，县文广旅体局承办，县直工委、市生态环境局乳源分局、县自然资源局、县住建管理局、县公安局、县卫生健康局、县新时代文明实践中心、团县委、大桥镇人民政府、银源电力集团有限公司以及蓝山源岭南东方温泉酒店等多个单位共同协办，参加此次活动的还有来自各行各业及民间组织的15支志愿服务队500多名志愿者。此次活动的举办不仅是出于徒步健身的目的，更是为了倡导绿色出行理念，展示西京古道风采，进一步把西京古道打造成集文化体验、生态观光、科研考古、红色寻踪、体育健身等为一体的绿色休闲历史文化游径，助力乳源全域旅游高质量发展，推动乡村振兴。徒步过程中，每一位志愿者都认真细致地投入到环保宣传和清废行动中，给当地村民派发了近千个环保宣传布袋，并拾走了古道上的每一片果皮、废纸，悠悠古道更添新绿。此外，志愿者们分别在6个指定地点（大桥古村、观澜书院、通济桥、盘龙祠、象兑亭或复兴亭、蓝山源岭南东方温泉酒店）拍照打卡，全程直播带领网友"云游"西京古道，逾千名网友在线参与。

从2018年至今，为办好广东省南粤古驿道定向大赛，乳源瑶族自治县已成功举办了三场西京古道徒步活动，在全省形成了西京古道徒步赛事的品牌影响力。本次活动继承和发展了以往西京古道徒步活动的优良传统，且主题更加丰富、意义更为深远。首先，它是贯彻落实习近平生态文明思想，深入践行绿色发展理念的一次集中行动；其次，是传承和弘扬西京古道文化，宣传推介乳源瑶族自治县历史文化游径，进一步巩固和发展全域旅游示范区创建成果的亮点举措；同时，它也是该县深化志愿服务、凝聚社会力量、密切干群联系、提升城市形象的有力实践。2020年6月13—14日，南粤古驿道"Hello 5G杯"定向大赛首站在韶关市乐昌市坪石镇开赛。此次赛事还同步举行了一系列关爱留守儿童的活动，活动旨在"志智双扶"，助力广东决胜脱贫攻坚战。强体强志，本站继续开展体育支教活动。与此同时，"南粤古驿道光影扶贫活动"挑选中国国际儿童电影展优秀影片《点点星光》到乐昌十所中小学校放映，用电影与孩子们对话。随后，在三星坪村（中山大学工学院办学旧址），"南粤古驿道关爱留守儿童公益活动"启动，活动通过音乐艺术让乐昌的留守儿童打开心扉，联动广州与乐昌两地的孩子共同"为了明天的绽放"。本次赛事还举办了农产品展，展出的板栗、炮弹香芋、鱼稻山泉米、黄金奈李、马蹄、白毛尖茶叶等当地特产吸引不少人驻足购买，为当地农民带来了可观营收，并有力地推荐了当地农特产品。

文化旅游节与展会争辉。2018年8月25日，"乡村振兴路，绿色徒步行"乳源首届西京古道文化旅游节举行。众多徒步爱好者从大桥镇新市场出发，经观澜书院、通济桥、古道森林公园、西京古道五里桥段、猴子岭段及乌桐岭（古称乌鹑岭）段，到达大桥镇政府，全程12千米。活动采用休闲健行的方式进行，不设名次奖项，途中设置旗袍秀、古乐演奏会、古亭茗品会、书画展等不同场景，配有古道美食区和农产品展销区，展销当地特色小吃、原生态农副产品，意在挖掘古道文化价值，通过古桥、古亭、古村、古道等载体，活化利用古道，推动乳源全域旅游和乡村振兴发展。如观澜书院布置了国学展、书画展、摄影展，展示乳源秀美风景及多彩风俗，让新时代公民领略先人的智慧，学习传承中华优秀传统文化，增强民族文化的认同，提高民族自信。

活动当天，第二届禾花鱼节在大桥镇深源村举行。活动丰富有趣，游客可观看精彩的文艺表演，也可分自由组、亲子组、儿童组，下田体验捉鱼乐趣，还可品味乡村原生态美食、采摘农村果蔬、购买乡村土特产，更有机会获得各种大奖，还能感受大桥人民的热情好客，观赏乳源大桥镇的山水人文景观，度过一个愉快富足的休闲时光。乳源瑶族自治县因地制宜，结合高寒石灰岩山区大桥镇的实际，把海拔高、昼夜温差大、空气清水质好、丰雨期雨水充沛等稀少资源变为农业生产发展的优势，在水田里养殖禾花鱼，做好不增田又能增产的"一亩两用"这篇稻鱼共生的大文章，实现了"一水两用、一田双收、粮渔双赢"的目标，同时也助力了脱贫攻坚，促进了农业持续稳定发展。

2019年3月24日，新时代文明实践活动之"传承传统文化，助推乡村振兴"2019年南粤古驿道西京古道民俗契嫂生日文化旅游节在乳源大桥镇拉开帷幕。活动当天村民及游客自发组织参加活动，并徒步西京古道，攀登高灵仙山和游览大桥古村，品尝"九素清斋观音宴"。此次活动有几大亮点：文化旅游节与新时代文明实践活动相结合，充分利用文化旅游节庆这一平台，既在新时代文明实践活动中传承中华优秀传统文化，又大大活跃了新时代文明实践活动内涵；表彰了一大批在西京古道的活化利用工作中志愿挖掘、保护和传承古道民俗的热心人士；展示了一批以古道传统民俗文化为主体，如传统客家山歌、传统惊狮、武术体操等，赋予传统地方特色的拥抱绿水青山、赞颂美丽中国、歌唱幸福家园、传递生态文明的本土作家创作的优秀歌曲以及护林防火知识等节目；通过古道民俗文化旅游节，更进一步丰富了西京古道文化内涵，使西京古道的古道文化历史空间成为助力乡村振兴新动能。此次举办旅游节，是为了贯彻落实省政府提出的"加大梅关古道、西京古道等南粤古驿道、古村落活化利用力度，传承发展提升农耕文明，树立文明乡风"指示精神，进一步传承西京古道优秀传统文化，推动乡村振兴和全域旅游健康发展。

此外，乳源瑶族自治县为了进一步巩固古驿道保护修复成果，扩大活化利用效果，还编印了《西京古道传说故事》《让历史不再沉寂》等书籍，开展了常态化的古驿道维护管养工作，举办"重走红军路"等系列活动，吸引各方游客纷至沓来，有效带动了当地消费。2019年9月30日到10月10日，清远驿道风情展在清远飞霞山市民公园游客服务中心举行，内容包括古驿道、古亭、古桥、古庙（寺）、古村落、驿道风情、驿道风流、驿道风物八大板块内容。为配合全省南粤古驿道专题调研工作的开展，并为清远市委、市政府推动旅游产业发展、乡村振兴及精准扶贫工作提供资讯参考，从2016年4月起，清远市史志办结合全市自然村落历史人文普查工作，组织各县（市、区）地方志工作机构对全市古驿道历史与现状开展了一次全方位的调查摸底，通过调查、考证、收集和整理资料，基本掌握各地古驿道、古驿站、古驿铺、古驿亭以及古驿道沿线的古建筑、古村落及传统民俗、自然资源等内容。本次展览，旨在让本地群众、外地游客了解含西京古道在内的清远市古驿道的珍贵文化资源，加强对清远市地域文化的独特性、包容性、多样性，以及丰富的历史人文资源与旅游禀赋的进一步认知，同时也为清远市的旅游业增添文化色彩。

3. 西京古道的发展启示与借鉴

（1）古道活化利用见效，百业兴旺。2016年，广东省启动了南粤古驿道保护利用工作，提出了"以道兴村、古为今用"的总体思路。2017年，广东成功打造了江门、台山、海口埠等8处全长为300千米的南粤古驿道示范段。2018年，修复并推广了广州从化古道、韶关西京古道等11条总长约780千米的南粤古驿道重点线路，串联了700多个文化节点。

"西京古道百业兴，大桥两岸面貌新；男女老少唱不尽，党的政策暖人心……"广东省乳源瑶族自治县大桥镇的村子里，客家山歌萦绕耳畔。村民陈春秀曾是当地有名的"豆腐西施"，与丈夫二人年轻时以做豆腐、糍粑为生，但由于小镇地处岭南山脉深处，鲜有游客问津，买卖逐渐亏了本。2018年，南粤古驿道定向大赛第四站在大桥镇举行，来自广东省内外5万余名游客蜂拥而至，顿时让昔日的"豆腐西施"名声大振，食客络绎不绝，陈春秀一家仅3天的收入就达到8000元。三森农庄老板刘炳森说，过去他开了农家乐，几乎没有客人住宿，顶多是吃个饭就走人；如今13间客房、23张床位，几乎天天满员，他们全家人都在农家乐里工作，月营业额在30万元以上。村民小许家祖传的纯手工自酿客家米酒口感远胜于市场上的勾兑酒，但由于没有销路，小许一度放弃了祖传手艺到珠三角地区打工谋生。2018年，借助南粤古驿道的修复推广，小许每月通过线下实体店销售和互联网营销，仅客家米酒营业额就能有6000元。西京古道的活化利用带旺了当地的农产品，尤其是大桥镇特产的香芋南瓜特别受香港、澳门市民青睐。做农产品物流生意的村民林玉溪搭建了100余个村民联系点，购置了两台5吨的货柜车，每天将镇里的农产品配送到珠三角和港澳等地，收益颇丰。2018年以来，很多村民利用南粤古驿道定向大赛、乳源西京古道文化旅游节等大型赛事的契机，开办民宿和餐馆。半年时间内每日游客达500人次，村民人均收入超过1.1万元，收入涨幅明显。

（2）古道修缮与整治并行，焕发新颜。2018年广东省提出"加大梅关古道、西京古道等南粤古驿道、古村落活化利用力度"的工作要求，乳源县和大桥镇政府积极推进，整合资金对西京古道沿线资源，特别是对历史上极具代表性的"古道、古亭、古桥、古村、古庙"进行保护修复和活化利用建设。

政府派出工作组先后五次分赴韶关乳源、乐昌等地，深入古道，现场会商，专业指导。逐步完善古道标识系统，不断强化古道的科普文化。比如：屋村是大桥镇一片保留较好的古建筑群，也是西京古道乳源精华段的重要节点，整座村庄在民俗风情和建筑历史方面透露出深厚文化底蕴。在古民居和古建筑的门口，竖起南粤古驿道标识标牌的"知识柱"，并在墙身上绘制"古"字形象标志，路人随时可扫码"知识柱"二维码了解这些建筑的"前世今生"。每当游人了解这些古建筑后都叹为观止，感佩先民的聪明才智，当地村民的自豪感油然而生，自信满满，感恩老祖宗留下的历史遗产。漫步在老屋古村，随处可见的古屋老巷、陈风古韵，仿佛置身于一处被时间遗忘的隐世村落。巷子里的路径大都由鹅卵石就地势铺就而成，纵横交错，错综复杂，巷巷相连，条条相通。虽宛若迷宫，极易迷路，但户户门窗敞亮，家家欢声笑语。秦砖汉瓦，高墙飞檐，显得古朴典雅。古建筑上精美绝伦的石雕、木雕等文化遗存和墙上挂着的金黄色的玉米棒、火红的辣椒串相映成趣。游人在这里自由徜徉，随意拍照。乡村人居环境得到综合整治，来观光的游客越来越多，村民内心的获得感和幸福感也越来越强。从前的西京古道沿线古村古屋污水横流、垃圾遍地，原本瓦面漏水、墙体出现裂缝的观澜书院，由于年久失修，内外墙体局部已经坍塌……在南粤古驿道活化利用工作启动后，"修旧如旧"，对西京古道及沿线乡村进行人居环境整治，成效较好。西京古道的系列活化利用活动，不仅带旺了人气，还提升了古道及周边乡村的颜值，是值得推广借鉴的良好做法。

（3）古道文化深入挖掘，兴道亲民。乳源，是广东省3个少数民族自治县之一。除了得天独厚的环境资源外，还拥有深厚的人文资源。千年古道，承载千年梦想。由人化文，以文化人，向上向善，成风化俗正在美丽的古道落地生根。"众皆悦之"碑文在西京古道猴子岭古道段有宿路北的石碑上被发现。语出先秦·孟轲《孟子·尽心下》，意为众人都高兴。由此可见，无论在什么朝代，道路修建，方便出行都是一件造福大众，皆大欢喜的事情。古为今用，推陈出新，南粤古驿道的活化利用，众皆悦之，万福攸同。"施茶"，是古时候西京古道上为解行人之渴，地方乡民自发在古道边建茶亭赠茶，为行走在驿道上的路人免费提供茶水的行善之举，常年不辍，流传千年。"石阶除道"是古时候西京古道沿线村民自发组织开展，在农闲时修复古道、清除古道两侧杂草的群体劳作，一般分春、秋两季进行。热情淳朴的村民甘当志愿者，和"三师"专业志愿者们一起发起石阶除道活动，积极参与到古驿道的修复工作中来。古镇面貌的蜕变以及西京古驿道沿线的修复和保护，大大推动了沿线的经济和旅游发展，村风民风也得到了非常大的改善。自乳源西京古道活化利用工作启动以来，大批游客慕名而来，一些在古道边曾经开不下去的农家乐和饭店也重新开张了，现在即使到了晚上，古镇上仍是热闹非凡。古道活化带来的更大好处是乡风民风的改善。以往村民较为守旧、顽固，但现在他们对古驿道活化工作作用十分清晰，并且主动响应以促进古驿道发展。西京古道是十分难得的历史文化遗产，具有很高的继承性开发价值，南粤古驿道的活化利用是乡村振兴的重要抓手和亮点，有利于讲好广东故事，向全国分享广东实践。

（五）海陆丰"茶盐古道"

1. 发展概况

汕尾海丰羊蹄岭—惠州惠东高潭古道，主要分布在汕尾市海丰县和惠州市惠东县。该古道开凿于汉代，清代设防驻兵，建东西关及总关，至今已有两千多年历史，是古代闽粤官道要冲，亦是沟通粤东地区与珠三角地区商品交易、文化交流的重要通道。羊蹄岭古道，山峰峻秀，望极云霄，许多名人宦官及文人皆诗文题咏，岭上关石、碑记、汉代砖块仍历历在目；高潭古道地处崇山峻岭，山路崎岖，易守难攻，自古就是建立革命根据地的好地方，林则徐、周恩来等均在这条千年古道上留下足迹。

位于海丰县赤石镇的羊蹄岭古道，《海丰县志》载："凿于汉，塞于孙吴，通于晋明之六年，而自六朝及唐宋，递通递塞"。在古代粤闽交通史上就是惠州连接潮州的主要官道。如今，它虽已经历上千年的变迁，但作为粤东交通要道的地位一直未受动摇，同时也留下了不少故事，李纲、刘克庄、林则徐、屈大均、周恩来等名人均在这条千年古道上留下足迹；曾为海陆丰"茶盐古道"。羊蹄岭关，有五座关口，始建于清乾隆五年（1740年），岭顶建筑关城和驻兵营房23间，设置防炮8座。岭道连绵20多千米，连接5个关城；在羊蹄岭岭顶，还有一座圣佛庵，原名"翯翠庵"，也俗称"羊蹄岭庵"。当年，为了让途经羊蹄岭的官员得以驻足，于岭顶建庵，一进三间，旁置小亭，延僧施茶，以便行人。清乾隆五年（1740年），海丰知县李光华奉旨偕荐修禅师选择原址之西五里（今址）移建此庵，二进各三间；于岭顶原庵址建筑关城兵营，派兵驻卫，以靖地方。自清代至民国时期，荐修、默泰、能泰、圣文、果色、果悟、常经等禅师居此。此外，历代过往宦官名人和文人骚客也在此留下不少感怀诗文以及记事的石碑等文物。

汕尾海丰羊蹄岭—惠州惠东高潭古道（海丰精华段），总长度为11.3千米，起点为赤石镇新厝林，终点至鲘门镇泗马岭水库，沿途经过海丰著名的羊蹄岭古道、君子岭古道，该段古驿道本体长为4.8千米，是山地型古驿道，并依托原有县乡村道路建有6.5千米的连接线；惠东精华段（全长5.55千米），起点为高潭镇连生度假村，终点为中洞村半坑村小组红军路入口处，整段都是古驿道本体。该古道沿线有新厝林、新联村、泗马岭村等村庄，并有古迹与景点13处：圣佛庵及碑刻遗存、西关遗址、"勤耕节用"石刻、东关遗址及碑刻、兵营驿站遗址、指路石、清乾隆碑刻、君子岭茶亭遗址、君子岭碑记及碑亭，海丰桃花源吾舍客栈、岭脚村农场、凤河晚渡、泗马岭水库。这一线路沿途人文与自然景观资源丰富，既有"古道、古庵、古关、古村"，也有"山抱水潆、迂回交峻"的羊蹄峻岭和海天一色的美景。

近年来，汕尾海丰羊蹄岭—惠州惠东高潭古道立足于自身丰富的红色文化，重点挖掘打造红色旅游。位于惠州惠东的高潭是全国最早的区级苏维埃政府所在地，拥有丰富的自然和人文景观，是惠东最热门的红色旅游景点。通过将高潭古道建设与优秀红色文化传承结合起来，串联革命节点，打造系列驿道故事，吸引了大批游客来到高潭中洞，抚今追昔，缅怀革命先烈。

2. 古道的探索与实践

（1）精准施策，绘就驿道活化新画卷。规划先行，走活驿道一盘棋。为响应省政府活化利用南粤古驿道号召，汕尾市编制完成了《汕尾市2018年南粤古驿道保护和修复利用工作方案》《2018年南粤古驿道重点线路选取与保护利用工作计划》《惠州市古驿道线路保护与利用规划（2018—2025）》《惠东县高潭古驿道示范段保护开发详细规划》等系列规划。

惠州市《2018年南粤古驿道重点线路选取与保护利用工作计划》（以下简称"《工作计划》"）结合自身古驿道遗存及沿线资源的实际情况，最后选取2段约46千米作为惠州南粤古驿道重点线路，欲打造惠州版"茶马古道"，分别是惠州罗浮山古道，总长约30.4千米，以及汕尾海丰羊蹄岭—惠州惠东高潭古道（惠东段），总长约15.6千米。《工作计划》提出针对古驿道本体进行分段分类修复，对古驿道进行线路设计、附属设施修复、水工设施修复、材质选择、标识设计和安全防护等方面保护和修复，并强调要利用原有古驿站进行修缮恢复，遵循"修旧如旧"原则，结合历史遗迹、历史功能，结合酥醪村、澜石村、埔筏村、松树岗村等省级新农村等进行升级改造，强调特色化与主题发展，建设综合古驿站服务区，统一基本建设标准；全面深入踏勘拨云寺、南楼寺、黄龙古观、中洞红色遗址等古驿道重点线路现场，根据保存情况进行分段详细评价。同时，在黄龙古观古道等已有历史遗存基础上，进一步挖掘评估其他古驿道沿线遗存，包括古驿铺、古驿亭、古关隘、指路石、古碑刻等历史遗迹；充分利用博罗县城、罗浮山景区、惠东高潭镇等现有绿道户外活动中心等各种资源，配备完善的游乐设施和服务设施，为游客提供集交通集散、游客服务、商业服务、住宿和游憩活动于一体的休闲旅游场所。

惠州市住建局组织编制的《惠州市古驿道线路保护与利用规划（2018—2025）（草案）》（以下简称"《规划草案》"）指出：未来惠州将形成"主线+支线+发展节点"的古驿道线路系统，包括3条主线和8条支线，全长约1010.61千米，分别为广惠古驿道、潮惠古驿道、东江古驿道3条主线以及龙门古驿道、罗浮山古道、莞惠古驿道、高梁横古道、惠阳古驿道、海防古道、淡水河古驿道（水道）、西枝江古驿道（水道）8条支线，并选取10条具有代表性的特色线路作为重点发展段。具体到工程建设，《规划草案》指出关于古道本体段路面修复拟通过保留沙土路面、砾石和条石进行铺设，同时加强流水段汀步、亲水平台等节点的设计和施工，而连接线路面则拟通过划线、塑胶方式进行铺设，同时拟在高潭古道修建1个一级驿站（东江特委站）、2个二级驿站（中洞红二师站、黄沙乡村据点站）、6个驿亭和3个休息点。

《惠东县高潭古驿道示范段保护开发详细规划》对高潭古驿道示范段道路面铺设、驿站节点和休息点建设都给出具体的指引，并分别贴出示意图。

依据承载功能形态，实施分类保护和管理。根据各条古道的延伸情况，承载的功能形态各异，以及破损程度的不同，将实施分类保护和管理。以广惠古驿道和罗浮山古道为例，其中广惠古驿道主线为唐宋以来连接广州省城和惠州府城的主要官道，在构建过程中就将重点发展旭日古村、罗阳老街、缚娄古国文化园、白沙堆、惠州历史城区等节点，展示东江商贸文化、海丝商贸文化和客家文化。而罗浮山古道支线则为葛洪采药道、养生道、传道道，重点串联冲虚观、酥醪观、拨云寺、鹰嘴岩、飞云顶等葛洪上下山行医炼丹的踪迹节点，展示的是中医药文化、道教文化和山水文化。

立足驿道文化资源，延伸产业功能。一是在产业发展环节将依托古驿道线路，带动沿线村镇特色农业、文创产品制造业以及旅游产业的发展；二是深化文化线路主题策划，将划分古城、古村镇、古水道、生态四大特色主题区，规划14处文化主题代表区；三是以古驿道线路为轴线，带动沿线34个特色村镇的发展；四是依托古驿道线路，开展徒步、骑行、定向运动、自驾露营、水上运动五项适合大众参与的户外运动；五是发展自然观光、近郊休闲、历史文化体验、地理探险、水上游径等古驿道主题游径。

按照《规划草案》，在构建3主线8支线的古驿道线路总体布局基础上，结合当前古驿道的遗存情况、线路文化故事、旅游兴奋点、特色村镇等因素，还将选取10处具有代表性的不同主题文化的特色线路作为重点发展段，具体包括：罗浮山古道，位于博罗县罗浮山风景名胜区内，是葛洪中医药文化兴盛发展之路，全长约21.25千米，规划建议线路划分为竹海拨云段、野趣寻峰段、朱明洞景区段、门户景观与特色村落段进行开发利用。高潭古道，属于高梁横古道支线。位于惠东县高潭镇，是红军革命斗争的重要路线及茶盐贸易的重要通廊，全长约15.16千米。规划建议线路划分为茶盐风光与红色旅游段、户外拓展段、东江红都体验段进行开发利用。白沙堆古驿道，属于广惠古驿道主线，白沙堆古驿道位于惠城区小金口白沙堆村片区，是唐宋以来连接广州省城、惠州府城的必经官道。近代东征国民革命进入惠州战场的西部通道，全长约3.2千米，规划建议线路划分为白沙村怀古段、临江野趣段进行开发利用。东坡宦游古道，属于东江古驿道主线，东坡宦游古道以惠州府城为起点，以罗浮山为终点，水陆结合，是东坡游历罗浮山之路，其中水路长约75.2千米，陆路长约24.8千米，规划建议线路划分为定向运动、自驾露营、水上运动等五项适合大众参与的户外运动。秋长群英古道，属于惠阳古驿道支线，位于惠阳区秋长街道，是近代以来秋长群英济世安民的重要道路，展示惠阳客家围屋的重要展示长廊，全长约12千米，规划建议线路划分为客家慢生活体验段和山水休闲骑行段进行开发利用。缚娄古国寻根古道，属于广惠古驿道主线，位于博罗县罗阳街道，是探寻岭南古代文明——缚娄古国历史遗迹、先民生存以及连接罗阳明代城墙遗址的重要道路，全长约6.8千米，规划建议线路划分为缚娄遗迹探寻段和罗阳古城体验段进行开发利用。海防古道，属于海防古道支线，位于惠东县稔平半岛及大亚湾亚婆角一带，是明清抗击倭寇、抵御外侮的重要走廊，全长约21千米，规划建议线路划分为盐洲古村体验段、平海古城体验段进行开发利用。黄狮岭古道，属于龙门古驿道支线，位于龙门县龙城街道三洞村，是龙门古县城连接河源、新丰江水库的重要通道，红四师等红色队伍的重要转移通道，全长约8.4千米，规划建议线路划分为黄狮岭体验段、龙门古城体验段进行开发利用。龙华古道，属于广惠古驿道主线，位于博罗县龙华镇旭日村、粮桥村，是广惠古驿道系统中的重要民间古道，明末清初以来客家文化的重要载体，全长约4.8千米，规划建议线路划分为旭日漫步段、龙华风光骑行段进行开发利用。阿姨岭古道，属于高梁横古道支线，位于惠东县平山街道办黄排村，是古代沟通沿江至沿海的主要通道，稔平半岛盛产的食盐和海产品的主要运输通道，全长约6千米，规划建议线路划分为阿姨岭生态风光体验段、将军渡近郊旅游体验段进行开发利用。

（2）深耕红色沃土，擦亮红色旅游品牌，承载红色文化，助力乡村振兴。广东省文化和旅游厅《关于加快推进我省革命老区和原中央苏区红色旅游发展三年行动计划（2020—2022年）》提出，发展目标为大力焕发红色文化资源的时代价值，深入挖掘和凸显广东红色精神内涵，加强红色革命遗址发掘保护，优化红色旅游产品体系开发，推动红色旅游与关联产业融合发展，提升红色旅游接待服务水平，创新红色旅游宣传推广方式，促进红色旅游区域交流合作，提高红色旅游从业人员素质，推行红色文化旅游志愿服务，增强老区苏区旅游新活力。

　　听革命故事，感高潭精神。惠州高潭古道段所在地区是革命老区，沿途现遗存有高潭老苏区革命纪念堂、中洞革命纪念广场、百庆楼、马克思街等红色印记，其中，高潭中洞被誉为"东江红都""广东井冈山"。1922年深秋，农民运动领袖彭湃亲临高潭中洞村点燃革命星火，迅速掀起了波澜壮阔的农民运动。1927年11月11日，高潭圩镇成立了高潭区苏维埃政府，开展土地革命，建立乡苏维埃政权，打击反革命分子。当天，会议通过《关于高潭圩老街和新街分别命名为马克思街和列宁街的决定》，于是，世界上独一无二的"马克思街"和"列宁街"在高潭山区出现。惠州市立足自身红色文化优势，加强红色革命遗址修缮保护和利用，大力建设红色旅游教育基地如惠东县高潭中洞革命老区，加强红色革命遗址、烈士纪念设施与党政机关、企事业单位、大中小学校、军区部队的合作共建，打造红色研学和爱国主义教育基地，"红+绿"融合，焕发革命老区新活力。汕尾市和惠州市积极促进红色旅游与乡村振兴融合发展，拓展红色旅游的富民兴村功能，深入挖掘和开发自身红色资源，推动创建一批红色文化旅游特色村，引导贫困群众对闲置农房进行改造升级，支持实施一批以乡村民宿改造提升为重点的旅游扶贫项目，鼓励乡村旅游企业优先吸纳建档立卡贫困户就业，充分利用当地非物质文化遗产资源，帮助老区苏区贫困人口开设扶贫就业工坊。

　　例如汕尾市陆河县新田镇湖坑村，深挖红色资源建设"红色村"，具体表现为修复红军桥、邀请专家对"红色村"进行整体规划设计，设计"红色胜地，美丽湖坑"的大型宣传牌与革命斗争史纪念馆门前的"星星之火，可以燎原"雕塑遥相呼应，村委楼、学校及民居外墙上都喷绘了红五角星图案，营造浓厚的红色氛围。同时启动建设大型革命烈士纪念馆，加快对红色故事的收集和对红色讲解员的大力培养，结合乡村振兴战略，全力打造红色景点，把湖坑的革命遗址串珠成链，规划建设一条红色旅游线路，以推进红色村党建示范工程建设的各项工作。

　　（3）文旅融合深入推进，持续释放创新潜能。踏访"繁华"古道，探寻"最美"古村。惠东县享有"岭东重郡""粤东商埠"的美誉，高潭古道历史上就担负着惠东地区商贸往来的重任。古时，当地村民每逢阴历一、四、七圩日，便会挑着木炭、水果、茶叶、中草药等山货，途经汕尾及惠州交界处的龙船窝古道赶往赤石墟贩卖，并购回海货。这条担负着村民柴米油盐酱醋茶的驿道被称为当地的"茶盐古道"。作为海丰羊蹄岭—高潭古道的重要节点，惠东地区的发展深受其益。

　　此外，惠东村落各具特色，客家民居、红色革命老区、历史文化古村镇展现着当地独特的风采与魅力。始建于明末清初，至今已有五百余年历史的皇思扬古村是惠东保护最完整、最具规模的古民居建筑群，古村的巷道经纬有序，以卵石铺就。"青砖黛瓦石门框，鹅卵石道走四方"，这些鹅卵石巷道大都是真正的古驿道遗存巷道，布局奇妙，一眼望去好像一道"死胡同"，但走到尽头时，自然有出口呈现，可谓"条条巷道通大路"。而"外向的""鲜活的"范和古村极具浓厚生活气息，"村中有围，围中有村"是范和古村最大的特色。村中旧民居均为客家风俗建筑，以罗冈围、吉塘围、长兴围为代表。面积最大的罗冈围，为方形建筑群，围屋之内，共有48座屋、10条巷、148间房，其巷子、胡同纵横交错，现在仍有许多村民相聚而居。吉塘围、长兴围的建筑风格与之大致相同。如今的范和村是社会主义新农村与广东最美古村落综合治理的示范点，在保留古村落原始风貌的同时进行乡村的综合变革，促使其建设与发展。

传承文化根脉，激活文化记忆。驿道精华段所在的汕尾海丰地区拥有源远流长、风格鲜明的民俗文化，其中，白字戏、西秦戏和海丰麒麟舞颇为出名。汕尾市充分利用其独特的民俗文化，在推进南粤古驿道建设过程中结合民俗文化，通过举办特色民俗节庆推介驿道旅游，同时建设成为驿道旅游的一部分，譬如在古驿道沿线展示独特的民族建筑风格、饮食民俗、民族服饰、节日庆会等。

优化提升服务设施，策划特色主题线路。加强古道维护管养，打造安全、知名"野趣"古道。汕尾海丰羊蹄岭古道位于汕尾市海丰县赤石镇和梅陇镇的交界处，迂回险峻，望极云霄，是连接广府地区和潮汕地区的重要通道。2018年始，海丰羊蹄岭段被列入南粤古驿道重点线路，得到有效保护与修复利用。2020年，汕尾市对海丰羊蹄岭段古驿道本体及周边环境进行全面文化设施提升、生态复原等维护管养工作。

深度挖掘线路文化价值，推动驿道游学、自然教育等活动开展。惠州惠东高潭古道，在古代是"一带一路"中海上丝绸之路的外延，距今已有两百多年的历史，是当地村民圩日进行山海货物贸易的重要通道，是近代中国工农红军迁徙、革命斗争的红军路，留下了许多革命历史遗址。2018年，惠州惠东高潭古道被纳入南粤古驿道重点保护修复线路，成功修复本体5.55千米，修建驿站1处。2019年，在巩固提升项目中，惠州惠东高潭古道进行了文化设施提升、主题文化挖掘研究、生态复原与提升、节点及服务设施提升等优化建设。2020年，惠州惠东高潭古道进行了本体段的维护管养，包括古驿道本体、古驿道连接线、古驿道相关遗存、标识系统、驿站、驿亭、地质灾害、生态修复点的巡查巡视、除杂草、清理卫生等。惠州惠东高潭古道注重加强驿道研学、艺道游学、自然教育、体育竞技等活动的组织，已多次举办重走高潭古驿道红军路等一系列活动，不少游客也慕名到此感受红色土地曾经的峥嵘与辉煌，进一步缅怀先烈、坚定意志、陶冶情操，继承和发扬革命先辈的优良传统。

3. 海陆丰"茶盐古道"的发展启示与借鉴

（1）充分发挥政府统筹作用，规范管理体制。旅游产业的综合性将城建、交通、建筑、文化、能源等各部门相衔接。政府统一的规划管理，是保证旅游业健康持续发展的前提条件。旅游开发不当会给社会带来一系列负面影响，譬如由于规划不当造成的"拆了建，建了拆"的现象，浪费大量的人力、物力和财力，由于旅游资源的过度开发，打破原有的生态平衡，造成资源稀缺，由于旅游景区公共设施的保养不当、大量的生活污染物，以及游客不文明行为对环境造成的破坏。这些大量的不可估算的社会成本而无需企业支付任何代价的情况，对国家旅游业，乃至社会、经济、文化、资源都带来了极大的负面影响，最终造成"公地悲剧"。针对这些失灵现象，政府的干预就成为必要，旅游市场需要借助政府的力量，健全法律法规，完善旅游业管理制度，正确地引导及规范市场行为。同时，旅游活动涉及"出、住、行、游、购、娱"六大要素，交通、旅游景区、饭店等大型旅游公共设施成本巨大，技术要求高，私人部门在提供公共产品后无法获取相应补偿及利润，政府必然成为公共产品的主要提供者与管理者，而且由于公共产品的特性而带来的生态、环境，以及公共设施等各方面的破坏问题，也需要政府履行其监督职能，进一步规范管理。

要做好南粤古驿道的修复利用工作，首先要发挥政府统筹领导作用。一要结合实际出台实施方案，明确责任和主体，联合相关部门做好分工合作，构建良好的沟通机制和督导机制，加紧协调推进相关工作的落实，加快推动项目的招投标与建设施工；二是要进一步加强服务设施的管理及配套设施的维护管养，确保古道的高效能利用、高品质体验；三是要充分发挥古道沿线自然水体等资源优势，对节点及服务设施进行优化，营造精品节点景观；四是要紧扣线路特色，展现主题文化、自然教育等价值，广泛吸纳驿道游学群体，承办广东省范围内学生的农业教育、自然教育等活动，并根据需求，完善住宿、餐饮、停车等设施配置。

（2）传承红色基因，促进"红色+"产业融合。在推进南粤古驿道活化利用工作进程中，应该加强红色革命遗址修缮保护，充分利用驿道沿线红色文化资源，推动红色旅游与南粤古驿道、广东历史文化游径融合发展，突出"红色"和"绿色"元素，加强湾区内古驿道与古街巷、古村落、红色革命遗址等文化自然景观的保护和连线开发，携手省有关部门促进粤港澳三地历史文化深度融合，实现文化价值和经济效益有机统一，助力粤港澳大湾区历史文化遗产打造。

促进红色旅游与乡村振兴融合发展。拓展红色旅游的富民兴村功能，深入挖掘和开发广东省全国乡村旅游重点村、国家和省级休闲农业和乡村旅游示范村（点）、旅游扶贫重点村、乡村旅游精品线路、历史文化名村、广东省古村落的红色资源，推动创建一批红色文化旅游特色村。引导贫困群众对闲置农房改造升级，支持在贫困地区实施一批以乡村民宿改造提升为重点的旅游扶贫项目，鼓励乡村旅游企业优先吸纳建档立卡贫困户就业。充分利用当地非物质文化遗产资源，帮助老区苏区贫困人口开设扶贫就业工坊。

加强红色文化创意产品研发设计和推广，提炼各类革命遗址的价值内涵，开发满足现代美好生活需求的文化创意产品，打造一批既有红色革命精神又有岭南文化特质的文创产品和品牌。探索文化创意产品收入分配激励机制，鼓励各级文物保护管理单位与设计机构、营销机构、大专院校开展合作，推动红色文化创意产品研发、设计和销售。联合大专院校、科研机构和传媒机构举办红色革命文物文化创意大赛。办好南粤古驿道文化创意大赛，推动文创作品向产品转化。

积极开发红色旅游演艺项目。支持在红色旅游景区、红色革命遗址开设红色剧场，引进各类文艺院团、演出制作机构及演出中介机构打造红色旅游演艺佳作。将红色元素融入喷泉秀、灯光秀、激光秀等夜景亮化美化市政工程，丰富老区苏区夜间旅游项目。扎实做好省直文艺院团与基层文艺团体结对帮扶活动，选派专家指导老区苏区的演艺项目制作。组织开展全省优秀舞台艺术精品巡演，让老区人民群众共享文化惠民成果。创排潮剧《许包野》，白字戏《彭湃之母》，广东汉剧《李坚真》，粤北采茶戏《51号信箱》《岭上梅》等一批红色艺术作品。

提升红色旅游跨省交流水平。推进粤赣闽、粤湘赣、粤桂、粤琼在红色旅游市场开发、品牌推广、信息共享等多领域的交流合作，开发"一程多站"式跨区域红色旅游精品线路，加强红色旅游对外联合营销。深度对接融入粤港澳人文湾区建设，以香港文化名人大营救和韶关华南教育历史（坪石）研学基地为主题，探索与香港和澳门联手开发研学教育项目，打造港澳青少年内地游学基地。深度挖掘和弘扬孙中山文化资源，开发面向港澳台同胞及海外华侨华人的"孙中山文化之旅"交流项目。借力海外文化旅游推广机构，加强与共建"一带一路"国家和地区的革命历史展馆缔结友好伙伴关系，搭建交流合作平台。

（3）举办古驿道系列活动，激发乡村活力。为助力南粤古驿道沿线及周边乡村振兴，广东省策划举办了一系列节庆活动和赛事，譬如南粤古驿道征文大赛、南江文化（连滩）艺术节、艺道游学·少儿绘画大赛、南江龙舟节龙舟大赛、南粤古驿道摄影大赛、南粤古驿道文化创意大赛、南粤古驿道定向大赛、广东大学生纪录片大赛、"广东人游广东"等，通过古驿道、古村落的活化利用，充分发挥了"体育+""文化+""旅游+"等赛事综合效益，为群众带来精神与物质上的双重享受，大大促进了南粤古驿道沿线及周边乡村旅游及相关产业的发展，同时完善了交通路网、公共基础设施、旅游配套设施等，提高了当地居民的收入水平，助力复工复产、脱贫攻坚、乡村振兴。

第二节 文旅融合的实践探索

一、理念阐释

实施乡村振兴战略，是党的十九大作出的重大决策部署。乡村振兴，产业发展是重点，作为第三产业中的朝阳产业，文化产业与旅游产业之间具有较强的关联性和天然耦合性，在二者融合发展的过程中，旅游是文化传播的载体，旅游业发展能加快文化传播速度、提升传播效应；文化是旅游发展的灵魂，能让旅游产品的内涵得到提升、价值得到升华。

在古驿道文化与旅游融合发展过程中，衍生出"红色文化+研学旅游""广府文化+会议旅游""民俗文化+节庆旅游""两广源流文化+博物馆旅游""古驿道文化+赛事旅游"等发展模式，古驿道文化促使旅游产业优化提升，为旅游产品赋予更深刻的内涵、丰富旅游产品的魅力；旅游产业为古驿道文化发扬与传承提供重要支撑，带动古驿道文化价值的提升和内涵的延伸与创新。推动古驿道文化与旅游融合发展，是顺应文化旅游发展大势的有效举措，是激发古驿道活力、促进古驿道周边贫困乡村村民增收的有益探索，更是实现乡村振兴的创新路径、主要力量和重要引擎。

图 4-2 粤古驿道文旅融合模式结构图

在乡村振兴的背景下，旅游者追求的高品质乡村旅游消费需求，不再是单纯的观光活动，而是走向目的地的深度文化休闲需要。通过旅游重拾乡村文化之本，对南粤古驿道沿线村庄优秀历史资源、文化资源进行保护开发，推进古驿道文化创造性表达与转化，对于提升旅游品质、促进旅游产品提质升级、丰富旅游产品文化内涵具有重要作用。如南江古水道，运用"民俗文化+节庆旅游"的模式，通过举办南江流域汉族、壮族、佤族等民族最具影响的民俗文化活动——南江文化艺术节，展演传统舞蹈有——"活化石"之称的禾楼舞、堪称艺术界百年老字号的"茅龙舞"、省级非物质文化遗产名录项目"独占鳌头、闻鸡起舞、醒狮迎亲"等，吸引大量游客前来旅游。潇贺古道，采用"广府文化+会议旅游"的模式，在肇庆市封开县举办主题为"潇贺古道与岭南文明"第五届广府文化论坛，邀请专家学者们前往潇贺古道参加会议与开展相关调研，并且就潇贺古道与广府文化、潇贺古道历史文化的研究与活化等专题展开研讨与交流，进一步深化了潇贺古道的文化内涵；探索"两广源流文化+博物馆旅游"模式，积极规划筹建两广源流文化博物馆、两广源流乡村文化馆等项目，在丰富省际廊道历史内涵的同时，持续擦亮"广府源头、粤语发源地"文化名片。珠海岐澳古道，利用"红色文化+研学旅游"的模式，充分利用古驿道的红色文化资源，打造具有示范引领作用的南粤古驿道红色之旅线路和红色革命教育基地，吸引大批游客前来参观学习。汕头澄海樟林古港驿道，采用"古驿道文化+赛事旅游"模式，以古驿道为载体，精心组织策划南粤古驿道定向大赛，促进文旅融合发展，吸引户外运动爱好者前来古驿道参加赛事与旅游，带动精准扶贫脱贫，实现古驿道沿线村庄振兴。

二、实践探索与推广实效

（一）美丽乡村建设——潇贺古道封开段

1. 发展概况

在湘、桂、粤三省（区）交界处有一条连接湘、桂、粤三省（区）、沟通中原与岭南之间重要通道之一的潇贺古道。潇贺古道是湖南潇水与广西贺江水陆联运的一条重要通道，潇贺古道及其辐射区域是中原文化、湘楚文化和百越文化等文化形态的交汇融合区域。封开，古称广信县，位于岭南地区的腹心位置，是两汉时期岭南的政治中心、经济中心，是岭南最早的"首府"，岭南地区最早的人类繁衍地，是粤语的发源地和两广的门户，潇贺古道和茶船古道在此相汇。封开的潇贺古道，则包含了水陆古道，是广东最具特色的古道，具有深厚的岭南文化、珠江文化和西江文化特色，是广东省委、省政府重点打造的万里碧道示范段之一。其保护和活化利用价值潜力巨大。

2. 潇贺古道的探索与实践

（1）充分挖掘村庄资源，建设美丽乡村示范带。省际廊道美丽乡村示范带涉及肇庆封开与广西接壤的江口、大洲、都平3个镇（街）、12个行政村、142个自然村，涉及人口约2.5万人。示范带规划之初，封开便根据其区位特点和文化、环境特色，按照"灵魂在水，根在文化，生命力在产业，核心在美丽，持续发展在开放包容"的理念，突出"展示历史文化传承带、共享国家战略振兴带、体验绿水青山旅游带、再现文化商旅古驿道"四大功能，将"陆道、水道、碧道、绿道、赛道、古驿道"六道融合，以路为廊、以水为链、串点连线、以线带片，系统布局示范带各项功能。同时，省际廊道美丽乡村示范带规划巧借山水，激活资源，以"一村一景、一村一韵、一村一品"为目标，赋予各村不同功能定位和独特内涵。2020年封开已打造了励志新村、董家村、上下螺田村、大湖塘等一批重要节点美丽宜居村、特色精品村。封开县开展农村人居环境整治、村庄清洁等专项行动，示范带142个自然村均已完成"三清三拆三整治"。同时加强绿化美化和品位提升，把交通陆道、江河水道沿线打造成风景长廊，美化绿化公路水路沿线节点，使得镇、村面貌焕然一新。完成南粤古驿道工程前期规划，建设约10千米碧道；建设了3个贺江观景平台。

（2）大力支持产业发展，促进沿线经济蓬勃发展。木素菌业是封开县的特色产业。在封开县政府的大力支持下，木素菌通过采取"党支部+大学生创业团队+创业基地+菌种厂+农户"模式运作。截至2019年，基地共有19户农户参与，竹荪种植面积约20亩，亩产值可达8万元，预计总产值超过160万元。第一期示范基地开展后，到目前为止，已有100多户周边村民表达出强烈的参与意向，现规划推出第二期竹荪种植示范基地300亩，将更大范围带动村民增收致富。

封开县在推进省际边界美丽乡村示范带建设过程中，不仅注重让乡村变美，更注重以产业为带动，让农民变富。为加快省际边界接壤镇和示范带建设带动促进广大贫困户脱贫，全县大力培育壮大特色产业，采用"合作社+基地+农户""经营体+基地+农户+电商平台"等发展模式，推动建设杏花鸡、竹荪、食用菌、兰花、单枞茶、特色粉蕉等一批种养示范基地，截至2020年，已带动周边60户贫困户、330贫困人员生产就业。

（3）实施"头雁"工程，激发村民积极性。在省际廊道美丽乡村示范带建设过程中，封开充分发挥基层党员先锋模范作用，以实施"头雁"工程为牵引，引导带领广大群众参与，激发村民参与积极性，激发乡村发展的内生动力。党员自主带动、参与清拆工作，无偿让出房子和土地，支持建设农家书屋，让出土地建设村道，引导村民加入示范带建设当中。

为充分发挥群众的主体作用，推动共建共治，封开在省际廊道美丽乡村示范带涉及的村庄设立了村民理事会、议事会和村务监督委员会，健全村小组议事、公开、监督等机制，镇村累计成立村民理事会119个，制订村规民约107个，群众为示范带建设作了实实在在的贡献。在打造富民兴村产业方面，封开加快出台产业类项目扶持政策，鼓励引导企业参与示范带乡村产业建设，加强现代高效农业、乡村休闲旅游产业谋划建设，重点推进两广源流博物馆、扶来旅游综合服务中心和扶来、大洲镇乡村振兴示范带商业综合体等重点产业项目建设。此外，封开还充分总结提炼大洲镇西畔村开展"资源变资产、资金变股金、村民变股民"试点建设经验，探索解决农房确权颁证、土地流转，抵押农房处置等问题，进一步有效落实用地指标。开展社会治理共同体试点，努力建立共建共治共享的示范带。

（4）连续多年举办广府文化论坛，助力古驿道保护和利用工作。封开已经举办了8届广府文化论坛。历届论坛均以"潇贺古道与岭南文明"为主题，围绕潇贺古道与广府文化、潇贺古道历史文化的研究与活化、封开在潇贺古道的历史地位、封开及两广文旅融合等专题展开深入研讨与交流。这些论坛很好地展示了封开历史文化的独特魅力，对提升封开文化影响力均产生了积极的影响。

3. 潇贺古道的发展启示与借鉴

（1）以美丽乡村建设为引领，实现示范带、驿道、绿道的联结作用。封开将实施乡村振兴战略和脱贫攻坚有机结合，以省际廊道美丽乡村示范带建设、两广接壤地区乡村振兴示范带建设为契机，全面铺开农村人居环境整治，带动贫困群众共建共享美丽家园，着力将"省际廊道"区域内村庄连片建设成为一批美丽宜居、特色精品乡村，辐射带动全县生态宜居美丽乡村建设。示范带通过政府来搭台，擦亮城市名片，"旅游+文化+体育"带动当地发展，富民兴村。自2010年起，封开县开始绿道网建设，共建成贺江绿道公园、人民广场绿道、西江沿江景观绿道、江口电站至白垢电站水上绿道等一系列具有封开特色的绿道网络，并已投入使用；优化广信塔周边道路网建设，规划沿江道路，着力将沿江绿道打造成一条具有"广信文化"特色的风景线。

吸引了众多赛事的入驻，如2020年"中国农民丰收节"系列活动暨南粤古驿道"Hello 5G杯"定向大赛。比赛线路围绕贺江风光体验"美如画"的西畔村、东畔村等美丽乡村精品线路，线路沿途"以路为廊"、"以水为链"、潇贺古道、茶船古道等人文资源与自然资源交叠融合。运动员们在此穿越古道、古巷与宝绿色的贺江，感受封开千百年来的历史脉搏。如今省际廊道示范带建设生机盎然，这里将蝶变成看得见山、望得见水、记住乡愁、产业兴旺的美丽乡村。

（2）提高社会和学术界关注，汲取发展经验。封开县已经举办过多届广府文化论坛，推进广府文化的挖掘、传承与弘扬工作，同时将文化因子注入到脱贫攻坚与乡村振兴中来。大洲镇建设两广源流乡村文化馆（博物馆），吸引人们前来寻根溯源，有助于带动世界各地讲粤语地区的人们过来了解封开，同时也有利于广府文化的传承和弘扬。历届论坛形成的新论断、新思路、新成果为促进潇贺古道文化资源的整合、活化与利用工作发挥了重要作用。

（3）重视地方文化营造，实现地方经济、文化治理良性循环。古驿道活化利用与周边乡村振兴是相辅相成的，"乡村振兴"强调乡村具有更加多元的产业类型，而古驿道活化利用能够推动当地社区产业和经济发展。封开县充分挖掘古驿道沿线古村落资源禀赋，盘活了当地村庄旅游资源，促进了旅游业的发展。如：封开县江口镇就紧紧抓住了古驿道活化利用的良好机遇，还原古驿站原貌，着力打造"怀旧"旅游景点，利用当地历史文化特色推动旅游业发展；同时计划打造特色农产品一条街，促进产业多元化发展。励志新村则引进大学生创业团队，由企业提供种植技术，以"党支部+大学生创业团队+基地+菌种厂+农户"为模式打造竹荪种植示范基地，凭借独特的先天优势，封开江口镇结合自身实际发展产业，逐步形成各具特色、第一和第三产业融合发展的格局。

在潇贺古道的活化过程中，地方文化营造主要体现在地方文化保护及地方文化认同营造。如当地村民自发参与到古驿道活化利用项目中，推动"古道焕新"，保护并为外来者呈现最原始的乡土文化。潇贺古道上的小山村——封开县白垢镇岐山口村，历史底蕴深厚，古老的山歌是当地村民弥足珍贵的记忆。但当时代的快速演变使得山歌一度濒临失传只剩下一位传承人时，村民们的主体意识、保护意识开始觉醒，发出呼声迫切希望随着古驿道活化利用工作的推进，山歌可以得到更好的传承与发展。

潇贺古道活化利用工作进程中，政府通过出台政策和实施规划的方式，结合社会资本和传统村落资源，开展农村人居环境整治百日冲刺、村庄清洁等专项行动，使潇贺古道传统村落水、电、路、气、讯、文、教、卫、养、保等公共产品供给得到完善，进一步巩固古驿道活化利用的基础。封开县通过举办农事活动比赛、封开广信文化旅游节、"三月三"古城美食文化节、抢花炮、拜七姐、舞麒麟白马等古道节庆活动推动潇贺古道的地方治理营造。地方经济、文化、治理的良性结合，体现了封开县古驿道的发展模式之高明，也进一步推动了古驿道的发展，更为其他地区的古驿道活化利用提供了范本。

（4）注重村民参与积极性，激发乡村发展内生动力。封开县在推进省际边界美丽乡村示范带建设过程中，践行了当地居民参与的原则，不仅注重让乡村变美，更注重以产业为带动，让农民变富，达到以美丽乡村带动旅游强县的发展。在环境上，注重改善乡土风貌和环境卫生，优化当地乡村人居环境，为当地村民提供更好的居住场所，举办众多文化活动，营造良好的文化氛围，丰富村民业余文化生活，促进当地经济发展，实现创收。在决策上，为充分发挥群众的主体作用，推动共建共治，封开在省际廊道美丽乡村示范带涉及的村庄设立了村民理事会、议事会和村务监督委员会，健全村小组议事、公开、监督等机制，创新以奖代补、先建后补等方式，促进居民参与乡村决策的积极性，保障村民的主体地位。封开县重视村民的主体地位及其措施为后续古驿道活化提供了良好的样本。岭南文化是中华文化的重要组成部分，其空间地域范围广阔，时间跨度漫长，涵盖了人类社会发展的各个形态，涉及国家、边疆、民系、政治、文化等各个领域，是一座取之不尽、用之不竭的文化富矿。封开通过政府主导、专家支持、民间参与的形式，在推进省际廊道美丽乡村示范带建设、打造"贺江碧道画廊"品牌上成效明显，使潇贺古道焕发出了新的生机。

（二）海丝古道溯源南江文化——南江古水道

1. 发展概况

南江，古称泷水，历史源远流长，曾在流域内发现了多处旧石器时代晚期遗址，证实了早在四五千年以前就已有人类生活的痕迹。南江古水道位于广东省云浮市郁南县（兰寨—大湾古码头），全长约28.5千米。从南江口码头自北向南，分别流经南江口、连滩、东坝、宋桂、河口、大湾6个镇，面积约17平方千米。现存遗迹保存较完整，沿线保留有古码头、古遗址、古村落及大量的古建筑等，自然资源和人文资源丰富。南江古水道是广东省重点打造的南粤古驿道八大示范段中唯一一条水道，还是古代海上丝绸之路的重要支点。南粤古驿道的保护利用工作给南江古水道带来了发展的机遇。

2. 南江古水道的探索与实践

（1）立足统筹统揽，高效推进驿道建设。成立驿道建设领导小组，落实责任。郁南县高度重视历史文化传承利用，为积极响应南粤古驿道活化利用号召，成立了郁南县南江古驿道建设工作领导小组，致力研究部署推进南江古水道建设工作。相关部门对南江古水道活化利用工作提出了五点明确要求：一是要高度重视，乡镇、县直部门要密切配合，必须按时间节点倒排工期；二是落实责任，要明确每个建设项目分工，镇和部门要有责任担当；三是统筹协调，工作领导小组办公室做好协调联动；四是要依法依规，包括资金使用、招投标、工程施工、验收等，必须按照有关程序依法依规进行；五是要加快推进，古驿道建设工作时间紧、任务重，每个工程项目、节点都要严格按照约束性资金的使用要求，制订具体的工作计划和实施方案，把握好时间步骤，明确各项工作内容、时间节点、资金安排，确保如期高质量完成年度工作任务。

郁南县坚持"保护第一，合理利用，不搞过度修缮、过度开发，尽可能保留历史原貌"的原则，遵循"要把老城区改造提升同保护历史遗迹、保存历史文脉统一起来，既要改善人居环境，又要保护历史文化底蕴，让历史文化和现代生活融为一体"的规划方法，保护修缮了一大批文物遗迹，串联整合古水道沿线丰富的自然文化资源。

树立规划先行理念，科学引领古道建设。自2016年南江古水道（兰寨—大湾古码头）被广东省住建厅确定为首批古驿道保护利用示范地区以来，郁南县牢固树立规划先行理念，充分发挥规划的公共政策属性和宏观调控作用，着力完善规划编制体系，并不断强化规划实施监管，为保护利用南江古水道提供规划保障。

参照《广东省南粤古驿道线路保护与利用总体规划》《广东省南粤古驿道保护与修复指引》《广东省南粤古驿道标识系统设计指引》等相关要求，组织编制了《郁南县南江古水道示范段详细规划》（以下简称"《规划》"）。《规划》体现了"集约、智能、绿色、低碳"的要求，通过统筹山水、生态、文化等要素，突出山水景观、建筑风格和传统文化特征，明确指出南江古水道线路的规划目标、线路布局、设施配套、交通衔接、功能利用、实施保障等内容，并与省级相关规划充分衔接。《规划》以弘扬南江文化为基点，以丝路商贸文化为引领，以旧石器文化为亮点，以古百越文化、科举文化、侨乡文化等多元文化交融为目标，拟构建以两条水路文化线路和"1主3支4连接线"的陆路文化线路为主的文化线路体系，打造郁南特色的南粤特色古水道。同时，合理布局古道基础设施和公共服务设施，科学引领古道建设。

在发展理念方面，郁南县坚持绿色崛起理念，以古水道、南江河畔、山林、田园与古村落为产业基础，立足自身丰富的自然文化资源，大力发展乡村旅游，开发一批线路、打造一批节点，在一河两岸种上油菜花等观赏植物，以南江水道百里花海为主线，打造精品旅游线路，推动郁南旅游业又好又快发展；坚持"以江为道、东进融湾、全域融湾"的发展路径，充分挖掘南江黄金水道的发展潜力，发挥生态优良的核心优势，建设以南江口镇为核心区的临港经济带，抓住"融湾""融区"发展新契机开创郁南产业新局面；坚持"点上发力、面上开花"，把各处点、线、面串联起来，形成全域旅游整体效应，依托"北绿南古"资源禀赋，立足现代农业和文游产业发展现状，整合"名村+名镇""绿色+古色""碧道+绿道+古驿道"等资源，加快推进磨刀山遗址公园和南江传统文化特色小镇建设，着力推进城镇古迹、古建筑修复工作，擦亮"岭南祖地、西宁古镇、黄皮之乡"品牌；把北片"绿色生态休闲游"、南片"南江文化风情游"连线合环，规划打造"乡村旅游环县精品线路"，延伸开发若干特色支线，并争取通过省的认定成为精品旅游线路，全域推动镇级经济和乡村产业发展；以全域旅游为抓手，做好"文旅融合""健康+旅游"文章，持续推动"文旅+康养""文旅+红色""文旅+体育"等新兴业态，把文旅产业与马拉松赛、乡村徒步、南粤古驿道定向大赛等体育赛事有机结合起来。

完善基础设施建设，筑牢乡村振兴之基。为全力助推南江古水道活化利用工作，郁南县着力完善基础设施建设和旅游配套设施，为南江旅游等产业发展提供基础条件。首先，整体提升南江古水道交通通达性。加强高铁、高速公路等交通干线与古驿道的交通衔接，推进县乡公路改造，打通连接古驿道的"最后一公里"，完善沿线停车场、公交站场、转换点等设施建设。

其次，综合整治村容村貌、改善人居环境。为综合整治古驿道沿线村容村貌，改善农村人居生态环境，郁南县坚持在"美丽宜居"上下功夫，多次组织政府干部职工和广大人民群众参与人居环境综合整治行动，对村内主干道、村庄房前、屋后，区域内河道、坑塘、沟渠等地的垃圾进行清理并集中清运，对私拉围挡、乱堆柴草、残垣断壁等问题进行限期整改拆除。

（2）聚集优势资源，打造特色旅游品牌。建设宜居宜业特色村镇，展现南江文化魅力。传统村落是我国传统文化的重要载体，郁南县充分利用独特的地域文化特色，推动名镇名村保护和"宜居宜业"特色村镇建设，发展乡村旅游新路径。

推动名镇名村保护。近年来，郁南县相关部门致力于将南江文化之魂"兰寨村"打造成文化创意、展演、交流、写生创作的平台，建设兰寨南江文化创意基地、中国高等院校美术写生基地、南江工艺美术加工基地，推动兰寨村保护利用，以文化生态促进人文生态和自然生态和谐发展。兰寨村总面积2.5平方千米，常住人口1500多人，瑶族文化丰富多彩、瑶族风情浓郁独特，被列入国家非物质文化遗产的以稻作文化为题材的"禾楼舞"就起源于此。兰寨村在清朝时期就出过3名进士、1名翰林，新中国成立后，村里考取本科以上的学生达160多名，兰寨村崇文尚学蔚然成风。村内现有双桂堂古屋、瑞昌大屋、状元及第古庙等富含历史底蕴的古建筑，并已建成"状元进士馆""农耕典当馆"等具有南江文化传统的展馆，依托清朝状元林召棠亲手栽种的状元树建立了"状元休闲区"，组织举办了一系列兰寨文化活动，并与众多院校共建教学实践基地或写生创作基地近20个。兰寨村因地制宜，依托自身独特的文化特色，活跃民族文化活动，促进乡村旅游发展，拓宽村民的增收致富渠道，为建设特色村寨奠定了坚实基础。

建设"宜居宜业"特色村镇。郁南县委、县政府积极探索旅游供给侧结构性改革，牵手广域集团在连滩镇打造"南江传统文化特色小镇"，建设风景美、街区美、功能美、生态美、生活美的"宜居宜业"特色村镇。该项目充分利用郁南县丰富的南江特色文化和生态资源优势，建设集文创、艺术、体验、休闲、观光、度假等多功能于一体的传统文化特色小镇。项目总投资约18亿元，用地约1万亩，项目建设周期约为8~10年，覆盖龙岩村、兰寨、西坝村、石桥头等20个村庄。主要划分启动区、核心区、农耕体验区、滨江休闲区、田园观光区、山地运动区和园区配套等七大主题板块，构建小镇产业功能体系。项目建设内容主要包括古驿道百里花海、艺术产业孵化基地、岭南风情街、五星级酒店、农耕体验公园、观光果园、户外探险等项目配套建设。在特色小镇建设中，2018年重点打造兰寨广场、岭南风情商业街、朱屋特色主题精品酒店、光二大屋农耕文化体验区及南江古驿道百里花海等项目。2021年8月，国家AAA景区南江小镇揭幕活动在连滩镇兰寨村举行。南江小镇成为带动郁南经济腾飞的新引擎，成为乡村旅游文化融合的新标杆以及向世界展示岭南文化的新窗口。

打造"南粤文化之旅"主题线路，助推文旅融合发展。为切实推进南江古水道活化利用工作，郁南县整合古道及其沿线资源，从文化旅游资源、地理生态特色、人文体验需求等方面入手，以南江文化和丝路商贸文化为引领，以旧石器文化为亮点，以古百越文化、科举文化、侨乡文化等多元文化交融为目标，打造以两条水路文化线路和"1主3支4连接线"的陆路文化线路为主的"南粤文化之旅"文化线路体系。

水路文化线路主要包括北段丝路商贸水上文化线路和南段美丽乡村水上体验线路。南江古水道示范段的南江流域，被该流域内的电站设施划分成了三个河段，郁南县选取了南北两段作为水路感受南江文化风情的线路。北段丝路商贸水上文化线路从兰寨五显庙古码头出发，以连滩张公庙古码头为终点，途经光二大屋古码头，该流域历史遗存资源较为集中；南段美丽乡村水上体验线路从河口佛子坝古码头到达大湾江边村码头，途经磨刀山遗址公园，该流域自然景致优越，沿途果林较多。

陆路文化线路以"1主3支4连接线"为主，分别是：1条古水道文化线路主线由兰寨至大湾，途经连滩镇、宋桂镇、河口镇等，串联兰寨、一甲街、张公庙、康少培大屋、佛子坝、磨刀山遗址、狮子庙、五星村等；3条古水道文化线路支线即白石河文化线路、千官河文化线路和云安古道文化线路；4条连接线包括盘古线（磨刀山遗址—盘古山森林公园—天池庵）、天池线（替葛村—天池庵—螺山）、古官线（龙岩村—龙岩祖庙—文广庙、朱屋、一甲街、龙溪村）、东坝线（龙岩寺—恒道书舍—蒲芦山森林公园—河滩桑园）。

郁南县打造的"南粤文化之旅"主题线路体系，突出展示了南江古水道的山水生态景观、南江文化景观、瑶族民族风情、非遗保护与开发和乡村旅游发展情况等，以文化促进旅游，以旅游彰显文化，进一步推进了文旅融合发展。

培育特色亮点项目，提升古道旅游品位。为使古水道焕发新的光彩，有效提升南江古水道区域的景观吸引力，郁南县精心培育相关特色亮点项目譬如百里花海景观项目，进一步提升"一镇一节点、一村一片花"的百里花海特色旅游品牌，为乡村振兴战略增颜值，提升南江古水道区域的影响力和美誉度。百里花海景观项目是通过对古水道沿岸乡村进行统筹规划，清理垃圾，整治河滩，打造千芳竞艳、姹紫嫣红的花海景观，提升环境的清洁度和美观度，优化居民生活环境。按"一镇一节点、一村一片花"的原则，在南江沿岸的南江口、连滩、东坝、河口、大湾镇，规划出南江第一湾、兰寨、东坝、河口、大湾5个主要节点以及13个行政村，利用沿岸山地、园地滩涂，按照规划方案种植相应的植物，打造农田景观、河岸景观、湿地景观和山上景观，达到活化利用古水道、改善人居环境、提升旅游品位的目的。

（3）以节庆赛事之道，兴南江文化之道。文化惠民，共享文化盛宴。南江文化艺术节，源于有400多年历史的连滩镇张公庙会，主要活动时间在每年正月十五到正月二十的"庙诞"和农历八月初六的"秋祭"，是南江流域汉族、壮族、佤族等民族最具影响的民间文化活动。每逢南江文化艺术节，连滩镇游客络绎不绝，来自南江流域及粤西地区逾10万群众和游客共享文化盛宴。艺术节活动丰富，主要内容有万人朝拜、八音贺诞、醒狮团拜、扮饰游行、捐香油、求解签语、吃斋饭、上刀山、唱连滩山歌、烧炮、做醮、麒麟舞、德庆的荷龙舞等。其中尤为著名的是被称为是传统舞蹈"活化石"的禾楼舞、堪称艺术界百年老字号的"茅龙舞"、省级非物质文化遗产名录项目"独占鳌头、闻鸡起舞、醒狮迎亲"等，更有一些独具地方特色的连滩飘色、寓意国泰民安和五谷丰登的"张公出巡"等，反映传统信仰、生活方式、民间习俗的富有特色的民俗活动逐一呈现，充分体现了南江传统文化的历史厚重与文化传承，深受游客喜爱。

一站一特色，焕发古驿新颜。南粤古驿道定向大赛自2016年开赛以来，凭借其优异的品牌综合影响力，吸引了众多徒步定向爱好者的参与，深受群众的喜爱与支持。南粤古驿道定向大赛设置了世界排位组、精英组、公开组、体验组等组别，来自世界各地的外籍运动员，与国内定向运动员同台竞技，共享定向体育的乐趣；与大部分赛事不同的是，南粤古驿道定向大赛还设有体验组，市民群众可充分参与到赛事当中感受定向运动和岭南特色村落的魅力。

南粤古驿道定向大赛充分挖掘各分站传统文化、古港文化、红色文化等历史文化资源，突出一站一特色。赛事进一步激发了群众积极参加南粤古驿道全民健身赛事活动的热情，扩大了南粤古驿道活动全民参与度。郁南站已连续三年作为南粤古驿道定向大赛的分站点，赛事的成功举办不仅提高了郁南古村落的知名度、美誉度，提高了当地对古驿道的保护意识，而且改善了农村人居环境，带动了区域经济、旅游、文化等产业快速发展，让古驿道、古村落发出新时代的声音，焕发出古驿新颜，为群众带来了真切的获得感。

文创赋能，激发驿道活力。在"双创"时代背景下，举办文创大赛成为各地鼓励创业、激发创新的常见形式，有利于带动产业升级、塑造城市品牌、文化传播等综合价值的实现。精神面向的文化创新、软创新为人们提供了大审美时代的"美生活"，推动了人们美好生活的实现。郁南县通过举办南粤古驿道摄影大赛、南粤古驿道文化创意大赛和广东大学生纪录片大赛等文创赛事，既实现了南江文化的传播推广、南江旅游品牌的形塑宣传、城市创意活力的激发等社会效益，也实现了创意者、生产者、运营者、消费者多方面价值赋能与共赢的经济效益，同时伴随互联网的发展普及，除了依靠专家评委之外，越来越多地借助网络投票以增加公众的参与和监督。通过创新的竞赛、路演、评委等机制设置，确保了"有创意"和"巧创新"贯穿大赛始终。

（4）创新宣传推介路径，擦亮南江文化名片。打造郁南名片，建立品牌联想。城市名片是对一个城市的自然、历史、文化的提炼，能够充分反映当地文化、经济特色，是代表一个城市的文化符号。城市名片浓缩了一座城市的精华之处，对于全方位地提升城市品位，宣传城市魅力及个性，增强城市知名度，扩大城市影响力具有重大意义。

郁南县抓住南江古水道建设和乡村振兴机遇，基于自身资源禀赋、生态优越、文化厚重的特点积极打造亮丽的城市名片，譬如"中国无核黄皮之乡""中国生态旅游大县""禾楼舞——国家非物质文化遗产""南江文化名城""广东省电池产业集群升级示范区""全国最大液力机械主要生产基地之一""全国绿化模范县""中国砂糖桔第一县""最多传统美食县""全国体育先进县""全国第一批农村电网建设与改造工作先进县""全国农村生活污水治理示范县""广东绿色食品示范县""中国最美休闲乡村"等，有利于以郁南名片之"点"带动郁南发展之"面"，形成差异化竞争优势。郁南县所打造的一系列城市名片，建立起受众对郁南与生态、旅游、文化、制造、绿色等城市名片的品牌联想，同时使南江古水道的知名度和美誉度得到广泛提升。

为了提高南江古水道的知名度和美誉度，郁南县积极开展线下宣传推介活动，例如南粤古驿道征文大赛、南江文化艺术节、艺道游学·少儿绘画大赛、南江龙舟节龙舟大赛、南粤古驿道摄影大赛、南粤古驿道文化创意大赛、南粤古驿道定向大赛、广东大学生纪录片大赛、旅游推介会等，并在活动中展示和推介当地文化、美食等，有效提升了南江古水道的知名度和美誉度。

3. 南江古水道的发展启示与借鉴

（1）凸显特色，助力特色村镇建设。特色是一个地方区别于其他地方的独有的色彩和风格。把岭南文化融入乡村进行艺术化改造，用文化、艺术、产业复活乡村，牢固树立岭南传统文化的灵魂标杆，充分利用农业、山林、滨江等自然禀赋，引入产业资源，建成一个凸显岭南文化、民族特色文化、非物质遗产文化的田园综合体，从而推进文旅融合发展，拉动经济增长，促进农民增收，实现乡村振兴、绿色崛起；结合特色村寨实际，按照"一村一品"的发展思路，充分挖掘民族文化，活跃民族文化活动，促进乡村旅游发展，拓宽村民的增收致富渠道，为特色村寨可持续发展奠定坚实基础；各村寨因地制宜制定项目建设规划，突出抓好特色民居保护和改造，重点保护木质吊脚楼，旧房修缮加固，突出建筑特色，原有建筑风貌得以保留完整，少数民族传统建筑得以保护和恢复，丰富保护民族传统文化的载体，营造浓郁的民族特色氛围，结合特色村镇实际，积极探索"特色村镇+N"发展模式。

（2）改善沿线人居环境，推动美丽乡村建设。南粤古驿道保护利用工作以改善农村人居环境为切入点，通过组织"三师"志愿者与古驿道线路沿线247个省定贫困村结对子，指导乡村做好规划建设和环境治理；围绕古驿道本体保护、连接线建设、历史遗存修缮、标识系统建设、配套设施建设以及地质灾害整治，扎实推进11条740多公里古驿道重点线路的保护修复。结合农村垃圾污水治理、水体保护、畜禽污染整治、古水道治污等工程，推动农村人居环境持续改善。同时，营造了集健身、文化、娱乐、摄影于一体的休闲旅游环境，引领一种绿色健康的生活方式，倡导"不留痕迹的旅程"，成为优质的公共生态产品。

（3）完善基础设施，提高交通通达性。近年来，郁南县深刻领会省委、省政府"三个定位、两个率先"的重大意义，围绕构建全方位大交通体系，开展打造区域交通枢纽、改善城区路网建设、加快县乡和村级公路改造建设"大会战"。2014年以来，郁南县加快南广铁路郁南站场、南江口站场建设，着力推进高东线、S279线等公路建设，完成农村公路路面硬底化改造45千米，进一步强化对外交通连接。实施了都城至南广铁路郁南站一级公路建设，填补了该县没有一级公路的空白。2015年计划投资2994万元改造县乡公路，全面提升交通出行条件。随着南广高铁正式开通运营，郁南进入了高铁时代。云浮市三个高铁站两个坐落郁南，粤桂黔高铁经济带的提出，为郁南带来了更广阔的发展空间，高铁连通了珠三角核心区以及西南地区，人流物流资金流高速交换，给郁南带来了重大的发展机遇。

为充分发挥交通基础设施促进经济发展的作用，谋划好高铁经济、站前经济，郁南县组织党政考察团赴佛山市高明区、南海区和惠州市惠阳区开展交流活动，学习借鉴珠三角县（市、区）在高铁经济带规划建设、招商引资以及产业园区建设等方面的先进经验，站在更高的层面加快完善和提升郁南、南江口两个站场配套规划建设，把高铁从交通概念变成经济概念，主动融入区域发展大局。郁南加入粤桂黔高铁经济建设思路就是"借力发展，发掘优势，站在区域发展的高度抓规划"。2015年，郁南规划建设面积各为3000亩、1000亩的南广铁路郁南站场和南江口站场服务配套产业发展基地，建设规划面积4000亩的郁南县轻工业园区，建设全长10千米的高铁大道，规划建设一个二级汽车客运站，同时，全力加快高铁大道、九星大道建设，积极推动广梧高速公路封开连接线路面拓宽、三环路规划建设以及配合做好怀阳高速公路郁南段建设的前期工作，加快完善南广铁路郁南站、南江口站前广场配套设施，加强交通路网对接和功能布局配套。另外，郁南还将充分发挥64千米"西江黄金水道"的优势，提升3000吨级航船直航梧州的通航能力，通过深入开展沿江码头整治，整合23个码头和15千米可使用岸线资源，全力抓好南江港码头扩建项目建设，发展港口码头经济。

如今郁南县交通体系已日趋完善，彰显优势，将为郁南跨越赶超、绿色崛起提供最有力的保障。广梧高速、南广高铁和云岑高速贯穿郁南全境，拥有7个高速公路出入口（含两个预留出口）、两个高铁站场，便捷的水陆交通和独特的区位，使郁南融入珠三角1小时生活圈和2小时经济圈，成为广东沟通大西南乃至东盟的桥头堡。

（三）海丝重港、通洋总汇——汕头澄海樟林古港驿道

1. 发展概况

汕头澄海樟林古港驿道位于汕头市澄海区东北部，是红头船的启航之地，具有丰富的历史文化资源。樟林古时因"遍地樟林，枞灌成林"而得名。据现代考古发掘，樟林在宋代时已出现村落；到了明代特别是明代后期，樟林有了迅速发展；至嘉靖三十五年（1556年），樟林居民集资建寨以自保，樟林寨城经四年建成；至万历、天启年间，樟林成为"渔鲜盈市"的埠头，后来樟林社区面貌的雏形基本形成；清康熙二十三年（1684年）开海禁，樟林港逐步兴盛，至乾隆、嘉庆年间达全盛期，形成"八街六社"格局，号称粤东"通洋总汇"。樟林港繁荣时期跨越雍正、乾隆、嘉庆、道光四朝。由于商贸发展、海船往来频繁，樟林港也逐步发展为粤东地区早期移民海外的主要港口。樟林古港旧址是"红头船"的起航圣地，被誉为"红头船的故乡"。

汕头澄海樟林古港驿道位于广东省汕头市澄海区东里镇，北接饶平、潮安；与闽西南、赣东南毗邻；径通南海，畅达远洋。澄海樟林古港驿道面积约两平方公里，呈东西向带状。驿道沿线由西北往东南主要景点依次有风伯庙、西塘庭园、陈公祠—新兴街—永定楼—南盛里—秦牧故居—锡庆堂—樟林古港碑刻—天后宫等。

2016年汕头澄海樟林古港驿道被广东省住房和城乡建设厅列为"广东省南粤古驿道示范段"，2017年被评为"广东十大海上丝绸之路文化地理坐标"，同年其保育活化项目被广东省住房和城乡建设厅授予"广东省宜居环境范例奖"，2019年被公布为广东省文物保护单位。秦牧故居、水仙古寺、天后宫、南盛里、锡庆堂、八街、游火帝、绿豆糕、林檎、蚁光炎故居、蚁美厚故居、古港河、山海雄镇庙、起凤陈公祠、西塘庭园、风伯庙、"哲谋广居"书斋、猪脚饭、炮台山、游乡船、节孝牌坊、新兴街、莲华乡村旅游区、新兴街古栈道、澄海灯谜、妈祖文化节等26项文旅资源保存状态较好，已经或正在进行合理的活化利用，一些已经被评为国家级/省级/市级/县级文物保护单位、不可移动文物及较有价值的历史建筑、乡村旅游开发资源、非物质文化遗产、AAAA级景区等。古港路健身绿道、中山南路文体广场、"红头船"博物馆、潮汕古民居、樟林古村落、北溪河、鼠壳粿、草粿、青叶粿、斗鸟等10项文旅资源保存状态一般，活化利用程度不够，正待活化利用或已进行初步修缮及利用。汕头澄海樟林古港驿道景观空间格局初步形成，文旅资源丰富且空间分布较为集中，各个文旅资源的活化利用足以形成规模效应，提升景观空间的整体适宜性和美化度；历史建筑原貌保持完好，新兴街古栈道、南盛里、潮汕古民居等历史建筑多采用在保护文旅资源原有状态的基础上进行修缮的活化利用方式，修新如旧、修旧如旧，历史建筑原真性得到较好的保护。

2. 汕头澄海樟林古港驿道的探索与实践

（1）创文化强管理落地，出海口纪念地迎风起航。重视保育活化，着手动工建设。作为南粤古驿道出海口纪念地的西堤公园有着悠久的历史。要寻觅古驿道海上丝绸之路西堤节点的过去，必须从西港、牛田洋说起。西港与牛田洋是汕头内海湾腹地，是韩、榕、练三江内河船交汇的出海口，具有风平浪静、便利航舶、水上交通便利，同时也支持船员作息、淡水补给、仓储吐纳的岸地条件。因此它是汕头老埠外贸的发祥地和集散地，享有"通洋总汇"的美誉，这也是汕头得以开埠崛起的地理优势。

如今古驿道侨批公园出海口纪念地通过保育活化，于2014年10月1日开始动工建设，并被定为世界记忆名录侨批纪念地。尤其是2016年5月在汕头市委、市政府创文强管的强力推动下，公园已初见成效，大获民心，并于2016年9月28日试开放，现建有公园主入口、"侨批"记忆广场、下沉式记忆景墙、拉膜平台、环形道、海滨木栈道、世界记忆走廊、过番纪念码头、足球运动场、篮球运动场、门球场等景点和配套项目。

逐步提升影响力，游客数量创新高。慕名前来参观、了解和学习侨批文化知识，寻找历史记忆的国内外游客络绎不绝。西堤公园的建成开放正在贯彻和落实习近平总书记关于"让陈列在广阔大地上的遗产活起来"和"留住历史根脉"重要指示精神，让"侨批档案"资料走出博物馆，成为城市公共空间的一部分，更好传递"侨批""爱国、拼搏、诚信"精神，有效提升汕头历史文化遗产在共建"一带一路"中的影响力。早在西堤公园开放不到一年的时间里就已接待海内外游客逾100万人次。公园同时有机地将"世界记忆名录侨批纪念地""南粤古驿道出海口遗址地"等元素融合在一起，打造一处融历史纪念、文化传播、休闲运动为一体的多功能社区公园。汕头侨批公园出海口纪念地大船正乘风破浪，沿着古驿道起帆行驶在"一带一路"航线上，再创历史新辉煌。

（2）保护挖掘工作启动，古码头重现昔日风貌。考证定位挖掘，古码头雏形初现。2017年5月28日，汕头市澄海区东里镇正式启动永定楼古码头的保护性挖掘工作，古码头雏形得以展现。永定楼古码头是汕头澄海樟林古港驿道最重要的码头之一，红头船靠岸装卸货物和接送人员的主要场地，是汕头澄海樟林古港驿道海运繁荣的重要见证。经前期多番考证得以准确定位。工程采用机械加人工作业方式，深挖深度为1.5米～5米。原来被泥土杂草覆盖的古码头，经过连续作业，已经挖掘出台阶11级，其中上4级为石板阶，下7级为贝灰结构台阶，每级宽约2米。沿台阶而下，挖掘出一条古石堤，宽约1.2米。挖掘过程中，还清理出一枚铁珠，据推测，应为红头船上的炮弹珠，经过挖掘，古码头雏形逐渐恢复。

多措并举，打造南粤古驿道示范工程。在初步清理码头后，东里镇继续对未完全显露的石堤进行挖掘，清理已挖出的石阶，清运周边渣土垃圾，逐步将汕头澄海樟林古港驿道原貌更好展现出来，实现古驿道原景呈现。同步启动樟林古港永定楼广场的规划设计和施工前期准备，依托古码头建设集景观、休闲、游憩于一体的小广场，修旧如旧、古今结合，打造古驿道重要节点景观。

（3）定向大赛顺利举办，推动古驿道各要素融合发展。连续举办多届南粤古驿道定向大赛。赛事期间还集聚了当地特色小吃和绿色农产品，会场设置了美食区及农产品展示区，有澄海名优蔬菜，优稀水果阳光玫瑰葡萄、青柠檬（及深加工产品）、番石榴、火龙果，狮头鹅系列产品，潮汕小菜尚美香菜脯、橄榄菜系列，肉丸类制品系列等。除此之外，主办方还举办书画、古客栈、历史文化、旅游图片、版画展等活动，弘扬潮汕文化。

创新大赛模式，传递新时代声音。定向越野大赛以古驿道为载体，采用"古驿道+体育文化+旅游+特色农业"等创新模式，让古驿道、古村落焕发新时代"声音"。大赛充分利用广东古驿道、古港、古村落及岭南特色文化等优势，以体兴道、以道兴村，推动南粤古驿道定向大赛与传承优秀历史文化、乡村振兴、文化旅游等方面的融合发展，真正"让陈列在广阔大地上的遗产活起来"。

3. 汕头澄海樟林古港驿道的发展启示与借鉴

樟林古港历史悠久，是汕头港形成之前潮汕以至粤东、赣南和闽南地区出海的主要港口，号称粤东第一大港，它是红头船的起航圣地和粤东地区最早的出洋口岸。如今，经过不断地尝试实践，汕头澄海樟林古港驿道走出了一条展现澄海独特历史文化和地域风貌的复兴之路，重焕新机。因此，它的发展之路值得总结与借鉴。

（1）注重前期详细规划，构建发展体系。市域研究与示范段规划结合，布局合理规范。按照广东省人民政府关于"修复南粤古驿道，提升绿道网管理和利用水平"的工作部署和时任广东省副省长许瑞生提出的工作要求，2016年共建设南粤古驿道八个示范段，樟林古港作为古驿道文化线路保护利用试点地区之一，澄海区和东里镇政府组织开展了樟林古港示范段详细规划的编制工作。

工作从两个维度入手，汕头市域层面的古驿道研究，是对接总规、指导示范段规划的基础，通过梳理古驿道历史、现状遗存和周边历史资源分布情况，构建"两主+七支+连接径+多点"的文化线路体系。示范段层面，遵循文化、方法、空间和设施四个方面的设计原则，以古驿道遗存为主要载体，梳理出驿道文化线路和重要文化节点，同时按照示范段规划设计指引的要求提出详细的线路改造、服务设施、标识系统等内容。

在文化资源路线方面，汕头市开展古驿道规划研究，根据古驿道历史演变、现状遗存和沿线周边历史资源分布情况，规划形成"两主+七支+连接径"的文化线路网络。两主是潮惠古驿道文化线路汕头段，韩江主水道东溪和西溪。

在线路改造方面，规划驿道线路总长约2.4千米，以现场调研及规划研究为依据，提出了详细的线路改造设计，其中，路面修缮段长约1.3千米，路面改造段长约0.7千米，现状保留段约2.1千米，新建桥梁33米。按照古驿道相关标准，结合历史建筑设置服务设施（管理服务中心、驿站、问询处），合理设置标识系统、交通设施等。

在节点设计方面，针对不同节点类型提出两种不同节点设计手法。一种遵循历史原真性，以历史研究为依据的场所再造。例如新兴街区节点的活化利用，还原两个码头历史空间形态，重塑货栈原貌，将功能改为小型特色博物馆。同时利用滨水步道和水上步道两种路径连接方式，连接码头与货栈，增强游览的体验性和趣味性。一种强调"少即是多"的设计原则，从历史文化载体中提炼代表元素，对场地的空间、景观小品等方面进行设计，用最经济的手法最大化表现历史文化。如红头船广场，解构并重组红头船元素，演绎当年船只出航的繁盛景象，唤醒人们港口记忆。

（2）着重挖掘文化内涵，凝练设计理念。挖掘地方文化特性，凝练文化共识。樟林古港位于韩江出海口，曾是清代潮汕地区最大的海运贸易和民众出洋口岸。在沧海桑田的变迁之下，探究社会文化现象的空间分布变化，挖掘"地方本性"，凝练环境意义共识具有重要意义。

多尺度转化文化理念，营造古港公众意象。通过河街景观营造街巷与河岸的环境意象特征。沿古港河道以"一河、两环、五街、七巷、多节点"的系统构架，整理街巷与河岸的开放空间，突出"河""街"的地方特性，依据建筑质量及重要性等因素挖掘文物和历史建筑作为活化"节点"，把广场等开放空间作为构建对话的"支点"，沟通街巷与河流，借景远山；通过红头船营造景观节点上的视觉符号，提取红头船桅杆元素，设计景观纪念柱；近于足尺复原红头船，作为标志性装置等，通过地方文化和集体记忆的视觉符号，引导"社会群体对空间秩序和景观进行空间建构与认同的过程"。

（3）重视改造政策落实，加强古港保护工作。改造升级古港，乡间美景重现。为保护樟林古港片区文物和传统历史风貌，进一步做好樟林古港保育活化利用工作，坚决遏制古港片区乱修乱搭乱建等违法行为，结合樟林古港实际情况，公告中指明保护范围为樟林古港河沿岸、新兴街保育活化范围；秦牧故居、新兴街、南盛里、锡庆堂、西塘、山海雄镇庙、林园等文物保护单位保护范围和建设控制地带；樟林"八街六社"天褒节孝坊、韩文公祠、风伯庙、起凤陈公祠、哲谋广居书斋、王厝及王厝后包、庆庐、垂庆里、儒林第、樟南古庙等不可移动文物及樟林片区其他历史建筑的保护管理。未经区规划、国土、文物和建设主管部门批准并取得相关行政许可，擅自进行新建、改建、扩建的或未按许可内容进行建设的；未经批准在文物保护范围和建设控制地带进行工程建设或者爆破、钻探、挖掘等作业，均属违法行为，这些措施有力地提升了古港的保护力度。

（四）百年侨墟、出洋首港——江门台山梅家大院—海口埠古驿道

1. 发展概况

江门台山梅家大院—海口埠及周边华侨文化浓厚，海口埠作为五邑先侨出海谋生的重要口岸，催生了发达的银信业。当年海口埠银信业最为兴旺的是西隆街，被称为"银行街"，仅银号就有6家。因商贾云集、经济繁荣、文化底蕴深厚，海口埠一度享有"小广州"之称。因为这里是大同河与端芬河汇合出海的地方，端芬人习惯把河叫"海"，所以称呼为"海口埠"，这个名字就这样传了下来。由于其与香港、澳门之间便利的海上交通条件，也是台山乃至五邑地区人们远赴重洋的起点或中转点，海口埠成为广府先侨出洋的重要港口，被称为"广府人出洋第一港"，也是海上丝绸之路商贸的重要商品集散地。海口埠目前现存一条横街连通原码头和竖街，街边大部分历史建筑保存较完好。台山梅家大院—海口埠及周边华侨文化浓厚，以古村古镇为代表的人文类旅游资源最为突出。过去，因为水运的便利，海口埠极为繁荣热闹。这里，曾是台山地区乃至五邑地区人民漂洋出海的中转站。海口埠由一条竖街和一条横街组成，呈T字形，建有主街维新街、西隆街、东兴街，还有海傍街和市场街，其中尤以西隆街最为兴旺，这条短短500米长的街道，就有万丰银行、钜信银号、永茂银号等6家银号，有"银行街"之称。因为经济较繁荣，来自台山各地乃至五邑地区的群众集中在此经商、生活。横街仅有百米长，在横街的尽头可以看到河道，那就是当年华侨踏上船只漂洋出海的码头。梅家大院由当地华侨以及侨眷侨属于1931年创建，是台山极其宝贵的建筑群，其规模十分宏大，气势较为壮观，装饰精微，构思巧妙，散发出中国传统文化的精神、气质以及神韵。

台山梅家大院—海口埠古驿道位于台山市，海口埠西北距端芬镇政府驻地山底圩（又称端芬圩）4千米，往台山市政府驻地台城27千米。从海口埠到梅家大院，陆路驿道约6.3千米，水路驿道约7.5千米。在这段不长的古道中，银信博物馆、银信广场、西洋亭、108栋侨乡风情的建筑群等节点如珍珠般散落两旁。整洁、闲适、热闹的背后，是触动人心的乡愁与古驿道活化新业态的尝试。台山梅家大院—海口埠古驿道沿线由北往南主要景点依次有梅家大院、浮月村、浮石村、东宁里、龙潮村、东湾村、大洋美村、海口埠等。梅家大院水陆交通便利。梅家大院占地面积80亩，108幢二至三层带骑楼的楼房，呈长方形排列，鳞次栉比，俨如一座小方城。梅家大院是目前全国保存得最完好，且具有一定规模的华侨建筑的典型代表，是华侨建筑的典型代表和"第一侨乡"的重点标志之一，也是江门市宝贵的历史文化遗产。

江门台山梅家大院—海口埠古驿道的保护利用工作始于2016年，台山市人民政府根据广东省南粤古驿道示范段保护利用的工作任务要点对本地的工作进行了分解细化，制定了《2017年台山市古驿道示范段保护利用工作任务分解表》，并提出了各项工作任务的具体要求、责任分工及时间节点。2017年1月，《台山市驿道文化线路保护与利用专项规划》和《台山"海口埠—梅家大院"古驿道示范段详组规划》编制完成。其中，专项规划确定了保护利用的总体目标、线路走向和重要节点的空间布局，详细规划则制定了详细设计、施工方案，直接指导了施工建设。2017年3月，台山市对梅家大院—海口埠古驿道开展环境综合整治和线路修复工作。建成后的海口埠银信纪念广场、古码头、西洋亭、临水观景平台、六角亭等已成为网红打卡地。海口埠还成功举办了2017年南粤古驿道国际定向大赛（台山海口埠站）暨中国南粤古驿道文化之旅活动等多项活动。2020年6月，首批广东省粤港澳大湾区文化遗产游径发布，海口埠成为江门台山侨墟与洋楼游径中重要的华侨华人文化遗产资源点之一。

2. 江门台山梅家大院—海口埠古驿道的探索与实践

（1）示范区与乡村路线相结合，科学布局，加快古驿道新农村示范片建设。台山古驿道以台山县城为中心，外延至开平、阳江、恩平和新会，并通过南部广海、川岛等地区出海，开启了五邑先人移民的出洋大门，其中江门台山梅家大院—海口埠古驿道更是广东重点打造的八条古驿道示范段之一。而在台山东南部的斗山镇则是台山古驿道沿线上的一颗明珠。

从2014年开始，斗山镇被确定为广东省省级新农村连片示范建设工程，示范片主体工程由墩头村村委会浮月村、那洲村村委会美南村、五福村村委会五福村3个核心村和那洲村、莲州村2个自然村组成，总规划面积35.7平方千米，其中不少村庄是江门台山梅家大院—海口埠古驿道沿线村庄。三年来，斗山镇围绕村庄规划，结合南粤古驿道保护利用工作，整合资金累计投入逾4000万元开展示范片建设，在基础设施建设、村容村貌提升、农旅结合等方面取得了一系列成果。

示范片内共建成公园13300平方米、文化楼5900平方米。在保护村庄整体风貌的基础上，浮月村加大基础设施建设力度，改造瞭望台，设置休闲步道，铺设巷道石板小路，修建浮月广场、牌楼、纪念亭、儿童乐园、排球场、垃圾屋、公厕、水泥村道、村场和巷道，重修祖祠……当地人居环境大大改善，先后被评为"广东省宜居示范村庄""江门市生态村"。

美南村按照创建宜居村庄的标准，完成排水排污暗渠化工程、村容村貌改造工程、村道建设工程及村容村貌增补工程，有效提高了村民的生产生活质量。

在海外侨胞的热心捐助和村委会的积极筹备下，五福东村实现全村巷道路硬底化，并新建立了岭南特色的牌楼、简洁古朴的凉亭和幽雅宁静的乡村公园，该村宜居程度进一步提升，被评为"广东省卫生村"和"江门市标兵文明村"。

在推进基础建设的同时，沿线村庄努力提升村容村貌——成立环境保洁队，加强村庄卫生保洁，有效处理生活垃圾和生活污水，实现雨污分流和污水排放暗渠化；对村道两侧、公共休闲地、房屋前后等进行绿化美化，提升了村庄自然景观和村民的生活环境水平。

打造侨乡特色乡村游线路。台山市悉心打造的斗山浮石至端芬梅家大院的汀江华侨文化走廊，集中了横江村、浮石村、海口埠、浮月村、东宁村、梅家大院等八个景区，逐渐成为台山市侨乡文化乡村游的经典线路，受到游客喜爱。

其中浮月洋楼以其"半碉楼、半洋房"的特色，充分体现中国传统文化与西洋文化交融的显著特征，先后被定为"台山市文物保护单位""台山市新八景之一"。当地依托独特的侨乡文化，整合农旅资源，举办丰富多样的特色活动，吸引众多游客前来游玩观光。2017年11月19日，浮月村举办首届村庆，活动以"谋求海内外乡亲幸福康宁，传承二百四十年非凡历程"为宗旨，庆祝浮月立村240周年。村庆活动从早上持续到晚上，海内外侨胞、村民和游客狂欢了一整天。

当地还通过举办斗山旗袍摄影活动、斗山浮石飘色艺术节、五彩水稻种植体验等形式多样的乡村活动，增加与游客的互动体验，让侨乡文化在乡村游中得以传播。2017年国庆长假期间，斗山镇共接待游客约2万人次，带动经济收益160多万元，乡村旅游迅猛发展。

（2）招商引资，激发古驿道经济活力，打造国家级4A级景区。作为2017年南粤古驿道定向大赛暨中国南粤古驿道文化之旅的启动地，台山完成了梅家大院—海口埠古驿道示范段和海口埠"广府人出洋第一港"主题公园项目的建设，为当地村民和游客带来一处全新的休闲好去处。2018年5月4日，台山市对外发布公告，对端芬镇海口埠、梅家大院旅游景区开发项目进行公开招商，台山梅家大院—海口埠古驿道示范段将有望进一步升级成为国家级4A级景区。

海口埠是清末民初时华侨出洋港口、华侨出国史的"活标本"；民国时期的重要墟集，有"银行街"之称。2017年，台山梅家大院—海口埠古驿道被列入2017南粤古驿道保护利用示范段之一，台山投资近3000万元，在台山梅家大院—海口埠古驿道示范段打造海口埠"广府人出洋第一港"主题公园项目，主题公园包括银信博物馆、银信纪念广场、湿地公园等。台山市政府在2018年将海口埠、梅家大院旅游景区整体开发列入重要办事日程，委托台山文化旅游集团有限公司进行资源整合、策划方案、投资建设基础设施，负责为项目实施和景区管理进行协调和服务。前期已分别委托深圳城市空间设计有限公司和广州市思哲设计院有限公司编制了《台山市古驿道调查及历史文化研究》《台山市驿道文化线路保护与利用专项规划》《台山"海口埠—梅家大院"古驿道示范段详细规划》《台山市驿道文化线路标识系统及海口埠码头详细设计指引》以及《台山海口埠码头及周边景观工程施工图设计》《海口埠侨批博物馆室内装饰设计和展馆布展设计》等。该项目开发目标是要以台山梅家大院—海口埠古驿道为载体，加强台山文化传承，讲好台山故事，弘扬台山人精神。

打通交通网络，吸引各方资源。台山将当地的交通条件视为旅游开发区的一大优势，新台高速从台山梅家大院—海口埠古驿道示范段东侧经过，作为区域性主干道，是示范段主要对外联系的路径，并有274省道和365省道联系台山主城区，对外交通便利，可达性高。另有乡道、村道、田埂路等低等级道路纵横其间，局部成网，成为古驿道线路的最佳选择。此外，台山还规划了一条水上游线路，该线路将沿着民国时期先侨出洋的古水道——大同河设置，并对梅家大院和海口埠两处古码头于旧址进行复原设计，游船向南联通上下川岛，既是对出洋之路的复原，也便于将上下川岛的游客吸引过来，形成联动发展。

（3）挖掘地方文化，激发文化魅力，深入挖掘银信文化，提升当地文化自信。在江门五邑地区"侨批"则被称为"银信"。在台山海口埠，侨批银信文化保护与南粤古驿道保护利用工作紧密相连。

江门海口埠银信纪念广场逐渐成为教育引导人们不忘近代我国经历的屈辱史和老一辈侨胞艰难创业史的重要场所。分布在全省各地的南粤古驿道正将这些节点串珠成链，热爱祖国、情系故里、吃苦耐劳、勇于开拓、笃诚守信的侨批精神在这些地方不断得到升华。

2017年初，广东依托南粤古驿道保护利用工作开展了"驿道依旧在，故人何处寻——寻访侨批银信后人活动"，邀请侨批银信后人讲述侨批银信背后的故事；与此同时，还选取具有代表性的侨批银信制作成"银信墙"在江门海口埠展示。

修复整改示范段，游客络绎不绝。江门台山梅家大院—海口埠古驿道示范段中的银信博物馆、银信广场、银信文化古街等与梅家大院108栋侨乡风情的骑楼建筑群（汀江墟）在国庆期间吸引了大量游客前往参观游玩。

在银信博物馆，进去参观的游客络绎不绝，2019年海口埠刚完成了主街南北两面的外立面修复整饰工程和三线（电视、电信、供电）改造工程，整个主街看起来更干净美观，国庆前在主街上悬挂起的国旗随风招展，整个海口埠看起来节日氛围很浓，很多游客都在主街上的银信博物馆门前、山花墙、银信文化古街石刻和银信纪念广场、海口埠古码头、西洋亭、郎平题字的"中国排球之乡·江门台山"石刻等地方拍照打卡，个别摄影发烧友还专门晚上过去拍亮灯后的主街夜景。梅家大院一居民兴奋地说："你们若是早两天过来，在梅家大院还能看到文艺会演，其中走旗袍秀的队伍甚是抢眼，她们除了在舞台上表演之外，还走下舞台在这小广场来回走秀，吸引众多游客拿起手机来拍照和录小视频呢。"在梅家大院舞台空地的侧墙上，有当地政府举办的"银信小镇魅力·乡村振兴风姿"庆祝中华人民共和国成立70周年摄影比赛获奖作品展览，吸引众多游客驻足观看。据端芬镇党委委员梅勇章介绍，当时正值国庆期间，当地政府在海口埠、梅家大院和沿途主干道悬挂了1000多面国旗和4000多个红灯笼，为南粤古驿道示范段营造了浓厚的迎国庆氛围。

以组合拳促沿线及周边地区发展。在台山海口埠，一位年轻的外国友人感慨，不管是在中国，还是在全世界，像南粤古驿道这样的历史遗迹都是一个国家和民族的宝贵文化资源，如果能把它们用活用好，对带动经济的发展肯定是有很大作用的。

2016年以来,广东省积极开展南粤古驿道修复利用工作,初步摸清全省171处古驿道遗存情况及周边古镇古村、贫困村、旅游资源等基本情况,古驿道两侧各5千米范围内覆盖贫困村数量为1310个,约占全省贫困村总数(2277个)的60%。为此,广东坚持修复利用与精准扶贫相结合,有效帮助贫困村建立起发展内生动力和"造血机能"。古驿道的活化对于动员城市各种资源流向乡村,推动贫困人口劳动致富,的确有很重要的意义。正如广东省政府在印发的《南粤古驿道保护利用2017年工作要点》中所强调的,做好南粤古驿道保护利用工作,可以推动历史文化保护与农村人居生态环境综合整治和扶贫开发、乡村旅游、户外体育运动等工作相互融合,促进古驿道沿线农村面貌改善和经济发展。

事实上,在促进古驿道沿线及周边地区发展方面,广东省已经提前策划了一套组合拳,大力推动古驿道沿线名镇名村保护和特色村镇建设,加强古驿道沿线农村人居生态环境综合整治。"要将古驿道示范段周边5千米范围内农村环境综合整治列为环保专项资金支持重点地区,加大对沿线农村危房改造的指导和支持力度。"重点工作还包括推动沿线村庄对口精准扶贫脱贫,完善古驿道沿线交通基础设施,提升古驿道沿线旅游服务水平,培育古驿道特色农产品以及加强古驿道知识产权保护。为把江门台山梅家大院—海口埠古驿道活化利用落到实处,台山市积极响应省委、省政府号召,加强古驿道学术理论研究,创新宣传推广形式,以系列举措推动古驿道沿线及周边地区发展。

(4)政府重视宣传工作,古道知名度不断提升。江门市连续举办"南粤古驿道"摄影大赛,邀请摄影爱好者以"南粤古驿道"为题创作,通过镜头发现更多散落在江门五邑的古驿道。江门是中国侨都,400多万侨胞遍布世界107个国家和地区,有"海内外两个江门"之称,具有独特而丰厚的侨乡文化。这里有目前广东省唯一的世界文化遗产——开平碉楼与村落、世界记忆遗产"侨批档案"、五邑华侨华人博物馆、院士路、星光公园等为代表的华侨文化;有华侨文化浓厚的江门台山梅家大院—海口埠古驿道;有台山广东音乐、茅龙笔、蔡李佛拳、咏春拳等为代表的中国非物质文化遗产;有陈白沙、梁启超、司徒美堂等为代表的人文文化;还有世界华侨华人嘉年华、世界江门青年大会等为代表的节庆文化。这些特色鲜明的文化赋予了江门星罗棋布的古驿道、古村落特殊的文化内涵。而台山古驿道是全省古驿道文化线路中西江古驿道的重要组成部分,是海上丝绸之路的重要节点,其中江门台山梅家大院—海口埠古驿道更是广东重点打造的八条古驿道示范段之一。

南粤古驿道是侨乡历史文化的重要载体。通过举办摄影比赛，让摄影家和摄影爱好者及广大侨乡人民用其敏锐的眼光，发现更多散落在江门五邑的南粤古驿道，将更多南粤古驿道的历史文化发掘出来，进行研究、保护和活化，充分展示江门中国侨都的古驿道文化魅力。参赛作品主题内容均与"南粤古驿道"相关，例如南粤古驿道出海口纪念地、广府人出洋第一港台山海口埠等。从古驿道沿线看到的华侨建筑"博物馆"斗山镇浮月村、岭南民居建筑"活标本"东宁村、国内罕见具有相当规模华侨建筑群的梅家大院等古村落中建筑文化、历史文物、传统习俗等都是拍摄的主题。

"中国南粤古驿道文化创意大赛"由广东省住房和城乡建设厅、教育厅、原文化厅、体育局、原旅游局联合主办，而江门台山站以"海内外华人集体情感记忆空间"为主题，共收到中山大学、广州美术学院、广东工业大学等高校师生文化创意作品50多项，作品融合了台山银信、广府人出洋第一港海口埠、台山洋楼等文化元素，吸引了不少游客前来参观。

在创作前期，中山大学、广州美术学院、广东工业大学师生一行40余人组成采风团到达江门市台山市，了解台山侨乡风情和古驿道文化，进行文化创意创作。他们先后参观了台山博物馆、台山一中、梅家大院、海口埠和特色农产品企业。师生们领略了台山美丽的古村落和古驿道，感受侨乡风土人情，为文化创意创作积累好的素材。

大赛成功举办离不开"三师"专业志愿者委员会、省建筑设计研究院、台山市政府、台山市文广新局、台山文化旅游集团、广州市天启正业建筑设计事务所、佛山市南风古灶旅游开发公司、广东铭河文化产业有限公司等单位以及各大院校师生的大力支持。在各方的共同努力下，中国南粤古驿道文化创意大赛硕果累累，文化与创意碰撞出精美的火花。

由国家体育总局航空无线电模型运动管理中心、广东省体育局联合广东省住房和城乡建设厅主办的南粤古驿道"天翼高清杯"定向大赛（台山·海口埠站）的隆重举行，让沉寂已久的端芬镇再次引起世人的关注。端午假期三天，就有3.3万游客慕名前来。本次活动，充分展示了南粤古驿道台山示范段、海口埠古码头、银信博物馆、银信柱阵等古驿道文化挖掘、修复、完善、活化的众多成果，让大众对于华侨历史以及银信文化有着更为深刻的了解和认识。作为举办地，端芬镇在这次海口埠文化之旅活动中，抓住契机，重新定位，积极挖掘华侨文化，深入开发华侨之乡的旅游资源。

多角度展现古驿道风采。第一,打造特色小镇。当地积极举办南粤古驿道定向大赛、文化之旅活动、华侨摄影大赛、文化创意大赛等活动,同时也以海口埠作为起步,加强后期精细化管理,做好旅游规划,串联华侨文化,打造特色小镇,为中国农业公园活动的成功举办奠定基础。据时任端芬镇镇委副书记、镇长朱英炀介绍,目前南粤古驿道系列活动仍是以开放的、公益活动为主,正式的经营活动尚未启动,因此还没有明显的经济效益,但是发展前景很好,有利于端芬镇自身的重新定位,有利于旅游文化产业的发展。随着海口埠二期工程动工,古码头前的街道也恢复了古街开发,修建古商业街,修旧如旧,并建成商铺、民宿等相关配套设施。同时,梅家大院的首期升级工程及庙边片区的建设规划也同步推进,由点及面,以南粤古驿道为载体,以银信文化为主题,将全镇的旅游规划建设起来,打造成银信文化特色小镇。

第二,活化利用南粤古驿道。借这次中国南粤古驿道文化之旅的东风,台山把散落在各个乡镇的非物质文化遗产串联起来,如台山广东音乐、斗山浮石飘色、台山排球等,重新展现在公众的眼前。而海口埠作为广府人曾经的出洋第一港,在半个世纪之后重现生机,这一切都与广东省住房和城乡建设厅对南粤古驿道的活化利用息息相关。据时任端芬镇镇委委员李晓春透露,今后端芬镇将以南粤古驿道作为主线,把镇内有关华侨文化的景点连成一条旅游线路,盘活线上的每一个点,同时也会进一步挖掘和保护古驿道周边的风景、"文化瑰宝"等,这是端芬镇未来的发展方向。朱英炀镇长表示,南粤古驿道是一种文化的载体,更是一种特殊的纽带。如今7.2千米台山示范段的建成,将会给未来南粤古驿道的建设提供了经验和帮助,而端芬镇也会继续沿着示范段的建设经验,合理规划,并把建设美丽乡村元素融入其中,切实做好南粤古驿道活化利用工作。南粤古驿道文化之旅推出的首部话剧《风雨侨批》更是生动地展示了侨批银信文化,歌颂了侨批人视信誉如生命的诚信精神,颂扬了海外华侨爱国爱家的情怀。侨批银信历史文化保护利用,是广东历史文化保护工作的一个缩影、闪亮点。

举办"中国寻根之旅·风韵南粤"夏令营。南粤古驿道是先辈们留给我们宝贵的历史文化遗产,是广东省重要的旅游资源,已经成为众多旅游景点里的新秀。南粤古驿道游将休闲健身、家庭亲子、知识科普、红色教育、乡村发展等汇聚于一身,以其独特的旅游体验,吸引了众多游客,各种各样的旅游活动也随之开展。

2019年7月1日,"中国寻根之旅·风韵南粤"夏令营广东台山营正式开营。江门台山梅家大院—海口埠古驿道是南粤古驿道示范段之一，其沿线有浓郁的侨乡风情，更有靓丽的田园风光，人文与自然之美兼具。此次，36名海外华裔青少年、4名领队到台山多个景点参观学习，收获满满。营员们先后参观了端芬镇梅家大院、海口埠、台山银信博物馆、斗山镇浮月村、陈宜禧纪念广场，国华台电、台山中国农业公园都斛起步区。

在第二站海口埠和银信博物馆，讲解员介绍了台山人的出洋历史，鼓励营员们积极和同伴一起去了解银信的故事。在银信博物馆，营员们更深入地了解了以前华侨先辈的故事。遇到难理解的展品时，领队还会用英文给营员们解释。海口埠是清末民初时华侨出洋的港口、华侨出国史的"活标本"、民国时期的重要墟集，有"银行街"之称。据当地老辈人讲述，当年最早漂洋过海到各地谋生的端芬人，都是从海口埠码头搭乘小船到广海湾换乘大船而出海漂洋的，因此在台山人眼中，这里就是"出洋第一港口"。第三站是浮月村，太阳花盛放在道路两侧，成熟的水稻组成了金黄色的波浪，造型各异的稻草人分布其中，前方是篱笆绿树掩映下的中西合璧的洋楼……蓁华居的楼主带领营员参观了这座始建于1928年的四层洋楼，娓娓道来每一个建筑细节背后蕴涵的意义。在第四站陈宜禧纪念广场，营员们看到了陈宜禧人物雕像、蒸汽火车头、铁路文化长廊、"骑楼商业文化街区"等景观要素的创意设计组合，纷纷抢着跟火车头合影。第五站来到了铜鼓国华台电，这是亚洲规模最大的火力发电厂。营员们参观了展览厅，讲解员给营员们介绍了火力发电的整个流程。第六站是台山中国农业公园都斛起步区，道路两侧金黄色的稻浪就开始映入眼帘，隔着车窗都能闻到扑鼻而来的稻香。从农耕文化展示馆的大门望出去，天蓝、山青、稻谷香，美不胜收。

"台山中国农业公园"，这块镌刻有"世界杂交水稻之父"袁隆平院士手书的牌匾，悬挂在台山都斛镇莘村的公园入口牌坊上；牌坊之内，是一望无垠的"广东第一田"。这里不仅承载着千年岭南稻作文化，是传承农耕文化的宝藏，更描画着侨乡现代农业新貌，谱写着三产融合、乡村振兴的时代新章程。

"烹制"古驿道文化盛宴，为地方发展积聚人气。南粤古驿道项目精心烹制的这场文化盛宴，旨在重组江门当地的文化、旅游、生态、农业等不同产业发展的资源要素，从而在区域经济中激起一股原子裂变式的发展效应。

在梅家大院的定向大赛起点处，当地的农业部门为了抓住南粤古驿道文化之旅系列活动带来的人气，精心策划了一场以专门展示江门地区农业特色产品为目的的展销会。"大院中间40亩空地，原本就是专供商贩摆卖商品的市场，只不过，在活化利用前，这片空地长期杂草丛生，一直荒废了。"一位当地干部说道。活动当天，广东禾盛生物技术有限公司、开平健之源保健食品有限公司、江门市珍侨农产品电商有限公司、恩平市雪壮茶厂、恩平市存善堂辣木科技有限公司、广东天之源农业科技有限公司、新会区祥益陈皮有限公司、鹤山市双合镇侨益康茶叶种植专业合作社等9家农企积极参展，新会陈皮系列产品、禾盛牛大力系列产品、恩平勒菜系列产品等多种"三品一标"农产品齐聚一堂。在现场可以看到，大部分都是带有"绿色食品""无公害农产品""农产品地理标志保护产品""广东名牌"等标签侨乡特色农产品，引发现场观众极大关注。

"有关注就有人气，有人气就会有市场交易。"当地还借助南粤古驿道摄影大赛通过网络发动、线下宣传、实景采风、航拍视频等多种形式，邀请大家重走古驿道，充分调动起社会公众对于古驿道的喜爱和热情。大赛收到了来自各地各界的近千张摄影作品，当地政府大力传播这些获奖作品，让更多人了解到江门台山梅家大院—海口埠古驿道及周边村落的迷人魅力。

除加强对古驿道的本体保护以外，台山市还策划了"南粤古驿道文化之旅"主题线路，举办古驿道体育赛事和开展"驿道依旧在，故人何处寻"寻访侨批（银信）后人活动等，通过大力打造"中国南粤古驿道"活动品牌来给江门台山梅家大院—海口埠古驿道沿线周边的村落和相关产业积聚人气。因为只有当全社会都来关注古驿道文化的时候，资源才能被有效地利用起来。

3. 江门台山梅家大院—海口埠古驿道的发展启示与借鉴

多方协作，深挖古驿道内涵。通过走访江门、台山、广州多地部门单位、拜访相关学术专家和银信后人，台山完成了1071件银信资料的收集整理任务。根据收集的银信资料，按照源远流长、世界汇归、银信递送、血浓于水、桑梓情深、投资兴乡、赤子之心七大主题进行分类，将华侨银信文化，在银信广场上向群众展示台山源远流长的华侨文化，对古驿道内涵进行深入挖掘。台山市发挥华侨之乡的优势，将古驿道文化与华侨文化相结合，同时借推广全域旅游之势，推出古驿道文化乡村游，吸引游客前来游玩，既对当地的古驿道文化和华侨文化起到了推广、宣传的作用，也通过游客消费增加古驿道沿线农民收入，达到双赢。

台山注重邀请村民、学者和政府一起，共商如何借助开发利用南粤古驿道，加快完善农村基础设施，促进农村人居环境综合整治，缩小城乡基本公共服务差距，并通过发展旅游等产业，实现精准扶贫，为建设美丽新农村鼓与呼。台山通过江门台山梅家大院—海口埠古驿道活化利用，努力统筹开展古村落、古建筑群保护开发，凸显它们的历史文化价值，同时带动周边地区经济发展。

当地旅游数据与村民收入逐年攀升的背后是江门市、台山市、端芬镇政府找准了活化利用江门台山梅家大院—海口埠古驿道的好法子。当地政府把马拉松比赛、大学生辩论赛、研学等活动放在了江门台山梅家大院—海口埠古驿道沿线，以古驿道为载体，展现台山的文化，拉动当地经济的发展。

当地重点打造的银信博物馆也成为了活化利用的重要载体。时任台山市委常委、宣传部部长罗海华说："目前，以银信文化为主题的银信博物馆常年开放，我们还充分利用博物馆空间，打造了广东首个与古驿道相结合的'新时代文明实践站'，举办了数期培训班，文明实践站也购置了很多书籍刊物，成为村民学习、交流的重要场所。"台山将对海口埠古驿道进行巩固提升，打造特色精品节点，提升银信博物馆布展质量。

端芬镇进一步强化了"广府人出海第一港"的文化招牌，连通海口埠和梅家大院的水路驿道，游客可乘船体验先辈从此处登船出海谋生的艰辛；由于海口埠段道路为斗山镇与端芬镇的枢纽要道，故建设一条连接斗山、端芬的道路，把原有的道路改建为步行道，为海口埠商业发展创造机会；同时对梅家大院的部分建筑进行修复改造提升，尝试引入各种新业态，并在附近的东宁里村依托原有建筑培育发展民宿业。

（五）连通粤港澳走向大世界——珠海岐澳古道

1. 发展概况

香山古驿道是南粤古驿道的重要组成部分，是近代广东地区民众走向世界、开风气之先的重要通道，涌现出了一批以孙中山、苏兆征、杨匏安、容闳、陈芳等为代表的闻名中外、影响深远的重要人物，其以"开放创新、群英荟萃"的文化特点在南粤古驿道中独树一帜。香山古驿道包括岐澳古道、长南迳古道、凤凰山古道和金星门水道等四条精华古道。岐澳古道起于中山石岐，止于澳门关闸，宽约2米，全程为70千米，修筑于清咸丰十年（1860年），是清代香山（今中山）地方官府主导修筑、官民共享的官道，也是连接香山与澳门的交通要道。岐澳古道分为东干大道和南干大道，其中南干大道是主要通道，也是商贩百姓来往进行货物运送和交流的主要通道。

在明朝中叶，澳门已是诸夷贸易之所，商船往来频密，是海上丝绸之路的一个重要港口。中山人以及江口两侧的乡民，需要一条通往澳门的道路，因此形成了岐澳古道这条进入澳门的古商道；清朝初年，岐澳古道已是官商两用大驿道。清朝末期，很多失地农民或城中的贫民，从石岐将瓜果蔬菜等挑到澳门关闸，再挑回石岐紧缺的火柴、煤油等以换取生计，慢慢地就走出了这条小路。古道南干大道的拓宽，也与民族英雄林则徐禁烟有关。清道光年间，林则徐以钦差大臣的身份到广东禁烟。为了制止多国不法商人同流合污，林则徐经过岐澳古道到达澳门，表达了禁烟的决心。因此，岐澳古道是当年林则徐赴澳禁烟的必经之路；辛亥革命后，珠江三角洲的民众，特别是位于珠江口西部的中山、四邑（新会、开平、台山、恩平）等地的百姓，大多利用岐澳古道到澳门进行贸易，或经澳门前往香港和海外地区，这条古道又成了"南粤移民"的古道。20世纪90年代初修筑的城桂公路五桂山境内段，同岐澳古道大体重合。岐澳古道现只保存了石鼓村梅花坑到南桥村石莹桥共约5千米的路段，该路段隐藏于深山之中，虽多为残垣断壁，但仍能依稀看到往日繁华景象。

由于历史的原因，旧时的岐澳古道逐渐湮没在城市建设的大发展中，古道现状遗存较少且分散，主要散布在四个区段：石岐区段、五桂山段、三乡雍陌段、三乡古鹤段。现横贯中山、珠海、澳门三地的岐澳古道在珠海段又被称为古鹤古道。古鹤古道为岐澳古道的南段，经过今珠海南溪村、长沙圩、翠微村、前山、拱北等地，直至澳门。其中，岐澳古驿道的"最后一公里"拱北莲花径均延伸到繁华的市井街区。

经多方努力，岐澳古道五桂山精华段和三乡古鹤段完成了修复提升工程并对外开放。岐澳古道沿线景点较丰富，包括古道西侧的古元故居、会同村，南侧的苏曼殊故居、梅溪牌坊、陈芳故居、农科奇观，中部的普陀寺、长南古迳遗址，东南侧的凤凰山、石溪公园、古元美术馆，北侧的唐家湾古镇、共乐园等，文化遗址遗迹数量较多具有很高的历史人文价值内涵。

广东省城乡规划设计研究院大数据中心研究发现，古驿道游客以广州、佛山、深圳、东莞为主要输出城市，以三河坝—麒麟岭古道、兴宁—平远古道、岐澳古道、南江古水道为主要流向目的地，形成多节点旅游人口流动网。其中，珠三角地区古驿道沿线旅游景点、体育及休闲设施等资源最为丰富，尤其珠海岐澳古道、广州从化古道串联整合起最多旅游景点、体育及休闲资源。岐澳古道历史遗存丰富，交通便利，景点多元，体育及休闲配套完善，保护利用成效明显，加上中山、珠海两市地理邻近，因此呈现出两市强关联性旅游通道的特征。据统计，2018年国庆期间香山古驿道沿线及周边景点接待游客共75.71万人次，旅游接待人数同比实现大幅度增长。

2. 珠海岐澳古道的探索与实践

（1）团结协作，助推岐澳走向世界。做好顶层设计，绘制岐澳发展新蓝图。2017年，广东省提出南粤古驿道"两年试点，五年成形，十年成网"的工作目标，明确了将古驿道从乡间小路打造成承载历史记忆的文明之路、经济之路、健康之路。同年，中山市启动南粤古驿道保护利用工作，从长远角度整体策划古道沿线开发，印发了《珠海驿路文化线保护利用总体规划及示范段详细规划》《关于进一步加强香山古驿道建设实施工作的通知》《中山市岐澳古道保护利用规划及示范段设计》《中山市香山古驿道东干大路文化线路保护与利用规划》等系列文件，统领全市古驿道保护利用工作。《中山市南粤岐澳古道文化线路保护与利用总体规划》梳理建于1860年的岐澳古道70千米长的沿线遗迹和遗址，深入挖掘整理及开发岐澳古道的历史、文化、交通、商业等价值，结合中山绿道建设，对多个历史文化名村、传统村落和新农村进行连片示范建设及人居环境综合整治，形成以线串点的岐澳古道乡村文化带，重塑香山乡土风情；《中山市香山古驿道东干大路文化线路保护与利用规划》策划了东干大路7条特色主题线路，以及两条与东干大路密切相关的文化遗产游径，指导后续旅游线路策划，以及相关服务设施的打造。

多部门联动。建立"一个领导小组、一套督办机制、两个指导小组"的工作体系和工作制度；梳理形成涵盖古驿道本体修复、标示系统安装、沿线镇村整治、活动赛事筹备等在内的10大类、49项具体工作任务并交由环保局、文体旅游局、香洲区、高新区等分头组织实施，通过工作报告制度和联席会议制度共同协商解决工作难题。充分发挥专家智库作用。邀请多名古建筑修复专家加入指导小组，定期或不定期地深入到古驿道现场进行实地指导，对古驿道修复中的施工图纸设计、标识系统设置、本体修复施工选材、文化展示内容等严格把关。

坚持原真修复，展现古道风韵。中山市高度重视岐澳古道保护性修复和利用工作，在完善规划的基础上稳步推进古道活化利用工作。譬如对古道沿线特色村落人居环境进行整治，修缮古道沿线古民居、优化村落街道河流景观、拆除不协调建筑等，并将古道沿线特色文化村落古民居保护开发同改善村民居住条件相结合，协调古民居开发和现在仍在使用的古民居居住功能间的关系。

中山市注重最大限度保持古道原始风貌，一是充分结合当地的自然环境对古道线路进行修复；二是按照修旧如旧的原则选择古驿道的修复材质；三是尊重历史，延续原有的修复工艺。在此基础上对部分遗址遗迹进行技术性修复。2017年，在国家传统村落扶持资金的支持下，中山市完成了对古鹤村古村落的保护工作，古老的岐澳古道石板街得以恢复；2018年，进一步加快五桂山精华段和三乡古鹤段的保护性修复利用工作，开展沿线环境整治工作，完成了精华段全线的清理及部分路面修复，完成了标识和指引设计，五桂山精华段全线5.5千米基本贯通；2019年2月，对岐澳古道五桂山示范段进行修复提升，具体包括重新铺装五桂山示范段入口广场石块，建设文化墙等3处景观小品，设置约60个停车位，增建旅游公厕。对岐澳古道约5千米路面进行了提升改造，铺设了路边排水沟2.5千米，同时完善了周边绿化，在古道沿途种植本土绿化品种美化登山环境，安装了植物科普标牌，另外对登山径沿途的古遗存，如石莹桥路界址碑、云逕寺、通衢土地庙等进行保护性修缮；2020年4月，投资1979.39万元开展岐澳古道三乡雍陌示范段修复工程，具体包括雍陌上街改造，将现有水泥路面改为石板街；对圣堂祖庙、雍陌郑公祠、鼓冈郑公祠、篮球场、东山书院遗址等广场进行修缮。

完善设施配套，保障线路贯通。为方便游客游览，中山市对岐澳古道及沿线服务设施配套进行了改善：一是设置了清晰的古道标识系统，精华段沿线共设置标识牌60余处，并配有古迹、遗迹的解说文字，方便游客游览；二是完善了沿线服务设施配套，沿线设置驿站2处、驿亭3处，其间还设置了休憩石凳20余处，结合驿站还配置有停车场、公厕等服务设施；三是提供了便利的交通指引。两处出入口均配套有公交站和免费停车场，设置了清晰的方向指引标识牌，连接线引入了共享单车投放，方便游客快速到达古道入口。此外，与其他南粤古驿道示范区相比较，岐澳古道外部交通建设较好，附近分布有4个火车站，与广珠城轨、广澳高速、G105、S111、S268等多条交通干线相接驳，并已开通直达公交"岐澳古道南"站。

（2）文旅融合发展，破解驿道活化难题。活化名人元素，讲好名人故事。如今，碑刻诗词故事、祠庙祠堂、楼台亭阁……各种丰富的名人元素吸引着不少游客前来，而古驿道是著名人物及相关事件的重要物质载体。对于古驿道文化遗产的利用，活化"名人元素"是一个很好的方式。通过系统整理史记资料，辅助深入的田野调查，挖掘出古驿道历史文化的故事，通过多样化的手段把这些文化素材展示出来，当这些名人故事鲜活起来，古驿道在人们的印象中也会更加地鲜活和立体。

　　策划特色主题线路。广东是中国开风气之先、放眼看世界的窗口，岐澳古道涌现出孙中山、苏兆征、杨匏安、容闳、唐国安、唐廷枢、陈芳等，他们的事迹和思想至今对我们起到重要的启迪和借鉴作用，其"开放创新、群英荟萃"的文化特点在南粤古驿道中独树一帜。因此，中山市利用这些名人元素打造了一条"香山古驿道群英故里文化遗产线路"，在保持原岐澳古道和历史建筑原真性的基础上，对沿线的在中国近代政治、科技、经济、文化有代表性的原香山籍人物的故居、祖居进行危房加固和适当修缮，在重要历史遗迹原址进行立碑铭记，将有关历史文献进行空间化展示，以古驿道、绿道、村道和省道串通，将原岐澳古道提升为"香山古道历史文化遗产线路"。香山群英故里文化线路全线长度约125千米，由南干大路（岐澳古道）和东干大路组成，范围涵盖中山市石岐区、东区、南区、五桂山、火炬区、南朗镇、三乡镇等7个区镇。其精华段跨越香洲区和高新区，起点为香洲区普陀寺，终点为高新区联合国际学院文化小镇，全长6千米，其中包含2.9千米古驿道本体山地遗存段、0.4千米瀑布景观段、0.4千米溪流景观段、0.2千米竹林景观段、0.1千米湿地景观段和2千米古驿道连接线段新建步行道。东干大路是以孙中山先生为代表的一批革命志士走向探索中国民主革命之路的必经之路，东干大路现存名人故居荟萃，古村遗迹众多，如孙中山故居、陆皓东故居、杨殷故居、程君海故居等。东干大路主线分为历史城区段、城市段、城乡段，结合支线形成7条特色主题旅游线路，分别是乡土文化旅游线、碉楼建筑旅游线、登山徒步旅游线、渔耕观光旅游线、华侨文化旅游线、滨水休闲旅游线、田间骑行旅游线等，作为"寻觅历史之道、饱览文化之道、休闲运动之道、观光游乐之道"，进一步传播了香山群英故里的文化名片，扩大其影响力，促进新时期"香山地区"的共同发展。

　　讲好名人故事。借助对珠海岐澳古道的活化利用行动，从杨匏安的出生地、岐澳古道旁的杨家祠出发，杨匏安革命生涯最重要的场所——位于广州越华路的杨匏安旧居成功复活，成为华南明灯永不熄灭的殿堂。同时，南粤古驿道活化利用的重点之一就在于空间的故事性体验与故事的空间化营造，因此，对史料的挖掘便成为一项重要的工作。随着岐澳古道保护活化利用工作的日益深化，先后沿迹挖掘出"华南传播马克思主义第一人"杨匏安在南粤大地的奋斗遗迹及"培正培道中学"在乐昌坪石的办学史。

　　连通粤澳，走向世界。岐澳古道曾是繁荣一时的贸易通道和官道，是连接内地与澳门的纽带和桥梁，是海上丝绸之路的重要节点，是深化粤港澳大湾区合作交流的重要平台，是提高港澳同胞特别是港澳青少年民族认同感的重要载体，是不可多得的爱国主义教育题材，是密切内地与港澳地区血肉联系的精神纽带，也是近代广东地区民众走向世界、开风气之先的重要通道，对于研究古代内地与澳门的贸易文化往来，古代香山与澳门的政治、经济、文化关系，都有十分重要的意义。此外，岐澳古道的开发对推动粤澳合作也有积极意义，澳门50万居民中有四分之一祖籍源于香山，香山与澳门，可谓文化同源，历史同根，源远流长。岐澳古道是澳门与内地血脉相连的重要见证，是粤澳文化上不可分割的重要见证。

密切粤澳联系。在当前国家大力推行"一带一路"倡议的大背景下，广东尤其是珠三角地区充分挖掘南粤古驿道的文化底蕴和历史脉络，是进一步密切粤港澳三地民心感情的重要途径。2019年珠海市政府工作报告提出，将岐澳古道活化利用工作上升为粤澳合作项目，由中山、珠海和澳门特区政府合作推动香山古驿道与澳门历史街区步行系统对接，开发一条特色旅游线路，定期邀请澳门青少年来此举办各种冬令营、夏令营活动，增强文化认同，为粤澳文化交流合作作出新贡献。

深化粤港澳大湾区文旅合作。首批广东省粤港澳大湾区文化遗产游径包含孙中山文化遗产游径、海上丝绸之路文化遗产游径、华侨华人文化遗产游径、古驿道文化遗产游径和海防史迹文化遗产游径五大主题共27段实体游径。游径的推出有利于拓展粤港澳大湾区在文化和旅游领域的交流与合作，促进文化遗产资源的保护与利用，丰富大湾区人文精神内涵。位于岐澳古道沿线的元一沉香文化馆被纳入首批A级共享文化馆，作为岐澳古道文化遗产游径的节点，建立沉香文化旅游参观基地，打造DIY体验区，成为体验传统沉香文化的好去处。岐澳古道作为粤港澳大湾区文化遗产游径的重要组成部分，贯通了自中山、珠海到澳门的历史脉络，不仅实现了历史文化资源的活化利用，也促进了粤港澳大湾区文化软实力的建设，成为"国家记忆"的重要组成部分。

古驿道保护与活化利用工作不仅要把路修复建设好，更要挖掘出古驿道所承载的历史故事和传承的精神向大众展示，真正活化复兴古驿道。为此，珠海深入挖掘古驿道历史文化，一是通过典籍考证、口述历史、专家座谈等形式，挖掘历史文献、历史遗存等历史文化资源，梳理境内古驿道的脉络；二是通过对沿线村庄村规民约、村庄村史的编辑整理，古驿道手绘地图的编制，鸡山牛歌等沿线古音、古谱、古乐的收集整理，加深公众对香山文化的认识；三是在古驿道修复建设中通过设立讲解标识牌、景观小品等形式建立了文化展示系统，编辑形成群英谱，绘制群英分布图，最后将其在古道驿亭等节点通过解说标识牌向游客展示，凸显古驿道"群英故里"线路主题文化。

结合场地资源，营造特色景点。为提升古道游览体验，在古道本体修复的同时，注重沿线特色景观节点的营造。其中，香山古驿道精华段沿线营造了特色景观点18处。特色景观点营造充分利用沿线丰富的溪流、瀑布、湿地等现场资源优势，因势就形、就地取材，结合场地特征进行打造，尽量做到对历史真实的重现，并保留了古道野生野趣。

（3）加强融媒建设，汇聚宣传合力。加大宣传推广，营造社会氛围。在古驿道建设工作的推进中，珠海十分注重运用新媒体平台进行宣传推广，通过南粤古驿道官方网站、"中山日报""中山发布""三乡发布""文旅中山"等公众号发布岐澳古道相关推介信息，同时注重开展接地气的古驿道群体活动，推介岐澳古道品牌，营造公众参与、全民关注、共护驿道的工作氛围。如今的岐澳古道俨然已成为珠海市民周末户外徒步、自然科普、亲子拓展以及感受城市文脉的"网红"游览线路。各项古驿道主题活动如雨后春笋般浮现，吸引了社会各界的广泛参与。

珠海市秉承以人为本理念开展的古驿道修复工作，不仅为全省南粤古驿道的保护修复积累了宝贵经验，更通过全民的共同努力，提升了珠海文化遗产的魅力和活力，为城市留下了记忆，让人们记住了乡愁，给市民增添了幸福感和获得感。

构建价值营销体系，呈现古道深层价值。关于城市品牌的塑造，除了对新的媒体和传播环境的关注外，更需要立足于城市所在地的文化元素进行更深层次的城市品牌重构和营销。对城市和目的地形象形成补充的产品和体验往往受到青睐。比如，最近李宁推出的"长安少年"系列产品赢得了超高人气，更加适应年轻一代消费群体的需求，通过时尚化的手段将西安的传统文化进行了独特的创意延伸，成功地塑造了可供旅游者消费的文化，为西安的城市品牌营销增添了新的价值。

超越简单的物质空间的更新，不断挖掘深层次的文化内涵，是实现一个地区的综合价值的核心。将南粤古驿道放到中华文明的体系中去，以新的语境重新发现和讲述岭南大地的自然、历史、文化、经济、社会等综合变迁，同时，对南粤古驿道进行垂直化的在地研究、跨地域化的比较研究以及超出历史的长周期研究，并且与文学、音乐、美术、体育等领域进行跨界融合，拓展文化的深度和广度，将是一次全新的审视和价值呈现。此外，在多层次挖掘文化价值的基础上还要做好传播与转化，在新媒体时代和流量时代，社交媒体的发声、话题内容的制造、对事件营销的精准把握都将可能为城市品牌营销赢得先机；技术与内容的组合是打造品牌营销价值闭环的关键；海报、短视频、展览等多样的创意形式将为城市的品牌营销锦上添花。一个地区真正有吸引力的不在于某个符号或者事件，而应该是文化软实力背后的价值观念。作为线性遗产，南粤古驿道应当充分发挥对广东文化进化的支点的作用，建立起与各地市的连接与互动，形成联动营销。比如，珠海市将历史文化保护传承融入到城市的发展战略中，南粤古驿道的活化利用为珠海申报历史文化名城提供了有力支撑。城市的品牌营销应该是一个系统性行为，不仅需要自上而下的战略指引，更离不开自下而上的民众参与，同时，还需要引入高效率的市场配置机制。商业模式的创新、产品的创新、与乡村之间的相互赋能、以产业形式进行文化传播，都具有极大的发展空间。区域共同的发展愿景与日趋丰富的协作机制，将为区域营销和品牌化的打造奠定坚实的基础。

创新公众参与机制，调动公众参与积极性。邀请当地村民、资深驴友、历史文化爱好者等参与实地调研，共同选线；发动数十名古驿道沿线村民口述历史，挖掘古驿道文化内涵；联手公众号"中国南粤古驿道"、网站"中国南粤古驿道网"、南方日报"南方+"、"珠海住房规划建设"等平台，策划"香山驿事"和"驿动珠海"两大系列专题，拓宽公众参与渠道；组织开展香山古驿道沿线历史文化活动和群体活动，吸引珠海、中山和澳门三地群众参与。

3. 珠海岐澳古道的发展启示与借鉴

（1）创新品牌推广路径，扩大驿道旅游品牌的影响力，精心筹划红色旅游活动。以重大纪念活动为契机，策划一系列富有广东革命精神的红色旅游宣传推广活动，大力宣传广东为中国革命做出的卓越贡献及在中国革命史中的重要地位，增强"中国近现代民主革命策源地"的知名度和影响力。组织筹划海陆丰苏维埃政权成立、"八一"起义军三河坝战役、红军长征过境粤北、粤籍知名作家参与中国左翼作家联盟等红色革命事件周年纪念活动。组织红色旅游文学、摄影、视频作品征集评选活动，结合重要节事将征集作品进行集中展示。鼓励各地因地制宜开展重走红军路、红色乡村骑行、红色自驾游、红色文化旅游节、红色旅游发展论坛、红色旅游摄影书画诗词大赛、青少年红色夏令营、红歌会、红色广场舞会等宣传活动，扩大红色旅游的社会影响力。

增强红色旅游跨界联合营销活力。利用中国（广东）国际旅游产业博览会、广东国际旅游文化节、中国（深圳）国际文化产业博览交易会、广东海上丝绸之路国际博览会、广东文化和旅游产业投融资对接会等省级展会平台，设置广东老区苏区红色旅游专题展区，分重点统一组织老区苏区县（市）参加。联动省内主流媒体开展广东老区苏区红色印记深调研深报道，继续开展"万里红道"系列报道活动。充分发挥各级老区建设促进会的作用，引导和鼓励社会各界关心参与，为老区苏区旅游发展营造良好氛围。积极参与和充分用好中国红色旅游推广联盟的平台。

加强红色旅游新媒体营销。依托省、市、县三级政府协调联动机制，构建宣传、文化、旅游、教育、体育、商务、交通等多部门多行业协作，社会各界广泛参与的内容共建共享机制。将红色旅游作为重要内容加载到相关自媒体公众号、地方旅游网站及手机APP上。线上线下同时发力，建立红色革命遗址的网上纪念馆，实现红色旅游宣介活动与网络新媒体同步。以推文、听书、短视频、微电影等创新红色文化传播形式，讲好红色故事、培育时代新人。

优化提升红色旅游宣传品制作。组织编印多语种版本的广东红色旅游地图、广东红色旅游指南手册，立足游客需求和消费习惯，改进编辑形式和内容，增强宣传资料的亲和力和易读性，加快红色旅游宣传品电子化制作和更新。将各地红色旅游活动纳入《全省文化旅游活动指南》，加强宣传推广。拍摄制作"不忘初心、牢记使命"传承红色基因主题教育线路宣传视频。支持有条件的地方制作红色书籍、文献纪录片、革命文物故事片、红色旅游公益广告、主旋律综艺节目等。

（2）加强区域协作，共促古驿道可持续发展。岐澳古道是海上丝绸之路的重要节点，岐澳古道应该充分发挥地理区位优势，不断深化粤港澳大湾区合作交流。

深化省内红色旅游区域合作。主动承接珠三角地区的游客流和资金流辐射，大力开拓珠三角地区红色旅游休闲市场。加强与珠三角城市在影视拍摄、动漫游戏等领域合作，打造红色影视拍摄目的地。加大珠三角城市对老区苏区县的对口帮扶力度，积极探索旅游促进老区苏区振兴发展的新模式；提升红色旅游跨省交流水平。推进粤赣闽、粤湘赣、粤桂、粤琼在红色旅游市场开发、品牌推广、信息共享等多领域的交流合作，开发"一程多站"式跨区域红色旅游精品线路，加强红色旅游对外联合营销。深度对接融入粤港澳人文湾区建设，以香港文化名人大营救和韶关华南教育历史（坪石）研学基地为主题，探索与香港和澳门联手开发研学教育项目，打造港澳青少年内地游学基地。深度挖掘和弘扬孙中山文化资源，开发面向港澳台同胞及海外华侨华人的"孙中山文化之旅"交流项目。借力海外文化旅游推广机构，加强与共建"一带一路"国家和地区的革命历史展馆缔结友好伙伴关系，搭建交流合作平台。

（3）匠心设计，精心打造古驿道文化之旅。南粤古驿道活化利用工作启动后，珠海市便积极开展凤凰山古道保护利用专项规划的编制。首先，深入挖掘凤凰山古道及其周边的历史文化资源，结合长南迳古道等开发利用的经验，对凤凰山古道的修复手法、标识系统、配套设施以及建设时序等进行详细规划。其次，推进凤凰山古道的修复利用工作，采用文物修复的标准与手法对凤凰山古道进行修复，充分研究古驿道原有石台阶铺设方式、石缝处理、排水等工艺，尽可能修旧如旧，还原本真。

打造古驿道文化之旅精品线路，珠海市充分利用绿道网络，将凤凰山古道与长南迳古道、城市道路等连接，深入挖掘沿线历史文化资源，构建古驿道保护利用网络，精心打造古驿道文化之旅。围绕"香山古驿道群英故里文化遗产线路"主题，珠海市通过挖掘修复长南迳古道的历史文化遗存、串联沿线文化节点、丰富文化展示形式、拓宽活化利用途径等手段抓紧推进精华段保护修复。

第五章 南粤古驿道文化遗产保护利用的模式探索

第一节 南粤古驿道文化遗产的当代价值和时代内涵

文化兴国运兴，文化强民族强。党的十九大以来习近平总书记对社会主义文化建设的一系列重要论述，充分凸显了以习近平同志为核心的党中央对中国特色社会主义文化事业的高度重视，彰显了中国共产党致力推动中华文化不断繁荣发展的使命担当。我们要坚定正确政治方向，用中国理论解读中国实践，不负新时代新使命新要求，为中华民族伟大复兴积蓄磅礴力量。

一、铸就中华文化新辉煌，要树立高度的文化自觉和文化自信

习近平总书记指出："文化自信，是更基础、更广泛、更深厚的自信，是更基本、更深沉、更持久的力量。"[①]一个国家、一个民族的复兴既需要强大的物质力量，也需要强大的精神力量。因此，充分认识文化建设在中国特色社会主义"五位一体"总体布局中的特殊地位，把文化自觉和文化自信作为建设社会主义文化强国的重要信念，是铸就中华文化新辉煌的基础和前提。

二、铸就中华文化新辉煌，要善于在历史中继承和创新

中华文明孕育了丰富多彩的文化遗产，中华民族创造了源远流长的中华文化。只有保护和传承好这些文化，才能守护好华夏之光，保护好文化之魂。近年来，习近平总书记多次前往山西、陕西、广东等文化遗产积淀丰厚的省份调研，将石窟艺术、历史文化街区、文化古镇、遗址旧址、博物馆等作为考察的重要内容。正如习近平总书记所强调的："要坚持古为今用、推陈出新，有鉴别地加以对待，有扬弃地加以继承。""要推动中华优秀传统文化创造性转化、创新性发展，不断增强中华文化的影响力和

---

① 习近平. 在中国文联十大、中国作协九大开幕式上的讲话 [EB/OL]. [2016-11-30]. 新华网.

吸引力，创造中华文化新的辉煌。"①例如中央电视台推出了《中华诗词大会》《国家宝藏》《经典咏流传》等一系列传承弘扬中华优秀传统文化的精品力作，很好地践行了在继承中创新、在创新中发展的生动实践。

三、铸就中华文化新辉煌，要保持兼容并包、海纳百川的博大胸怀

推进民族交融离不开文化的滋养，铸牢中华民族共同体意识是国家统一之基、民族团结之本、精神力量之魂。习近平总书记指出：中华文化既是历史的、也是当代的，既是民族的、也是世界的。只有充满自信的文明才能在保持自己特色的同时包容、借鉴、吸收各种文明的优秀成果。因此，我们要坚持不忘本来、吸收外来、面向未来，在继承中转化，在学习中超越。不仅要在民族交往交流交融中提升中华文化凝聚力、向心力，也要在世界舞台上，以更加博大的胸怀开展同各国的文化交流。中国在"一带一路"倡议中，就十分重视"民心相通"所发挥的固本强基作用，深刻体现了"各美其美，美人之美，美美与共，天下大同"的核心理念。

四、南粤古驿道保护与利用是铸就中华文化新辉煌的广东样板

广东是中国改革开放得风气之先的地方，也是中国开放程度最高、经济活力最强的区域之一。广东不仅保持着"敢为天下先"的自信与担当，也是广府、潮汕、客家等岭南文化的集聚地，更是中国文化走向世界的一个重要窗口。

多年来，广东以高度的文化自觉和文化自信推进文化强省建设，取得了丰硕成果和巨大成就，在文化惠民、传承接续、文化科技、文旅融合等方面不断发力，逐渐开创了文化创新的广东模式和广东局面，为全省经济社会的持续发展提供了强有力的文化支撑。根据习近平总书记对广东作出的系列重要指示精神和建设粤港澳大湾区的擘画蓝图，广东要构建与经济、政治、社会、生态文明相匹配的文化体系，要成为在全国具有引领性的区域文化中心，必须保持文化建设与各项工作同步走在新时代前列，这样才能在铸就中华文化新辉煌的历史征程中交出满意的答卷。

（一）南粤古驿道的积淀与升华

南粤古驿道的路网形成过程其实是文明的演进过程，是国家统治的重要手段，南粤古驿道的历史反映了岭南独特地域文化形成情况，以及岭南

---

① 习近平. 在中国文联十大、中国作协九大开幕式上的讲话 [EB/OL]. [2016-11-30]. 新华网.

地区地方知识上升到国家认同构建的演变历程。

南粤古驿道行动开展五周年以来，通过"以道兴村、以道兴粤"理念引领的具体实践。南粤古驿道被现代交通体系取代以后，它们往往被覆盖与切割，或是被遗忘在南粤大地的大山深处，保存状况不容乐观，曾因道路而兴旺的古城镇、古村落陷入了贫困，传统文化失去传承。在此情况下，广东省启动了古驿道保护与活化利用工作，在"三师"志愿者先行引导下，使得项目最终成为政府倡导、专业志愿者支撑、部门无私合作和资源共享、社会大众参与的系统性、综合性项目，围绕着古驿道开展的各项活动对整个广东文化的交流和融合发挥了巨大作用。总结五年的经验，南粤古驿道活化利用运用了以下方式：

1. 串珠成网，连缀起遍布岭南大地的近千处遗产

南粤古驿道的遗产构成类型主要分为四类：一是古道和交通史迹，古道本体，包括古驿道及其相关附属设施；二是城市与村落史迹，反映聚落与古驿道之间的互生关系；三是商品生产与贸易史迹，反映"南粤古驿道"在区域交流中所承担的经济职能；四是多元文化史迹，反映"南粤古驿道"在区域交流中所承担的文化职能。南粤古驿道犹如穿透时空的经纬，将中原翻越南岭实现移民、开发、政治经济往来的宏大历史进程展现于当代。

2. 多部门联动、全社会共享

在南粤古驿道上首先开展是户外赛事，选择具有一定规模和历史背景的古驿道以及传统村落作为定向越野的体育赛事场地。经过几年来的培育，赛事在不断地成长，从一开始只能邀请省内大专院校的学生参加，到2019年已经成为有国际背景的赛事。二是选择合适的活动主题，持续开展文化之旅，比如举办了寻找葛洪足迹千人徒步、文创大赛，举办面向中学生驿道游学讲座和研学活动，持续举办驿道游学少儿绘画大赛。

3. 以古驿道为空间载体形成常态化维护工作

2017年，广东省政府出台了一系列的指引和标准，选择具有代表性的古驿道和历史文化节点作为示范段，通过示范段建设，为全省工作树立了典范。此后，每年新增8～10个左右示范段，各地按照示范段建设内容对属地的古驿道进行活化利用，包括驿道本体修复、沿线遗存修复、连接线建设、标识系统建设等。在示范段建设的模范作用下，逐步开始对市县内的其他古驿道进行系统的保护活化工作，从第一阶段开始的"三师"引领，到第二阶段的省市县联动配合，后续逐步下沉到市县，成为常态化工作。

经过五年实践，古驿道衍生出很多品牌，包括定向大赛、文旅大赛、少儿绘画大赛等，从工作的角度来说它也存在着逐步转型的过程，工作责任主体也将逐步下沉到各县市。未来需要对整个南粤古驿道保护和利用进行学术的提炼，包括历史资源梳理、概念提炼、价值阐述等方面，甚至可通过完善研究推动其成为"古道学"这一专业学科的形成和发展。

（二）依托古驿道文化线路，构建世界级人文湾区

南粤古驿道保护利用是广东省贯彻落实习近平生态文明思想、加强历史文化名城保护、传承传统优秀文化、彰显地方特色、延续历史文脉、构建文化自信和文化认同的一项重要工作部署。2016年以来，广东省大力推进古驿道的保护修复和活化利用工作并取得了突出的成效，2020年广东省政府工作报告中提出要进一步做好南粤古驿道的活化利用工作。经过五年的实践，如何充分挖掘多元功能，推动活化利用，实现品质空间和生态社会经济效益综合提升，成为当前南粤古驿道建设和研究的重要议题。

南粤古驿道在广东实践了五年时间，需要归纳与思考其中产生的思想、主义与理论，古驿道文化线路和当前更加宏观的粤港澳大湾区走向人文湾区之间的联系。按照国际上文化线路的定义，南粤古驿道需要满足以下特点：一是需要强调空间与时间上的连续性；二是线路需具备比组成要素总和更多的价值，并因此而获得文化意义；三是存在跨地区的交流，能因此激发多元互惠的对话；四是具备文化多样性且保持多维多向发展，不断丰富和补充其主要用途。粤港澳大湾区其中一项重要的使命是建立文化认同，通过南粤古驿道的内涵重现，粤港澳跨地域的交流，文化生长就会更加强盛，通过倡导古驿道建设，以文化兴湾举措来支持粤港澳大湾区走向世界级人文湾区。

强调南粤古驿道"残垣断壁"的特殊文化意义，除了坚持结合历史保护可逆式做法基础上进行一定的想象设计外，还要尝试在原址进行范型式重建实践，即根据历史建筑或者是周边的民风民俗想象还原建筑风貌。而随着资金和责任主体的变化，古驿道行动的峰值正慢慢过去，需要思考常态化治理到底如何维持。可以通过路线设计、内涵和地方性方面的优化来提升古驿道的品质和内涵：路线设计要开始做精细化、差异化供给，做系统谋划；通过步行5千米和骑行15千米的设计再加上慢慢结合文化产品的建设，丰富驿道的连接性；此外在"三师"基础上，一定要沟通当地的志愿者，提供当地本土化的讲解，建立常态化的解说系统。驿道建设不能是单一"从省里发起、省里提供资金、提供专家队伍"的行动计划，还需要助力地方精神和地方支持体系的增长。

广州作为南粤古驿道网络的主要目的地和枢纽城市，对于大湾区具有十分深远的意义。需要立足广州，继续挖掘实体与非实体资料，扎实做好南粤古驿道申遗的各项前期工作，助力南粤古驿道的复兴与发展；高校、志愿者、相关实践者可将南粤古驿道的宏观背景与粤港澳大湾区走向人文湾区的目标关联起来，归纳实践产生的空间结构，甚至是思想，南粤古驿道线路离不开文化内涵建设，也是南粤古驿道工作者们未来共勉并进一步讨论的要点。

（三）南粤古驿道文化线路的规划实践

历史文化价值特征促成古驿道的活化保护。南粤古驿道从秦汉至明清发展而来，它的发展脉络与特定时期的经济、军事发展战略与国家统一的举措休戚相关。古驿道不仅反映了岭南历史变迁和文脉延续，也是广东历史的缩影。南粤古驿道水陆相接，其陆、江、海联运的特色地理特征、沟通南北且串联海上丝绸之路的贸易特征，荟萃军事、民系、海丝、宗教、宦游等多样文化景观的文化特征是其区别于茶马古道、丝绸之路、大运河等众多中国古代商贸路径的重要原因。

系统动态规划助力古驿道文化遗产活化利用。为充分挖掘古驿道文化内涵，展示南粤丰富的历史文化遗产，规划从理论到实践，构建了完整的南粤古驿道活化利用规划：

首先，路径载体方面：南粤古驿道文化线路如今不单单是古道石板路本体，还有绿道、步道、风景道及水道等多种呈现方式，线路总长约6900千米，具体包括陆路古驿道、保护修复的古驿道、依托现有公路改造古驿道、依托森林步道新建古驿道和水路古驿道等。

其次，线网布局规划方面：梳理出六条主要文化线路。第一条是粤北秦汉古驿道文化线路，以西京古道为代表，是中原开拓南江的发展方向。第二条是北江到珠江的古驿道文化线路，是唐朝之后历朝历代广州北上历朝历代首都最重要的交通线路。第三条是东江—韩江古驿道文化线路，具有独特的宗教文化和海丝商贸文化。第四条即沿海以海防为主的潮惠古驿道文化线路。第五条是西江古驿道文化线路，是广府文化的发源之路。第六条是肇雷古驿道文化线路，为古代海上丝绸之路的重要段落。

此外，规划还建立了完整的古驿道标识系统。在空间布局上实现人们从城市到古驿道、村镇的连接，在空间使用上引导人们采用徒步、自行车、机动车，从城市到古驿道、历史遗迹、古村镇的行进路线清晰化和秩序化的信息设计。

最后，形成动态、系统的南粤古驿道文化线路综合规划成果体系。

从总体规划，到相关的配套政策，再到各个县域层面、市域层面，最后再到每一示范区段的规划，由浅至深，构建出"总体规划+政策指引+实施规划"规划体系。同时依托部门协同，政策叠加，构建出粤东西北城乡互动、实现精准扶贫的经济之路。

发展困惑推动古驿道进一步与湾区生活结合。在古驿道保护活化工作中，由于大湾区整体开发程度高，古驿道遗存较弱，因此湾区相较粤东粤西粤北地区规划更为薄弱。实际上，由于高密度的人口、快节奏的生活，湾区对休闲活动、历史文化的需求程度也是最高的，因此如何将南粤古驿道资源与湾区生活紧密结合将是今后规划的重点。

（四）从历史基础设施到活化利用

古驿道的活化利用不一定在古驿道本身，而应该更多把南粤古驿道看作是历史基础设施。2012年，广东省委书记汪洋同志强调绿道应该覆盖和联系不限于珠三角地区的广泛地区。同年，副省长许瑞生提出广东是移民社会，省域绿道要与广东移民的历史迁移线路结合，是最早提出古驿道活化利用的背景。

古驿道一系列的活化利用是与爱国主义结合起来的。与美国不同，美国大尺度的绿道是为了吸引人来活动，而对于珠三角外围地区的绿道来说，稀缺的不是绿化内涵而是人文内涵，因此人文内涵是古驿道的吸引点。在美国大尺度的游径里，我们体会到历史的沉淀；在欧洲的文化线路里，我们能体会到文化基础设施和民族之间的交流沉淀；而在珠三角外围地区，古驿道应该结合一系列地域人文来活化。

南粤古驿道应有文化线路的涵义。从2018年的梳理至2019年的逐步提升工作中，如秦汉古道，呈现的是历史事件和产物的串联。历史文化线路修复的案例不得不说的是纽约的高线公园，但与高线公园的活化会吸引人们的聚集不同，古驿道是在城市外围地区作为基础设施存在的，所以需要转化更新思路。

第一个实践是位于连州古道沿线的广东省立文理学院活化项目。文理学院的史料和文物保留完整，对现在也有重要影响。比如学院精神，正是一路搬迁的艰难历史淬炼了学子精神，激励学子们在国难时期为国家服务、探索真理之光。在资金有限的情况下，古驿道不应仅仅停留于修复，而应该将重点聚焦在历史的表达和呈现上，要根据游人、有限资源、事件重点活化起来，让来此处的游客真正记住历史文化。

第二个项目是长征国家文化公园（广东段）建设保护规划，红军长征曾经过粤北21天。过去广东革命基础良好，有许多受过农民运动培训的人扩散到这里，其中邓小平同志在辗转广西时曾在连州停留，即从南雄、乐昌、到仁化，再到连州。应把每一个点做活，让古驿道就像历史基础设施和文化基础设施一样串联起来。

第三个实践是粤港澳大湾区海防遗址公园项目。广州的海防在历史上有三道线，第一道线是外围的香港，第二道线是虎门炮台，第三道线是越秀山。通过炮台可以看到历史与现实的对比场景，这些资源整合起来做国家级的海防公园会非常壮观。在这些炮台所呈现的历史事件中，鸦片战争是失败的，但可取之处在于失败以后所吸取的经验，因此在洋务运动时引进了德国的先进炮台，且在抗日战争时期发挥了作用。目前，各省都在策划国家级的文化公园，应该充分串联资源，省市联动策划，大湾区文化线路才能有具体的载体。

今天我们生活的空间有前人的各种痕迹，这些痕迹通过唤起某种记忆，能够促进人的对话和相互理解。南粤古驿道宛如广东的历史基础设施，其活化利用需要我们找出丰厚的历史遗产点进行活化，历史的兴趣点就会一个点一个点地挂在古驿道上，成为愈发美丽的古道珍珠项链。

（五）从绿道到古驿道的延续与创新

文化自信下"人民城市"的设计理念，需要地方基因的传承，城建历史、地方文化沿革的反映和场所依恋的承载；需要空间优化提升，功能多元叠加，将居民活动友好和活化利用融入日常生活。人民城市是城市发展的现实需求，文化自信是城市发展的精神内核。

广东绿道十年经验与问题，"运动式建设"最大的优势是功能叠加与土地兼用的发展。在功能叠加方面，绿道是具有多元功能的线性空间，目前也出现许多"绿道+"的建设方式。在土地兼用方面，绿道往往需要与其它土地类型共建共用。运动式的绿道建设绕开了正规传导体系使得这两个优势能够快速落地，但我们仍需思考后续的健康发展，例如如何解决不可持续性与治理内卷化的问题。

第三个方面是南粤古驿道的常态化治理。建设项目常态化治理关键在于依据"发展目标—相应政策—规划体系—规划法规—管控指标—土地利用—空间建设"的传导路径来进行，而需保证全流程的三个对应，即权力与责任对应、功能与土地对应、目标与指标对应。

在发展目标与相应政策层面，2016年中共中央、国务院印发《"健康中国2030"规划纲要》，提到把健康城市和健康村镇建设作为推进健康中国建设的重要抓手，把健康融入城乡规划、建设、治理的全过程。同年广东省政府工作报告中提出要修复南粤古驿道、提升绿道网管理和利用水平。在规划体系与法规层面的具体路径是省级到市级线路总体规划，再到具体的建设指引。南粤古驿道比绿道具有更强的产业带动性，因此在常态化治理中涉及一系列建设用地指标。由于南粤古驿道用地构成比绿道更为复杂，在管理方式上也更具挑战，需将南粤古驿道文化线路纳入城乡规划管理体系，即城市紫线、绿线、蓝线等空间管制体系。各县级以上人民政府为责任主体实行属地管理模式，由绿道属地建设部门或绿道管理专门机构负责南粤古驿道文化线路的日常运营和管理。

南粤古驿道在当代保护利用与提升中需要挖掘、植入和融入现代社会需要的日常功能。南粤古驿道的活化利用应规避运动式建设的短板，走向日常生活的常态化治理，从历史保护、地方记忆、带动发展、再利用四个维度，承载人民的日常生活，一方面要对接全民健康发展要求和粤港澳大湾区文化建设，另一方面要对接居民日常生活和地方的脱贫扶贫发展和乡村振兴工作，成为地区历史记忆与现实生产生活需求的有机结合。

（六）南粤古驿道定向大赛的多方位覆盖

岭南文化以其独有的创新性、包容性、开放性特点，在中华文化多元一体的格局中占有不可替代的一席之地，五年来，南粤古驿道定向大赛到访了广东省48个古道乡镇、66个古村落、5个古港码头、2个岛屿，挖掘极具地方特色的岭南文化，传承岭南文化，弘扬本土精粹。每一站大赛都通过举办系列文旅活动，如当地特色文化、非遗文化、文创产品、历史文化旅游图片、特色农特产品等交流展示、体验互动，激发运动员、村民、游客等对岭南文化的热爱，增强文化自信和幸福感。

2017年南粤古驿道定向大赛江门台山海口埠站中，通过多方位、不同视角的实物，包括纹章瓷、海外银信纪念柱和纪念公园等，向四方来客充分展示江门"中国侨都"的文化魅力。其中，纹章瓷从18世纪开始，就成为国际交流上最具有特色的产品之一。产自广东的瓷器将大量欧洲家庭的荣耀与历史浓缩进这些精美的工艺品中，向世界展示着中国非凡的手工技艺。同时大赛组委会还定制了"世界定向日"的纹章瓷来纪念5月24日世界定向日，该纹章瓷中融合了此次活动三大赛事LOGO、广彩瓷、"世界定向日"所在城市卡尔斯塔德（Karlstad）的城徽、台山海口埠山花墙、比赛日期等元素，是一款富有特色的纹章瓷。

2017年南粤古驿道定向大赛韶关仁化站举办期间，2017年中国南粤古驿道文化创意大赛同期进行，西京古道、梅关古道、丹霞山、堆花米酒以及瑶绣等极具地域特色的元素浓缩在一件件文创产品中。展示期间慕名而来的当地居民数量甚多，无论妇孺老幼，皆在展示区停留许久，基本摸清了每个展区的分工和展品的布置情况，不少作品甚至获得当地居民的大力称赞，"真是把我们的东西做上去了，能传得很远！"如广东建设职业技术学院深挖韶关元素，发掘出月姐堂歌和客家婚娶的重要民俗，"月姐堂歌"作品将石塘村独有的方言、文字提取进行创作，运用构成形式重新拆分、排列、重组、解构。通过各种形式色彩的强烈对比与黑白图形的结合，从视觉上产生冲击并留下对月姐歌的深刻印象。

2018年南粤古驿道定向大赛广州从化站结合从化关于文化大区、强区的定位以及丰富的民风风俗、传统工艺，以非遗为线索，展示从化区独有的非物质文化遗产。

2019年定向世界杯决赛暨南粤古驿道定向大赛佛山南海站赛事期间，37个国家及地区的年轻身影活跃在南粤大地上，这一次，既是一场全球顶级选手之间的相逢，更是一场不同地域不同国家的人和岭南文化的碰撞、相逢。定向世界杯决赛与南粤古驿道定向大赛相结合，以西樵镇西樵山风景名胜区、松塘村及狮山镇的南海影视城为主要赛区，充分体现中国风、佛山味、南海情。世界赛事和岭南文化的相遇，赢得各方好评。国家体育总局航管中心运动五部主任林众说："这是中国第一次举办定向世界杯决赛，具有里程碑式的意义。本次赛事落户广东南海，在富有岭南特色的名山古村展开，这将为定向世界杯增添了南粤大地的历史人文元素。"

2020年南粤古驿道定向大赛潮州潮安站充分展示了南粤"左联"文化、中央红色交通线文化、侨批文化以及潮汕传统文化，诗朗诵、情景剧、图片展、书籍、全景VR展示，以及多种多样的潮汕传统美食、非遗项目现场展示，让人全方位体验潮汕地区独有的文化韵味。

（七）依托城市公共记忆空间，讲好南粤古驿道"侨批"故事

2020年11月21—22日，2020年南粤古驿道"Hello 5G杯"定向大赛总决赛在汕头打响。首日赛事走进西堤公园，这也是系列赛事第二次跑进这里。自2016年9月开放以来，西堤公园已接待国内外超450万人次游客，成功打造出一处融历史纪念、文化传播、休闲运动为一体的多功能社区公园。

从西堤公园"穿越历史　重现开埠文化"设计理念说起。"穿越历史、重现开埠文化"是设计西堤公园的理念。这里是开埠最早的地方，也是侨胞们漂洋过海的起点。西堤公园建设结合汕头开埠文化、侨批文化，我觉得是恰当的，是一种文化上的回归。"那时候不是叫'汕头'，而是叫'沙汕头'，属潮州府管辖，只是作为一个对外的通商口岸，被动开放的。西堤公园所在的西堤码头旧址是韩江与榕江的汇流处与出海口，是近现代以前沟通梅州、潮州乃至福建、江西以至出洋的重要水域航道。通商口岸开放后，列强外国资本、洋行及洋工厂大量涌入，进出口贸易经济发展快速。至今，在西堤公园内海湾对面还有保存有当年英国、美国、挪威等国的领事馆的建筑。"①

在西堤公园的一角，静静伫立着一根由距离、方向与终点组成的"过番纪念柱"。不同于寻常的圆柱形纪念柱，这根独特的纪念柱由标示方向的等边三角形造型的水泥墩堆砌而成，在每个三角水泥墩的底平角，刻着海里、地点等信息，如"1671曼谷""1560新加坡""1065西贡越南"。朝向大海的锐角，指示着过番目的地的航向。"在纪念柱上，不同的三角形砖头象征着方向，指向泰国、新加坡、马来西亚等国家或地点，这些就是当时潮汕人漂洋过海的终点。"据西堤公园管理所负责人陈宁邑介绍，自汕头开埠以来，共有589万人从西堤码头出发，出海"过番"。

西堤公园占地约5.2万平方米，是汕头百载商埠的发祥地，它见证了汕头由渔村、码头、港口到商埠的时代变迁。西堤公园的历史要回溯到20世纪80年代。20世纪80年代，西堤公园是对外开放的综合性公园，随着市区东移后，逐渐开始落魄了；20世纪90年代，礐石大桥开始建设，西堤公园遭到了破坏，成为了脏乱差的场所。2013年，西堤公园迎来了第一个契机，其时汕头正在创建全国园林城市和开展"绿满家园"行动，启动了公园的建设。第二个关键性契机则是《侨批档案》入选联合国教科文组织《世界记忆名录》。时任广东省副省长许瑞生倡议将《侨批档案》的元素融入西堤公园的规划建设中，并把侨批博物馆放到室外，让市民和游客真切地感受到潮汕先民那段漂洋过海奋斗的艰辛。

精心布点，以侨批构建起汕头城市公共记忆空间。西堤公园最具有代表性的建筑是"海邦剩馥石碑""地图广场""侨批景墙"和"侨批记忆之流"，它们是公园之"灵魂"。下沉广场以三个同心弧形勾连起来，设计灵感来源自《世界记忆名录》的Logo；"地图广场"则展现了近百年前汕头的近百个侨批局，而"侨批景墙"和"侨批记忆之流"则突出了一封封侨批及相关侨批凭证。国学大师饶宗颐亲笔题写"海邦剩馥"，巨大的海邦剩馥石碑背靠西堤，面向地图广场，身后就是礐石大桥。背面则记载了《世界记忆名录》《侨批档案》的相关介绍。《侨批档案》于2013年入选《世界记忆名录》，在它之前的是2011年入选的《黄帝内经》，是全

---

① 西堤公园重建项目（一期）[EB/OL].[2014-06-30].汕头市自然资源局（海洋局）官网.

国入选的13项档案之一。在申报《世界记忆名录》的16万封侨批档案中，"潮汕侨批"有12万封，占75%。

"地图广场"记载侨批的寄送路线。"地图广场"广场的石板上，刻有密密麻麻的旧城街道、批局名称、街道名称，这是以汕头小公园为中心辐射的"侨批地图"。"以小公园为中心的放射状街道正好和圆形广场形成了美好的结合。"当时以小公园为中心的区域内共有七八十家批局。所有的批局都是民间的，有的还在国外开有分局，承担着寄送侨批、兑换外汇以及提供赊账服务等功能，催生出写侨批的"写批人"以及送侨批的"水客""批脚"等职业。

侨批特色就是契约精神，即重承诺，守信用。侨胞通过所在国侨批局寄侨批到潮汕家乡，并不需要同时从所在国寄钱一起过来，而是付给所在国侨批局，一时不便还可先赊账。寄的番批到潮汕后，由当地接批的侨批局"见信兑付"，派出水客送钱银和番批到侨眷家里。这是侨批既集中了家信和汇款单的功能，又不同于前两者的最大差距，它体现了双方高度的互信和守信用。侨胞们寄回来的钱银也有很多用于支持家乡建设，比如建造医院、学校等，并且支持抗日战争。

在"侨批景墙"上，用不同的画面记载了侨胞在异国他乡的生活、工作场景，也有亲人们接侨批的动人场景。据介绍，侨胞们出国后大多只能从事繁重的体力劳动，如成为建设铁路的劳工等。

在"侨批景墙"上，一封侨批上大大的"难"字引起了记者的注意。这是众多封侨批中，字数最少的一封。中国人讲究"报喜不报忧"，而情不自禁的"难"字，足以道尽异国他乡的艰辛与酸苦。当然，随之而来的还有一些当时国外的先进观念。上面还有一封来自古巴的侨批，写信人是一位父亲，在家乡有一待嫁的女儿。这封信是写给夫人、儿子的，在信中，这位父亲除要求女儿的夫婿要有一定经济水平外，还强调"要汝母儿斟酌不可强为事，女儿心中无怨"。这在当时一定程度上代表了婚姻自由、男女平等的先进观念。

"侨批记忆之流"，既是流逝的记忆也是沉淀的历史。"侨批记忆之流"是整个公园最为突出主题的地方，也是和市民最互动的地方。此处选取3000多封具有典型性的侨批，把它们制成瓷板粘贴在圆环上，上面则是一层流动的水。近年来，西堤公园有机地将南粤古驿道出海口和《世界记忆名录》侨批纪念地等元素融合一起，已成功打造出一处融历史纪念、文化传播、休闲运动为一体的多功能社区公园，荣获国家住建部"2017年中国人居环境奖"。汕头西堤公园，是《世界记忆名录》侨批纪念地、西堤古码头遗址地，也是南粤古驿道出海口纪念地，更是古代海上丝绸之路的重要节点。侨批文化是南粤古驿道海丝文化重要的组成部分，需进一步发挥城市公共记忆空间作用，结合南粤古驿道做好"侨"文章。

第二节　南粤古驿道保护与活化利用的主要模式

一、线性文化遗产的辐射带动

（一）带动认知更新：保护中利用与利用中保护

伴随社会与时代的变化、人们认识的深入、新技术手段与物质条件的出现等，线性文化遗产保护和利用的思路与具体方法也在不断地发生变化。线性文化遗产起初是用封闭、隔离的方式小范围地进行保护与利用，而后逐步发展到全面融入社会生活领域，增强其与社会进一步的黏合性、契合度，实现了生机焕发、价值与作用的重现或添附。

对于南粤古驿道而言，虽然在其保护、利用和活化的过程中有很多种认知维度和原则导向，但作为一种线性文化遗产或线性文化遗产空间的认知，毫无疑问是对其最具本质性、基础性和前提性的认知之一。线性文化遗产保护和利用的思路与方法的变化在深刻地影响着南粤古驿道的保护与利用认知理念，在保护中利用，在利用中保护，这对南粤古驿道保护与利用进程的推进起着非常关键和重要的作用。近六年来，广东省已完成全省古驿道普查，累计发现了分布在全省21个地级以上市、102个区县的906处古驿道遗存和233条古驿道本体，保护修复了18条28段，总长1280多千米的古驿道重点线路，保护修缮了一批历史文化遗存，并且将南粤古驿道打造成为了一个具有人类遗产挖掘、中华文化传承、文化旅游开发、体育赛事服务、社会治理创新、乡村振兴实践、区域协同发展等综合属性的品牌。

南粤古驿道的实践经验证明，线性文化遗产并不会因为活化利用而灭失，而过去那种所谓的博物馆式典藏的静态保护，在很多时候由于割裂了文化与生产、创制它的社会需要与应用的血脉联系，才使线性文化遗产黯然失色、成为徒具历史文化符号与表皮的东西。因此，线性文化遗产只有重新被利用，阐述其意义，发明其价值，承担新功能，才是从根本和长远上得到了生命延续，才会永葆青春。

（二）引导抓手选择：城市与乡村

丝绸之路、大运河、长城、茶马古道、古蜀道、唐蕃古道、海上丝绸之路、红军长征线路、秦直道、客家迁徙线路、长江及其沿线文化、滇缅公路、黄河及其沿线文化、秦驰道、苗疆边墙（湘西长城）、草原之路、西南丝绸之路、徐霞客旅行考察线等线性文化遗产，在长期繁荣和维护、使用中，也带动了沿线城市、乡村的发展，二者共生共荣，城市与乡村是线性文化遗产实施保护和利用的有力抓手。南粤古驿道保护利用工作下沉至乡镇所带来的政策叠加效应，显著提高了沿线乡村人居环境质量，促使古驿道沿线村庄统筹谋划，协力建设，助力打造出一批"驿道美丽乡村"。

二、有为政府的权威话语推动

在国家层面上，弘扬中华传统文化、建设文化强国成为一项重要工作，国家对于历史文化保护和活化利用的重视程度愈发凸显。为贯彻落实习近平总书记关于文化自信和"让陈列在广阔大地上的遗产活起来"等重要讲话精神，响应"一带一路"与创建"文化强省"战略，2016年起广东省启动了南粤古驿道保护与活化利用工作，先后颁布了《广东省南粤古驿道线路保护与利用总体规划》《南粤古驿道标识系统设计指引》《南粤古驿道保护与修复指引》《广东省南粤古驿道保护与修复费用计价指引（试行）》《南粤古驿道标识系统规划建设技术规范》和《南粤古驿道维护管养工作指引》等多个文件，大力推动落实保护与活化利用工作。进一步明确南粤古驿道的保护与活化利用工作的主要内容：以详尽的田野调查作为主要手段，准确掌握现存古驿道的数量和路径走向；对驿道沿线所有的历史文化遗产保存现状进行全面调查和价值评估，保护好历史遗存真实载体和古驿道沿线的生态格局，涉及文物保护单位的严格按照《中华人民共和国文物保护法》等有关规定进行保护；详细了解当地特色和地域文化，深入挖掘沿线历史文化遗产，拓宽古驿道保护利用的范畴；坚持原真性、整体性、生态性、安全性、可持续性等原则，确保古驿道的修复质量和效果等。

三、产业融合带动内生发展

（一）南粤古驿道融合旅游产业

南粤古驿道作为广东省独特的历史文化遗产，广泛分布于广东省21个地级市，且多位于发展不平衡不充分地区，其分布广泛、类型多样、沿线资源丰富的特点，对发展全域旅游具有先天优势条件。在对历史文化资源认识、活化利用方式、保护建设方向、绿色发展理念等方面，南粤古驿道保护与活化利用工作与全域旅游发展的重点方向不谋而合，南粤古驿道融合旅游产业发展前景广阔。推动连片开发，加强南粤古驿道、古村落、红色革命遗址、少数民族传统文化保护和连线开发，提升古驿道交通可达性，采用绿道作为连接线，加强古驿道与周边自然资源、历史文化节点连接，形成整体的"古道游"旅游线路。丰富的实践经验证明，南粤古驿道保护与活化利用工作与旅游产业的充分融合，能有效带动内生经济发展。

（二）南粤古驿道融合文化产业

一是通过持续深入地发掘历史文化内涵，围绕地域风貌、种族迁徙、红色故事、名人典故、海丝文化等，挖掘各条重点线路的文化内涵，明确每条重点线路的名称、长度、重要节点和线路介绍，并通过出版地图册等形式予以固定。同时梳理南粤古驿道沿线岭南地域特色音乐、民间艺术和特色农产品，形成了"一道一童谣""驿道四季"等一批文化创意产品。二是打造红色之道。挖掘红色文化基因和载体，发挥红色文化鼓舞精神、凝聚力量的重要作用，保护修复了杨匏安、张瑾瑜、阮啸仙等先烈故居，丰富完善了平远寻乌调查红色之旅、粤赣古道红色纪检文化之旅等红色线路。三是推进华南教育历史研学基地规划建设。深入挖掘抗日战争时期中山大学、岭南大学、文理学院、东吴大学等一大批知名大中院校内迁粤北办学历史，推进了分布在乐昌坪石、连州东陂、浈江大村等地的华南教育历史研学基地规划建设，组织开展系列主题纪念活动。

（三）南粤古驿道融合体育产业

2021年是南粤古驿道定向大赛举办的第六个年头，作为南粤古驿道融合体育产业的品牌活动，南粤古驿道定向大赛坚持"一站一品牌，一站一特色"，以"南粤古驿道"为载体，联合广西、江西等周边省份，利用赛事平台，结合红色文化弘扬、农产品展销等，设定超短距离定向赛、短距离定向赛、古驿道研学定向赛、城市定向赛等多个项目，充分发挥"体育+"综合效益，做好以体兴道、以道兴村、全民健身等工作，把赛事办出了水平、办出了特色。

南粤古驿道定向大赛举办以来，构建了系统的策划组织和赛事运转的全方位办赛模式，赛事质量和水平较高，已具有一定知名度和关注度，并获得了国际定联和体育总局的认可，形成了体育赛事品牌效应。南粤古驿道定向大赛成功打造"古驿道+"模式，利用成熟的宣传推广模式，在深厚地域文化内涵以及品牌形象识别等功能方面，产生了稳定的社会经济效益和多元文化价值，其品牌知名度和影响力推动了定向运动在各大、中、小学及社会组织、俱乐部中广泛开展，促进了青少年健康水平增强、身体素质提高。

四、多元主体的协同治理

（一）以落实政策为抓手，政府牵头构建区域发展新格局

南粤古驿道经由广东省政府明确提出并写入政府工作报告后，与此相关的学术研究、战略规划、基础设施、品牌包装、平台建设、体育赛事以及文旅产品和服务的落地等很快进入了快车道，并积累了大量的成果，基本形成了保护性开发、矩阵式推进和产品化利用、产业链延伸的效果。

在广东省委、省政府的领导下，省自然资源厅、省住房和城乡建设厅等多个部门积极配合、调动资源、综合施策，以生态产业创新发展为引擎，贯彻落实习近平总书记关于文化自信和"让陈列在广阔大地上的遗产活起来""留住历史根脉"等重要讲话精神，响应"一带一路"与创建"文化强省"战略，助推乡村振兴和精准脱贫，通过推动南粤古驿道保护利用与文化、体育、旅游、农业等生态产业体系的绿色要素融合，选取重点线路，加强工作统筹指导，持续举办系列活动，打造文化之旅线路，高质量做好绿色山水大文章，促进古驿道沿线地区的生产、生活、生态等方面的发展，助推全域旅游、乡村振兴、精准扶贫、生态文明建设，为构建"一核一带一区"区域发展新格局提供积极作用。

（二）"三师"协会在南粤古驿道活化利用中发挥了积极作用

2020年9月，受广东省自然资源厅委托，"三师"协会开展南粤古驿道重点线路技术指导服务工作，对纳入2020年工作范畴的重点线路和节点进行"一对一"指导，在项目进度、工作质量、活化推广及资金使用等方面开展常态、及时、专业的技术指导，以保障南粤古驿道保护利用工作质量。2021年，南粤古驿道技术指导服务采用以片区牵头人为核心，专家组组长为主力，志愿者为补充的"片区责任制"模式，大片区下划分若干技术指导组，对位于该组对口地市的南粤古驿道予以全周期技术支持。

"三师"专业志愿者团队一直活跃在乡村服务和南粤古驿道活化利用的第一线，秉持"以专业之所长服务乡村"的理念，对南粤古驿道重点线路进行实地检查、现场指导，并做好省与市的政策传导、信息沟通、帮助协调处理工作，在助力省定贫困村脱贫摘帽，提升乡村人居环境和乡村建设品质，打造美丽宜居村庄，以专业、有保障的姿态开展工作，为乡村振兴事业贡献力量，延续"美丽乡愁"，在"共建共治共享生态文明"等方面发挥重要作用。

（三）引入市场运营主体，提供更多元化、更可持续的发展动力

市场化和全球化整合资源，大力推进围绕南粤古驿道活化利用的创新创业，高起点组建针对南粤古驿道活化利用的投资和运营平台，创新性推进南粤古驿道沿线文旅资源的产权清晰化改革，并向社会机构更多地开放，将成为影响甚至是决定南粤古驿道新一轮活化利用并真正迎来所谓的"新价值时代"的关键性因素和力量之一。

五、疏堵结合的柔性治理

（一）落实政策指引，明确古驿道保护与修复原则

从完善全省南粤古驿道网络等出发，拓展新增线路，按照成熟保护修复经验，开展古驿道本体修复、连接线建设、历史遗存修缮、标识系统建设和服务配套建设等工作，对部分重点线路和示范段，围绕文化展示及主题挖掘、生态复原与提升、节点及服务设施提升、遗存修复及线路延伸等工作进行"巩固提升"，提升全省南粤古驿道整体品质。

（二）提升整体品质，进行巩固修复，加强活化利用

南粤古驿道是广东的历史基础设施，2021年广东省政府工作报告提出，开发红色文化、南粤古驿道、少数民族村寨等精品线路，建设世界级旅游目的地。南粤古驿道再次进入省政府工作报告，这也意味着对它的保护修复、开发活化工作将进一步提速。在理论基础上，用实实在在的富有创意、富有成效的行动反推理论研究的前行，全方位开展"古道学"相关研究和实践活动。在文化传播上，挖掘地方优秀传统文化、历史遗迹和人文故事等。

（三）在深化认识、凝聚共识和创新方法上有新突破

基于保护修复和活化开发的需要，对南粤古驿道的治理一方面要进一步深化认识、凝聚共识。眼下站在新起点，南粤古驿道被寄予更高期望，担负更重使命。正因此，对修复活化这项工作的认识必须再深化——它不只事关文脉传承，更事关发展的平衡性、协调性；它不只是一笔历史文化遗产，更是一条乡村振兴之路。有共识，才能有合力。另一方面，进一步加大力度、创新方法。比如聚焦"重大发现"，投入更多资源、力量，因地制宜，抱以耐心，下细功夫。在活化利用方面，则要进一步开"脑洞"，用巧劲，以古驿道+更多资源，不断聚人气、聚资源，把一条条古驿道打造成更响亮的广东名片。

第三节　迈向内生成长的南粤古驿道

一、充分发挥"古驿道+"的统领作用

（一）打造"超级IP"，启动"南粤古驿道+"计划

以南粤古驿道文化为内核，启动"南粤古驿道+"计划，创新发展模式，探索以南粤文化为纽带，除了现有的"古驿道+研学""古驿道+文创""古驿道+体育赛事"等，"古驿道+"还可以扩展成与特色小镇、动漫影视、旅游产品的有机融合，传承好文化基因，打造一个集景观、文化性和经济性于一体的综合性文旅融合示范项目。积极推动"古驿道+国家文化公园"进程。

（二）提升"古驿道+研学"综合影响力

在全域旅游时代，旅游目的地的品牌形象是其核心竞争力。品牌形象与一个地区的各种相关要素密切相关，如外在的自然地理环境、旅游资源、建筑景观、公共设施的完善程度，内在的如经济发展水平、社会治安、政治清廉、历史文化传统、市民的文明程度等，内外要素作用于公众，并使公众形成的对某地区认知的印象总和，即为品牌形象。良好的品牌形象，不仅对提高对游客的吸引力，繁荣当地经济有着十分重要作用，而且对于增强综合实力、优化城市功能有着重要促进作用。

过去很长时期，广东省的文化旅游品牌力一直偏弱，成为制约广东省旅游影响力提升的一个重要因素。广东省层面积极以古驿道文化为导向，提出了一系列战略措施来保护和活化利用南粤古驿道文化。古驿道+研学以其先天的优势，占据了很大一部分研学旅游市场，但总体来看，"南粤古驿道+研学"还缺乏一个有冲击力和吸引力的形象。对于南粤古驿道+研学各分区域品牌，要做好总品牌的统领工作，强化形成众星捧月之势，避免"散小乱""各自为政"现象，集中力量多渠道展示南粤古驿道+研学的新形象。

（三）创新发展"古驿道+康养"

随着"健康中国"上升为国家战略，健康消费需求已经点燃，健康产业不断升级，已逐步形成覆盖包括医疗服务、健康管理与促进服务、健康保险、医药产业、健康养老、健康旅游、健康地产、健康膳食等范围的产业。健康管理、智慧健康、健身休闲运动等细分领域，多领域协同发展。健康旅游蓝海时代到来。人口老龄化快速发展带来巨大的旅游健康养老方式消费需求，释放巨大红利。

　　广东人口年龄结构已处于"老年型"时期,2019年广东人口年龄结构继续呈现"两头低、中间高"的总体特征。即0～14岁人口1875.62万人,15～64岁人口8608.49万人,65岁及以上人口1036.89万人,老年人口绝对数有所上升。随着人口结构的老龄化,老年人数量增加,老年旅游需求增长。老龄人口更倾向于康养休闲旅游,老年旅游具有停留时间长、人均综合消费高、重游率高的特点。

　　当前,"古驿道+"的融合上仅停留于"古驿道+体育赛事""古驿道+研学""古驿道+红色文化""古驿道+少数民族村寨"等,缺乏"古驿道+康养"这一热点话题。南粤古驿道多处山区,有得天独厚的恢复性环境,沿线村庄更是为长时间生活在珠三角的人群提供了康养休闲放松的好去处。以"古驿道+康养"为主题的精华段线路必能带动一大批村庄的发展,为南粤古驿道的活化利用提供新的可能。

(四)强化粤港澳大湾区的文化纽带

　　粤港澳大湾区的文化之脉,指的是此地千年发展中最灿烂显著的生命潜流。这种处于隐藏状态的潜流就算不能如西江之水般流淌在地表,一眼洞穿;至少也还像南岭般有高低起伏,能让人捕捉。它不是来自别处,它就来自地缘、史缘和族缘的汇合,它是支撑地区发展的命脉,是一个地区的精神和灵魂。

　　乡愁,是每一个中国人对家乡的思念,这也催生了对文化的寻根。南粤古驿道文化作为粤港澳大湾区重要的文化纽带,是新形势下充实我们精神世界、重拾我们民族之魂、真正找回精神之根、重铸精神世界的和谐之关键所在。

　　广东省粤港澳大湾区通过文化遗产游径把粤港澳城市群串联起来,需要一个引线,而古驿道就是最重要的引线之一。古驿道文化遗产游径主要分布于广州、惠州、珠海、中山和肇庆等地,包括广韶古道(从化段)等5段实体游径。文化遗产游径具有线性主题鲜明但遗产资源点状分布分散的特点,但有了文化的纽带,不仅有助于打破文化遗产的空间物理隔离,而且有助于强化游径的线性体验。

二、助力乡村振兴的未来发展

(一)重视理论输出,推进南粤古驿道的高质量发展

　　南粤古驿道的活化利用和高质量发展,有赖于理论的输出,可以借鉴文化遗产学、文化地理学、旅游地理学等学科的理论,整合区域内的各项文化生态资源,统筹古驿道遗产的动态保护与活化利用问题,推动南粤古

驿道的高质量发展。在此基础上，推动具有中国特色的"古道学"学术体系的建设、形成中国特色的线性文化遗产（古驿道）保护利用的地方性理论和话语体系。南粤古驿道文化遗产保护与活化利用的理论研究，需要在消化国内外多学科理论基础和经验的基础上，探索并总结出一套适合中国国情的古驿道文化遗产保护与活化利用的理论、方法和应用范式，这是一种基于特定文化地理空间的文化建设理论和思想的创新。

（二）对标中国大运河，推动南粤古驿道的申遗进程

遗产化（heritagization），是指一项历史遗存被官方认定为遗产并加以保护、利用和管理的过程，以及从本质遗产到认知遗产的过程。世界遗产申报能促进当地旅游发展，遗产化一定程度上能够促进旅游化，有助于平衡遗产保护与旅游发展的关系。古驿道散落在南粤大地各个角落，为了其更长远的发展，应将申遗尽快提上日程，让其影响度与知名度再跨一个阶梯，为南粤古驿道的活化利用提供更好的发展平台。

（三）围绕区域品牌，打造古驿道五大示范区

围绕区域品牌，打造五大古驿道示范区。按照统一品牌、统一规划、统一宣传、统一监管的要求，发挥区域文化和旅游资源优势，塑造区域品牌，打造省内五大文化和旅游融合发展示范区。以"南粤古驿道·红色文化"为区域品牌，建设红色文化旅游示范区；以"南粤古驿道·美丽乡村"为区域品牌，建设美丽乡村文化旅游示范区；以"南粤古驿道·侨批文化"为区域品牌，建设侨批文化生态旅游示范区；以"南粤古驿道·民族村寨"为区域品牌，建设少数民族村寨文化旅游示范区；以"南粤古驿道·客家文化"为区域品牌，建设客家文化旅游示范区。

要重点打造能够集中体现南粤人文、广粤文化、广东山水优势特征的代表性旅游产品，与传统文化相结合，赋予其更多的文化内涵，如寻根之旅珠玑古巷、朝圣之旅红色寻乌、祈寿之旅罗浮山等，为旅游产品增添文化之魂，以文化塑造旅游产品之神韵，将旅游产品由精品向经典提升，烙上特色的标签，使之成为南粤古驿道文化旅游的核心名片。

（四）立足"驿道兴村"，打造"一县一特"文旅IP

古驿道的活化利用归根结底在于文化的有效保护与传承，在与乡村连接的过程中，应把旅游者考虑在内。古驿道文化作为遗产旅游化的吸引物之一，沿线村落提供的乡村旅游产品应挖掘乡村文化的丰富内涵，根据自身特色加强乡村旅游产品上下游产业链的整合，积极开发旅游产品组合，对接消费者观光、休闲、度假、康养、科普、文化体验等多样化需求，通过文旅融合，不断促进传统乡村旅游产品升级，加快开发新型乡村旅游产

品；结合现代农业发展，建设休闲农业精品园区、田园综合体、农业庄园，探索发展休闲农业和乡村旅游新业态；结合乡村山地资源、森林资源、水域资源、地热资源等，发展森林观光、山地度假、水域休闲、温泉养生等旅游产品；推进乡村旅游和中医药相结合，开发康养旅游产品；依托当地自然和文化资源禀赋发展特色民宿，在文化传承和创意设计上实现提升；开发具有地方特色的服饰、手工艺品、农副土特产品、旅游纪念品等旅游商品。

一是各种特色农产品和手工艺品。通过实施传统手工艺振兴计划，推进具有地域特色传统工艺产品的提质发展。二是特色文化。近年来，南粤古驿道沿线各县举办了许多赛事活动，对盘活乡村资源起到了一定的促进作用，但回到乡村文化的本质才是赛事活动可持续发展的动力，各县各村应当深入挖掘当地特色民族民俗文化资源，在县、乡、村各级层面打造多个传统节庆活动品牌，对带动农民脱贫增收发挥积极作用。三是做好特色品牌传播。在"一县一特"工程实施过程中，要特别注重典型带动。推动顶层设计和基层探索良性互动、有机结合，推动各县乡一些好的基层的经验进一步扩大到全省。

（五）结合乡村治理，激发基层组织和村民的主体作用

古驿道的活化利用需要积聚人气。人气来自两个方面：一方面，把城市人往古驿道引导，通过各种活动和旅游经济、文创活动、主题教育活动等，吸引更多城里人体验古驿道；另一方面，要把当地群众往古驿道引，他们是乡村建设的主体，也是古驿道活化利用的主体，是古驿道长久的管理者和运营者。相比广东省绿道主要分布在城市和郊区，古驿道主要地处偏远乡村，乡村建设管理人员数量有限，而且管理时间成本也偏高，这更加需要将当地村民和基层组织的积极性调动起来。激活基层和村民的主体作用，要重点关注以下几个方面：

早谋划早介入。需要在古驿道本体、附属设施修复，以及连接线的组织和实施中，谋划能让群众长期持续关注或日后可以利用、运营的载体；在古驿道保护、修复的过程中，开始让基层和村民介入。

多途径多形式。借鉴国外的经验，通过各种途径和形式，激发村民参与的积极性。如在标识系统中，除了记述古代先人在古驿道上的创业史、村民家族的变迁史，也可以讲述现代人的故事，甚至是参与保护和修复古驿道的人和事件等。

谋产业谋增收。积极谋划结合古驿道发展产业经济的载体，将古驿道培养成为村民生产、就业的载体，提高村民和集体收入。

共缔造、共治理。结合乡村组织振兴，发挥村民理事会作用，通过古驿道探索党委领导、政府引导、社会协同、公众参与、法治保障的自治、法治、德治的乡村治理体系，为共建共治共享社会治理格局作贡献。

（六）吸引乡贤返乡，带动乡村人才振兴

聚焦人才振兴，在实施创新驱动发展中守初心担使命。南粤古驿道沿线错落的发展应聚焦育才、引才、用才等人才振兴关键环节，积极培养本土优秀人才。完善农业农村人才培育、引进、流动以及激励保障机制。在古驿道沿线，村里的年轻人回归早就成了常态。优秀青年回流，顶尖人才扎根，胸怀大志奋勇逐梦，脚踏实地干事创业。充满活力的年轻人，为乡村振兴注入源源不断的活水。在古驿道活化利用以及周边村落发展的进程中，应该根据实际需求，结合乡贤的特长、资源优势，在党委政府领导下，积极成立乡贤交流平台，引导乡贤在各个领域发挥作用，为乡贤参与乡村振兴搭建工作平台，吸引越来越多的年轻人返乡。还可通过完善农业农村人才培育、引进、流动以及激励保障机制，吸引大批优秀青年、专业人才、专家学者扎根乡村，让他们在乡村振兴的实践中找到实现自身价值的舞台。随着古驿道及周边村落旅游的发展，政府鼓励政策的出台，会有越来越多的年轻人回乡创业，成为村里的"乡贤"，引领着乡村的发展，与美丽乡村碰撞出别样的火花。

（七）抓牢核心纽带，处理好五大关系

在"焕发乡风文明新气象，推动乡村文化振兴"方面，"加强农村先进文化阵地建设"，即推动优秀岭南农耕文化遗产保护传承和合理适度利用，加强历史文化名村、民族村寨、文物古迹、南粤古驿道、革命遗址、农业遗迹、灌溉工程遗产等修复保护和活化利用。南粤古驿道是岭南农耕文化、乡村文化振兴的一个重要手段。古驿道与绿道不同的地方，很大程度上在于古驿道与岭南历史文化遗产高度融合，这是营造"共建、共治、共享"乡村治理机制的有利条件，也是"以道兴村"的核心纽带。在活化利用的过程中，必须处理好这五大关系。

一是整体性展示与特色性体现的关系。南粤古驿道是粤港澳大湾区重要的文化遗产，是湾区城市群文化形象标识中的重要组成部分，南粤古驿道的活化利用理应体现大湾区水准、展示大湾区形象，这就需要从总体规划上体现粤港澳大湾区文化形象的整体性。由于南粤古驿道涵盖多地特色鲜明的地域文化，因此还要充分挖掘和展示不同南粤古驿道地域文化的特色，做到特色性与整体性的统一。

二是物质性展示与精神性传播的关系。南粤古驿道文化既包含丰富

的物质文化遗产，也包含丰富的非物质文化遗产，所以，南粤古驿道的活化利用既要依托现有遗产点段和各类文物，进行展示性空间设计与建设，体现这些物质文化遗产的教育性、旅游性价值，也要以适当的展陈和演绎形式，表现南粤古驿道非物质文化遗产的传承价值和利用价值，两者缺一不可。

三是活化利用与遗产保护之间的关系。南粤古驿道的活化利用，要严格执行《中华人民共和国文物保护法》等有关法律法规，坚持"保护为主、抢救第一、合理利用、加强管理"的方针，确保古驿道文化遗产的真实性和完整性，防止对文化遗产进行超负荷利用和破坏性开发。

四是社会效益与经济利益之间的关系。活化利用南粤古驿道文化遗产，其主要目的是向世人展示中华文化的博大精深和兼容并蓄，提高优秀传统文化的持久影响力，坚定国人文化自信。实现其社会效益应摆在突出位置，不仅要高水平活化利用好南粤古驿道文化遗产，还要有效传承和传播古驿道文化，即在不影响文化遗产保护的前提下，适度发展古驿道文化旅游产业和相关生态产业。

五是政府主导与社会参与之间的关系。南粤古驿道的活化利用是广东省重大文化工程，沿线各级党委、政府理应承担主导职责，对涉及古驿道活化利用的各类规划和建设方案进行一次全面的修改完善，形成具体的工作计划和实施方案，在此基础上抓紧组织实施。南粤古驿道的活化利用更是重大文化惠民工程，在规划建设和管理利用中需要汇聚民智、发动民力，要鼓励各类社会力量在政府主导、引导下参与其中，形成南粤古驿道活化利用过程中建设与管理的各方合力。

参考文献

一、中文参考文献

[1] 陈正祥. 广东地志 [M]. 香港：天地图书公司，1978.

[2]（清）余光璧纂修. 大庾县志 [M]. 清乾隆十三年（1748年）刻本.

[3]（宋）乐史. 太平寰宇记 [M]. 南京：金陵书局，光绪八年（1882年）刻本.

[4]（明）谭大初纂修. 南雄府志 [M]. 嘉靖二十一年（1542年）手抄本.

[5] 许化鹏. 岭南考古研究（六）[M]. 香港：中国评论学术出版社，2005.

[6] 乳源瑶族自治县地方志编纂委员会. 乳源瑶族自治县志 [M]. 广州：广东人民出版社，1997.

[7] 张洗易纂修. 乳源县志 [M]. 清康熙二十六年（1687年），1983年8月复制.

[8] 段锡林等纂修. 韶州府志 [M]. 清光绪二年（1876年），韶城万竹园承刷.

[9] 韶关市地方志编纂委员会. 韶关市志 [M]. 北京：中华书局，2001.

[10] 张洗易纂修. 乳源县志 [M]. 清康熙二十六年（1687年），1983年8月复制.

[11] 张河清，王蕾蕾，莫里斯. 南粤古驿道文化遗产廊道研究 [M]. 北京：科学出版社，2020.

[12] 李杰，陈超美. CiteSpace:科技文本挖掘及可视化 [M]. 北京：首都经济贸易大学出版社，2017.

[13] 邱均平，邹菲. 关于内容分析法的研究 [J]. 中国图书馆学报，2004（02）.

[14] 余青 等. 国外风景道的理论与实践 [J]. 旅游学刊，2006

（05）.

　　[15] 闫宝林，李素芝. 美国遗产区域保护概述 [J]. 山西建筑，2010（09）.

　　[16] 国际古迹遗址理事会文化线路科学委员会制定. 国际古迹遗址理事会（ICOMOS）文化线路宪章 [J]. 中国名城，2009（5）.

　　[17] 单霁翔. 大型线性文化遗产保护初论：突破与压力 [J]. 南方文物，2006（03）.

　　[18] 王志芳，孙鹏. 遗产廊道——一种较新的遗产保护方法 [J]. 中国园林，2001（05）.

　　[19] 王肖宇，陈伯超. 美国国家遗产廊道的保护——以黑石河峡谷为例 [J]. 世界建筑，2007（07）.

　　[20] 刘佳燕，陈宇琳. 专题研究 [J]. 国外城市规划，2006（01）.

　　[21] 余青 等. 风景道研究与规划实践综述 [J]. 地理研究，2007（06）.

　　[22] 汪芳，廉华. 线型旅游空间研究——以京杭大运河为例 [J]. 华中建筑，2007（08）.

　　[23] 朱强，李伟. 遗产区域：一种大尺度文化景观保护的新方法 [J]. 中国人口. 资源与环境，2007（01）.

　　[24] 信丽平，姚亦锋. 南京城市西部遗产廊道规划 [J]. 城市环境与城市生态，2007（02）.

　　[25] 李岚. 南京明清历史园林保护利用初探 [J]. 华中建筑，2007（04）.

　　[26] 李岚. 南京愚园保护与城南复兴 [J]. 建筑与文化，2006（06）.

　　[27] 俞孔坚，石颖，吴利英. 北京元大都城垣遗址公园（东段）国际竞赛获奖方案介绍 [J]. 中国园林，2003（11）.

　　[28] 李伟，俞孔坚. 世界文化遗产保护的新动向——文化线路 [J]. 城市问题，2005（04）.

　　[29] 吕雄伟，陈永明，蒋长禄，俞宸亭. 构筑西湖群山文化景观廊道 推动杭州旅游经济向纵深发展 [J]. 中共杭州市委党校学报，2003（02）.

　　[30] 王川. "茶马古道"旅游品牌打造的思考 [J]. 西南民族大学学报（人文社科版），2003（2）.

［31］罗世伟. 茶马古道历史线路与旅游开发现实意义［J］. 重庆师范学院学报（自然科学版），2003（03）.

［32］吴必虎，程静. 遗产廊道视角下的苗疆边墙体系保护与发展［J］. 开发研究，2015（04）.

［33］詹庆明，郭华贵. 基于GIS和RS的遗产廊道适宜性分析方法［J］. 规划师，2015（S1）.

［34］龚道德，张青萍. 美国国家遗产廊道（区域）模式溯源及其启示［J］. 国际城市规划，2014（06）.

［35］章琳，邢益，俞益武. 遗产廊道视角下的唐诗之路遗产保护［J］. 建筑与文化，2015（09）.

［36］魏斌，王辉. 辽西遗产廊道区域旅游一体化发展战略研究［J］. 决策咨询，2016（06）.

［37］刘英. 遗产廊道背景下丝绸之路经济带旅游一体化创新［J］. 甘肃社会科学，2016（05）.

［38］张定青，王海荣，曹象明. 我国遗产廊道研究进展［J］. 城市发展研究，2016（05）.

［39］俞孔坚 等. 中国国家线性文化遗产网络构建［J］. 人文地理，2009（03）.

［40］李春波，朱强. 基于遗产分布的运河遗产廊道宽度研究——以天津段运河为例［J］. 城市问题，2007（09）.

［41］俞孔坚，奚雪松. 发生学视角下的大运河遗产廊道构成［J］. 地理科学进展，2010（8）.

［42］朱隽，钱川. 试论大运河的保护原则和措施［J］. 东莞理工学院学报，2007（06）.

［43］孙葛. 对丝绸之路（新疆段）遗产廊道文化景观进行视觉建构意义的研究［J］. 新疆师范大学学报（哲学社会科学版），2006（02）.

［44］李小波. 三峡文物考古成果的旅游转化途径与三峡遗产廊道的时空构建［J］. 旅游科学，2006（01）.

［45］乔大山，冯兵，翟慧敏. 桂林遗产保护规划新方法初探——构建漓江遗产廊道［J］. 旅游学刊，2007（11）.

［46］吴其付. 藏彝走廊与遗产廊道构建［J］. 贵州民族研究，2007（04）.

［47］信丽平，姚亦锋. 南京城市西部遗产廊道规划［J］. 城市环

境与城市生态，2007（02）.

[48] 王丽萍. 试论滇藏茶马古道文化遗产廊道的构建 [J]. 贵州民族研究，2009（04）.

[49] 吴元芳. 基于遗产廊道模式的运河旅游开发研究——以山东省枣庄市为例 [J]. 枣庄学院学报，2008（1）.

[50] 乔大山. 漓江遗产廊道构建研究 [J]. 山西建筑，2009（31）.

[51] 王肖宇，陈伯超，毛兵. 京沈清文化遗产廊道研究初探 [J]. 重庆建筑大学学报，2007（2）.

[52] 王亚南，张晓佳，卢曼青. 基于遗产廊道构建的城市绿地系统规划探索 [J]. 中国园林，2010（12）.

[53] 杜忠潮，柳银花. 基于信息熵的线性遗产廊道旅游价值综合性评价——以西北地区丝绸之路为例 [J]. 干旱区地理，2011（03）.

[54] 黄文. 廊道旅游的产品开发路径探析 [J]. 软科学，2011（1）.

[55] 陶犁. "文化廊道"及旅游开发：一种新的线性遗产区域旅游开发思路 [J]. 思想战线，2012（02）.

[56] 王敏，王龙. 遗产廊道旅游竞合模式探析 [J]. 西南民族大学学报：人文社会科学版，2014（04）.

[57] 戴湘毅，唐承财，等. 中国遗产旅游的研究态势——基于核心期刊的文献计量分析 [J]. 旅游学刊，2014（11）.

[58] 崔俊涛. 汉江遗产廊道系统的构建 [J]. 兰台世界，2016（18）.

[59] 张镒，柯彬彬. 空间视角下海上丝绸之路文化遗产廊道构建研究——广东沿海地区为例 [J]. 云南地理环境研究，2016（03）.

[60] 吕龙，黄震方. 遗产廊道旅游价值评价体系构建及其应用研究——以古运河江苏段为例 [J]. 中国人口·资源与环境，2007（06）.

[61] 姜馨. 遗产廊道模式的运河旅游开发研究——以江苏扬州为例 [J]. 四川烹饪高等专科学校学报，2011（06）.

[62] 李创新，马耀峰，李振亭，马红丽. 遗产廊道型资源旅游合作开发模式研究——以"丝绸之路"跨国联合申遗为例 [J]. 资源开发与市场，2009（09）.

[63] 江鹏. 从碑刻看清代中后期樟林社会的变迁 [J]. 韩山师范

学院学报，2003（04）.

［64］郭谦，林冬娜. 厘清古村脉络，还原历史原貌——广东从化钱岗村保护与发展研究计划［J］. 新建筑，2005（04）.

［65］刘小冬，郭红露，陈泽州. 广州钱岗古村落公共空间形态初探［J］. 现代园艺，2016（12）.

［66］吴莆田. 华南古村落系列之十四钱岗村［J］. 开放时代，2004（06）.

［67］许瑞生. 线性遗产空间的再利用——以中国大运河京津冀段和南粤古驿道为例［J］. 中国文化遗产，2016（05）.

［68］佟玉权，韩福文，邓光玉. 景观——文化遗产整体性保护的新视角［J］. 经济地理，2010（11）.

［69］奚雪松，俞孔坚，李海龙. 美国国家遗产区域管理规划评述［J］. 国际城市规划，2009（4）.

［70］魏鹏举，柴爱新，戴俊骋，魏西笑，周晋玄. 区块链技术激活数字文化遗产研究［J］. 印刷文化（中英文），2022（01）.

［71］顾振清 等. "探索 思考 展望：元宇宙与博物馆"学人笔谈［J］. 东南文化，2022（03）.

［72］谭必勇，徐拥军，张莹. 档案馆参与非物质文化遗产数字化保护的模式及实现策略研究［J］. 档案学研究，2011（02）.

［73］黄永林，谈国新. 中国非物质文化遗产数字化保护与开发研究［J］. 华中师范大学学报（人文社会科学版），2012（02）.

［74］李德仁. 虚拟现实技术在文化遗产保护中的应用［J］. 云南师范大学学报（哲学社会科学版），2008（04）.

［75］谢梅，赵森，臧雨琪. 非物质文化遗产数字化的研究热点与趋势——基于知网资源的知识图谱分析［J］. 电子科技大学学报（社科版），2022（04）.

［76］易玲，肖樟琪，许沁怡. 我国非物质文化遗产保护30年：成就、问题、启示［J］. 行政管理改革，2021（11）.

［77］刘沛林，李伯华. 传统村落数字化保护的缘起、误区及应对［J］. 首都师范大学学报（社会科学版），2018（05）.

［78］郑文武，刘沛林. "留住乡愁"的传统村落数字化保护［J］. 江西社会科学，2016（10）.

［79］卓么措. 非物质文化遗产数字化保护研究［J］. 实验室研究与探索，2013（08）.

［80］刘经南，高柯夫. 增强现实及其在导航与位置服务中的应用［J］. 地理空间信息，2013（02）.

［81］邹丹平，郁文贤. 面向复杂环境的视觉感知技术现状、挑战与趋势［J］. 人工智能，2021（04）.

［82］王龙. "互联网+"时代非物质文化遗产的数字化［J］. 求索，2017（08）.

［83］孔祥智. 实施乡村振兴战略的进展、问题与趋势［J］. 中国特色社会主义研究，2019（01）.

［84］张峰. 大运河文化遗产保护利用传承的历史考察（2006—2017）［J］. 农业考古，2018（04）.

［85］徐芳，李亚宁. 大运河线性文化遗产数字资源的关联数据模型构建及其实现［J］. 图书馆学研究，2022（06）.

［86］秦晓珠，张兴旺. 数字孪生技术在物质文化遗产数字化建设中的应用［J］. 情报资料工作，2018（02）.

［87］潘志庚，袁庆曙，陈胜男等. 文化遗产数字化展示与互动技术研究与进展［J］. 浙江大学学报（理学版），2020（03）.

［88］欧阳宏. 故宫院藏文物的三维数据采集与应用［J］. 数字图书馆论坛，2019（07）.

［89］吴建平，王耀希，代红兵. 文化遗产数字化应用平台的技术构建［J］. 计算机应用研究，2006（08）.

［90］马进，张彤彤，钱晓松等. 人工智能在非物质文化遗产保护与传承中的应用研究现状［J］. 包装工程，2023（08）.

［91］李晨晖，张兴旺，秦晓珠. 基于大数据的文化遗产数字图书馆移动视觉搜索机制建设研究［J］. 情报理论与实践，2018（04）.

［92］王箐. 基于区块链技术的非物质文化遗产档案管理优化探析［J］. 北京档案，2018（10）.

［93］铁钟，夏翠娟，黄薇. 元宇宙中的数字记忆："虚拟数字人"的数字记忆产品设计思路［J］. 图书馆论坛，2023（06）.

［94］王云庆，彭鑫. 国内非物质文化遗产数字化保护研究综述［J］. 档案与建设，2017（04）.

［95］陈小蓉，陈斌宏，邓宏，严艳纯，何嫚. 我国体育非物质文化遗产资源数据库创建［J］. 北京体育大学学报，2017（10）.

［96］饶梓欣，许鑫. 基于数据基础设施建设视角的全球图书馆、档案馆与博物馆机构合作网络研究［J］. 图书馆学研究，2022（09）.

［97］阙仁镇，杨玉辉，张剑平．基于数字博物馆的历史文化探究教学——以西湖文化数字博物馆为例［J］．现代远程教育研究，2013（05）．

［98］张羽洋，李万葶，罗雅兰等．基于体验式学习模型的文化遗产教育游戏——以"梦回南唐宴"游戏为例［J］．现代教育技术，2022（07）．

［99］陆敏．线性文化遗产的空间解构与重构研究——以大运河江苏段为例［J］．常州工学院学报（社科版），2021（02）．

［100］陈景锋，庞兴宸，孙芝倩等．南粤古驿道研究进展［J］．现代园艺，2022（03）．

［101］香嘉豪，张河清，王蕾蕾．乳源西京古道文化遗产保护利用初探［J］．经济论坛，2018（01）．

［102］吴晓松，王珏晗，吴虑．南粤古驿道驱动乡村转型发展研究——以西京古道韶关乳源—乐昌段为例［J］．南方建筑，2017（06）．

［103］廖佩文．南粤古驿道定向越野大赛价值研究［J］．当代体育科技，2019（11）．

［104］曾宪川，李鹏，吕明．"跨界大设计"模式推动历史文化遗产的活化利用——以中国南粤古驿道"文创大赛"台山站为例［J］．南方建筑，2017（06）．

［105］郭壮狮，张子健．以线性文化遗产保育活化带动沿线村庄社会经济发展——浅谈广东省南粤古驿道保护利用工作［J］．中国勘察设计，2018（11）．

［106］潘莹，曾昭真，施瑛．基于城乡历史文化保护传承体系的南粤古驿道活化策略研究［J］．中国名城，2022（08）．

［107］潘裕娟，潘泽瑞，黎映宇．基于文化传承视角的南粤古驿道保护与利用策略探究——以珠海香山古驿道为例［J］．城乡规划，2018（05）．

［108］卜伯高，马少辉．"一带一路"背景下发展南粤古驿道户外体育运动产业带路径分析［J］．广州体育学院学报，2020（04）．

［109］许瑞生．线性遗产空间的再利用——以中国大运河京津冀段和南粤古驿道为例［J］．中国文化遗产，2016（05）．

［110］刘嘉文，刘小蓓，黄欣雨，黄敬德，杨煜．南粤古驿道沿线传统村落的保护与活化策略研究［J］．湖北农业科学，2022（04）．

[111] 冯怡琳，张河清，王蕾蕾. 南粤古驿道文旅资源活化利用研究——以汕头樟林古港为例 [J]. 太原城市职业技术学院学报，2021（08）.

[112] 王轩. 南粤古驿道线性人文景观空间的活化利用设计研究 [J]. 中国艺术，2020（06）.

[113] 宁可. 南粤古驿道线性文化遗产活化利用模式探索——以汕尾海丰古道重点线路为例 [J]. 城市建筑，2019（06）.

[114] 殷瑞，马昊东. 南粤古驿道定向赛事发展现状分析 [J]. 湖北科技学院学报，2022（01）.

[115] 王博文，刘家熳，黄文婕等. 乡村振兴战略背景下南粤古驿道旅游开发研究——以梅关古道为例 [J]. 农村经济与科技，2020（06）.

[116] 陈刚，彭庭莹，吴清. 南粤古驿道沿线贫困村产业振兴SWOT及路径分析——以德庆县建发村为例 [J]. 肇庆学院学报，2019（04）.

[117] 曾皓玲. 基于南粤古驿道线路保护与利用的乡村振兴探索——韶关灵潭村乡村旅游规划探究 [J]. 城市建设理论研究（电子版），2019（08）.

[118] 邱衍庆，汪志雄. 风景园林视角下的南粤古驿道规划设计研究 [J]. 风景园林，2019（11）.

[119] 陈景锋，庞兴宸，孙芝倩，吴永彬. 南粤古驿道研究进展 [J]. 现代园艺，2022（03）.

[120] 张霖，李志刚. 文化共同体视野中的南粤古驿道与文化遗产——以潮州古驿道与民间布马舞为例 [J]. 学术研究，2022（06）.

[121] 龚蔚霞，周剑云. 历史文化传承视角下的线性遗产空间保护与再利用策略研究——以梅州市古驿道活化利用为例 [J]. 现代城市研究，2020（01）.

[122] 翟凌晨，高雨荷，陶玉亭，徐玉梅. 积极心理学视角下旅游幸福感研究综述——基于CiteSpace的可视化分析 [J]. 经营与管理，2022（05）.

[123] 程瑞芳，刘恒琰. 线性文化遗产综述：概念形成与旅游开发 [J]. 河北经贸大学学报（综合版），2022（01）.

[124] 李麦产，王凌宇. 论线性文化遗产的价值及活化保护与利用——以中国大运河为例 [J]. 中华文化论坛，2016（07）.

［125］徐芳，汪紫颖，张慧敏．短视频在大运河线性文化遗产数字化传播中的应用［J］．档案与建设，2022（09）．

［126］李飞，马继刚．我国廊道遗产保护与旅游开发研究——以滇、藏、川茶马古道为例［J］．西南民族大学学报（人文社科版），2016（02）．

［127］刘美杏，徐芳．古道线性文化遗产信息资源关联数据模型构建及其实证研究［J］．图书馆学研究，2019（14）．

［128］刘秋菊，杨载田．中国茶路文化遗产保护与开发探索——以湖南省为例［J］．湖南社会科学，2015（04）．

［129］南竣祥，梁爽，李海泉，李俊，周磊，侯兴泽，杜瑞玲．现代空间信息技术与秦蜀古道遗存保护［J］．文物保护与考古科学，2017（05）．

［130］王燕燕．南京明城墙遗产廊道保护与构建研究［D］．南京林业大学，2015．

［131］李飞．廊道遗产旅游资源保护性开发研究［D］．北京第二外国语学院，2008．

［132］朱强．京杭大运河江南段工业遗产廊道构建［D］．北京大学，2007．

［133］周威．中国运河遗产廊道的开发与保护［D］．四川师范大学，2008．

［134］梁雪松．遗产廊道区域旅游合作开发战略研究［D］．陕西师范大学，2007．

［135］邓姣．长江三峡遗产廊道构建研究［D］．重庆理工大学，2011．

［136］李静兰．隋唐大运河郑州段历史价值及遗产廊道构建研究［D］．郑州大学，2012．

［137］邓丽华．基于AHP的茶马古道云南段文化遗产廊道构建研究［D］．云南师范大学，2015．

［138］高飞．地方认同视野下的钱岗村聚落空间研究［D］．华南理工大学，2015．

［139］郭旖旎．钱岗古村景观空间形态解析与保护开发研究［D］．仲恺农业工程学院，2014．

［140］施然．遗产廊道的旅游开发模式研究［D］．厦门大学，2009．

[141] 高洁. 基于文化视角的中西文化遗产管理比较研究 [D]. 山东大学，2021.

[142] 廖碧芯. 空间视角下南粤古驿道文化遗产廊道构建研究 [D]. 广州大学，2018.

[143] 刘雅熙. 南粤古驿道增城段线性文化遗产保护与发展研究 [D]. 广东工业大学，2019.

[144] 彭彩婷. 遗产话语视角下南粤古驿道遗产价值共建共享机制研究 [D]. 广州大学，2023.

[145] 冯怡琳. 南粤古驿道遗产旅游的地方建构研究 [D]. 广州大学，2023.

[146] 郭婷婷. 空间生产视角下南粤古驿道文化治理研究 [D]. 广州大学，2022.

[147] 马静. 制度嵌入视角下南粤古驿道的地方营造研究 [D]. 广州大学，2021.

[148] 香嘉豪. 南粤古驿道文化遗产旅游开发适宜性模糊综合评价研究 [D]. 广州大学，2019.

[149] 张黎明，西方权威遗产话语及其与中国传统遗产保护理念的对比 [D]. 天津大学，2013.

[150] 陈果. 保存八百年不灭的记忆 [N]. 广东建设报，2010-02-02.

[151] 李晓婷. 年内打造八处示范地区 [N]. 广东建设报，2017-01-16.

[152] 范哲. 一条岐澳古道连通粤澳文化 [N]. 中国旅游报，2015-09-07.

[153] 殷贝. 长南迳古道发现清代秀才功名碑 [N]. 珠海特区报，2013-12-19.

[154] 孙漪娜. 第4届中国文化遗产保护无锡论坛举行 [N]. 中国文物报，2009-04-15.

二、外文参考文献

[1] Charles A. Flink, Robert M. Seans, Loring Lab.Schwarz. *Greenways: A Guide to Planning, Design and Development* [M]. Washington: Island Press, 1993.

[2] Stanco F, Tansi D, Gallo G, et al. "Augmented perception of the

past. The case of hellenistic Syracuse" [M] . *Journal of Multimedia*, 2012.7
（2）.

[3] Pierdicca R, Frontoni E, Zingaretti P, et al.Advanced.Interaction with Paintings by Augmented Reality and High Resolution Visualization: A Real Case Exhibition [M] . *Augmented And Virtual Reality*, AVR 2015.

[4] Turner T. Greenways, blueways, skyways and other ways to a better London [J] . *Landscape & Urban Planning*, 1995, 33（1–3）.

[5] Drost A. Developing sustainable tourism for world heritage sites [J] . *Annals of Tourism Research*, 1996, 23（2）.

[6] Henderson J C. Built heritage and colonial cities. [J] . *Annals of Tourism Research*, 2002, 29（1）.

[7] Teo P, Huangb S. Tourism and heritage conservation in Singapore [J] . *Annals of Tourism Research*, 1995, 22（3）.

[8] J. Barry Cullingworth.Historic preservation in the US: From landmarks to planning perspectives [J] . *Planning Perspectives*, 1992, 7（1）.

[9] Skublewska-paszkowsk A M, Milosz, M L, Powroznik P, et al.3D technologies for intangible cultural heritage preservation—literature review for selected databases [J] . *Heritage Science*, 2022, 10（1）.

[10] Jiménez Fernández-palacios B, Morabito D, Remondino F. Access to Complex Reality-Based 3D Models Using Virtual Reality Solutions [J] . *Journal of Cultural Heritage*, 2017, 23.

[11] Loiacono V, Fallon J M. Intangible Cultural Heritage Beyond Borders: Egyptian Bellydance （Raqs Sharqi） as a Form of Transcultural Heritage [J] . *Journal of intercultural studies*, 2018, 39（3）.

[12] Yan W, Chiou S. The Safeguarding of Intangible Cultural Heritage from the Perspective of Civic Participation: The Informal Education of Chinese Embroidery Handicrafts [J] . *Sustainability*, 2021, 13（9）.

[13] Tzima S, Styliaras G, Bassounas A, et al. Harnessing the Potential of Storytelling and Mobile Technology in Intangible Cultural Heritage: A Case Study in Early Childhood Education in Sustainability [J] . *Sustainability*, 2020, 12（22）.

[14] Faro L M C. The Digital Monument to the Jewish Community in the Netherlands: A Meaningful, Ritual Place for Commemoration [J] . *New Review of Hypermedia and Multimedia*, 2014, 21（1–2）.

［15］Vecco M. A definition of cultural heritage: from the tangible to the intangible［J］. *J Cult Herit*. 2010, 11（3）.

［16］Lo P, Chan hhy, Tang Awm.et al. Kenderdine S, Shaw J. Visualising and Revitalising traditional Chinese martial arts: Visitors engagement and learning experience at the 300 years of Hakka Kungfu［J］. *Library Hi Tech*. 2019, 37（2）.

［17］Wachowiak Mj, Karas Bv. 3D scanning and replication for museum and cultural heritage applications［J］. *J Am Inst Conserv*. 2009, 48（2）.

［18］Priyadarshini R, Soumya. Survey: classification and reconstruction of archaeological artefacts［J］. *Adv Intell Syst Comput*. 2020, 1112.

［19］Montusiewicz J, Barszcz B, Dziedzic K. Photorealistic 3D digital reconstruction of a clay pitcher［J］. *Adv Sci Technol Res J*. 2019, 13（4）: 255–63.

［20］Żyla K, Montusiewicz J, Skulimowski S, et al.VR technologies as an extension to the museum exhibition: A case study of the Silk Road museums in Samarkand［J］. *Muzeologia a Kulturne Dedicstvo*. 2020, 4.

［21］Milosz M, Kesik J, Montusiewicz J. 3D scanning and visualization of large monuments of timurid architecture in central Asia—a methodical approach［J］. *ACM J Comput Cult He*. 2020, 14（1）.

［22］Miloszz M, Skulimowski S, Kesik J.et al. Virtual and interactive museum of archaeological artefacts from Afrasiyab—an ancient city on the silk road［J］. *Digit Appl Archaeol Cult Heritage*. 2020, 18.

［23］Logan Ws. Closing pandoras box: human rights conundrums in cultural heritage［J］. *New York: Cultural heritage and human rights*, 2007.

［24］Bercigli M. Dissemination strategies for cultural heritage: the case of the tomb of Zechariah in Jerusalem Israel［J］. *Heritage*. 2019, 2（20）.

［25］Bentkowska-Kafel A, MacDonald L. Digital techniques for documenting and preserving cultural heritage［J］. *UK: ARC Humanites Press*, 2009.

［26］R. Scopigno, P. Cignoni M, Callieri G.et al. Using optically scanned 3D data in the restoration of Michelangelo's David［J］, *Opt. Metrol.Arts Multimed*, 2003（146）.

［27］Tom Dieck M C, Juung T.A theoretical model of mobile augmented reality acceptance in urban heritage tourism［J］. *Current Issues in Tourism*,

2015, 21（2）.

［28］Jung T H, Lee H, Chung N. et al.Cross-cultural differences in adopting mobile augmented reality at cultural heritage tourism sites［J］. *International Journal of Contemporary Hospitality Management*, 2018, 30（3）.

［29］Bozzelli G, Raia A, Ricciardi S.et al. An integrated VR/AR framework for user-centric interactive experience of cultural heritage: The ArkaeVision project［J］. *Digital Applications in Archaeology and Cultural Heritage*, 2019（15）.

［30］La L, Xu F, Buhalis D. Knowledge Mapping of Sharing Accommodation: A Bibliometric Analysis［J］. *Tourism Management Perspectives*, 2021（40）.

［31］Dang Q, Luo Z, Ouyang C, et al. Intangible Cultural Heritage in China: A Visual Analysis of Research Hotspots, Frontiers, and Trends Using CiteSpace［J］. *Sustainability*, 2021, 13（17）.

［32］Chen C. CiteSpace: A Practical Guide for Mapping Scientific Literature［J］. *Nova Science Publishers*, Hauppauge, NY , USA, 2016.

［33］Chen C. CiteSpace II: Detecting and visualizing emerging trends and transient patterns in scientific lit-erature.［J］. *Am. Soc. Inf. Sci.T echnol*, 2006（57）.

［34］Chen C. Mapping scientific frontiers: The quest for knowledge visualization.［J］. *Doc.* 2003（59）.

［35］Kabil M, Priatmoko S, Magda R.et al. Blue Economy and Coastal Tourism: A Comprehensive Visual-ization Bibliometric Analysis［J］. *Sustainability*, 2021（13）.

［36］Adabre M.A, Chan A P, Darko A.A scientometric analysis of the housing affordability literature［J］. *Hous. Built Environ*, 2021.

［37］Qian Y P.On the combination of productive protection of intangible cultural heritage and inclusive economic development—A case study of lingshang embroidery in Shanxi Province［J］. *Cult. Herit.* 2019（1）.

［38］Yueh-cheng Wu, Sheng-Wei Lin, Yi-Han Wang. Cultural tourism and temples: Content construction and interactivity design［J］. *Tourism Management*, 2020（76）.

［39］Pachucki C., Grohs R, Scholl G U. No Story Without a Storyteller: The Impact of the Storyteller as a Narrative Element in Online Destination

Marketing〔J〕. *Journal of Travel Research*, 2021.

〔40〕Ferdani D, Fanini B, Piccioli M C, et al. 3D reconstruction and validation of historical background for immersive VR applications and games: The case study of the Forum of Augustus in Rome〔J〕. *Joureal Of Cultural Heritage*, 2020（43）.

〔41〕Merciu FC, Paunescu C, Dorobantu M, Merciu GL. Assessing the Value of Railway Heritage for Sustainable Development: The Case Study of the Oravita-Anina Railway, Romania〔J〕. *Sustainability*, 2022, 14（20）.

〔42〕Huo SJ, Canadas ES. The landscape in the heritage routes of "Silk Road: Chang' an Tianshan Corridor（China）" and "Camino de Santiago"（Spain）〔J〕. *Revista De Geografia Norte Grande*, 2022（82）.

〔43〕Milani G. Lesson learned after the Emilia-Romagna, Italy, 20–29 May 2012 earthquakes: A limit analysis insight on three masonry churches〔J〕. *Engineering Failure Analysis*, 2013（34）.

〔44〕Di Lorenzo G, Babilio E, Formisano A, Landolfo R. Innovative steel 3D trusses for preservating archaeological sites: Design and preliminary results〔J〕. *Journal Of Constructional Steel Research*, 2019（154）.

〔45〕Bartoli G, Betti M, Vignoli A. A numerical study on seismic risk assessment of historic masonry towers: a case study in San Gimignano〔J〕. *Bulletin Of Earthquake Engineering*, 2016, 14（6）.

〔46〕Valente M. Seismic vulnerability assessment and earthquake response of slender historical masonry bell towers in South-East Lombardia〔J〕. *Engineering Failure Analysis*, 2021（129）.

〔47〕Ciic.Annotated Revised Operational Guide lines for the Implementation of the World Heritage Convention.3rd Draft.Madrid, Spain, 2003.

〔48〕Morlando G, Lamera L, Guidi G. Temporary made permanent: Turning temporary exhibitions into fixed memories. In: 18th International Conference on Virtual Systems and Multimedia, 2012.

〔49〕Li J, Chen C. CiteSpace: *Text Mining and Visualization in Scientific Literature*; Capital University of Economics and Business Press: Beijing, China, 2016.

后　记

　　南粤古驿道系统经历了秦汉时期的初具雏形，到唐宋时期的成熟完善，再到明清时期的稳定成型的历史演变，是南粤大地宝贵的历史文化资源，因其文化独特性和重要的显著价值而日益受到全社会的关注。本研究综合应用跨学科理论和方法，构建了南粤古驿道大型线性文化遗产保护与活化利用的分析框架体系；从南粤古驿道的空间机理、文脉传承、地方依恋与乡村营造的角度解构南粤古驿道文化遗产；探索南粤古驿道文化遗产在新时代下的保护与活化利用的新路径，为古驿道文化遗产保护利用提供了科学的理论依据。

　　本课题研究期间，开展了大规模综合调研和田野调查工作，先后组织了5次大规模的调研团队和12次小组形式的调研分队，包含教师、研究生和高年级本科生参与人员达216人次；田野调查行程合计6000多千米，发放问卷15000多份，访谈人数达260多人，录音、照片和影视资料920多份，为普及南粤古驿道文化遗产知识、扩大社会各界对南粤古驿道文化遗产的了解作出了有益的探索。同时，课题组还承担了广东省自然资源厅、文化和旅游厅和相关地方政府有关南粤古驿道资源普查、实践指导等方面的政策咨询工作，撰写了《南粤古驿道资源揽胜》《南粤古驿道助力乡村振兴的实践指南》等研究报告3部，得到地方政府和相关部门的支持、肯定和采纳。本课题研究期间，共计参加学术会议20多次；先后在广州市图书馆、国立中山图书馆以"南粤古驿道文化遗产保护与活化利用"主题进行了2次公益讲座，取得了较好的社会反响；先后在广州市、惠州市、韶关市、肇庆市、珠海市、河源市、潮州市、汕头市等20多个市县的文旅局、自然资源局及其他社会团体进行了专题讲座20多次，指导地方政府和相关组织进行南粤古驿道开发利用实践活动30多次，取得了较为明显的社会效应。围绕本课题研究相关内容，课题组成员在国内外发表学术论文27篇，其中英文论文15篇，中文论文12篇，其中SSCI、SCI、EI收录及北大核心以上期刊论文共计13篇，取得了较为丰富的研究成果。

　　参与本课题相关研究的主要人员包括：李一平教授、苏晓波教授、何向副教授、王蕾蕾副教授等；参与本课题田野调查和资料搜集工作的主要有：访问学者董天倩副教授、曾慧娟副教授、博士后闫闪闪及博士生 Abdel Jebbouri、Nurima Rahmitasari，硕士研究生香嘉豪、廖碧芯、马静、郭婷婷、冯怡琳、彭彩婷、原一林、牛睿、范慧如、崔爽爽、温云波、张宇靖、李佳瑞等。

2024年10月20日